念佛처럼
서러워서

念婦처럼
서러워서

2014년 9월 22일 제1판 제1쇄 인쇄
2014년 9월 29일 제1판 제1쇄 발행

지은이   김성동
펴낸이   강봉구

마케팅   윤태성
편집   김희주
디자인   비단길
표지 사진 남궁담
인쇄제본   (주)아이엠피

펴낸곳   작은숲출판사
등록번호   제406-2013-000081호
주소   413-170 경기도 파주시 신촌로 21-30(신촌동)
서울사무소 100-250 서울시 중구 퇴계로 32길 34
전화   070-4067-8569
팩스   0505-499-5860
홈페이지   http://cafe.daum.net/littlef2010
페이스북   http://www.facebook.com/littlef2010
이메일   littlef2010@daum.net

ISBN 978-89-97581-59-7   03900
값은 뒤표지에 있습니다.

작은숲
에세이
004

김성동 역사 에세이

[염불]
念佛처럼
서러워라

김성동 지음

작은숲

머리말

역사를 생각하며

"삼절오장이여."

저저금 제 투쟁경력을 뽐내는 자리에서였다. 이른바 문민정권이 들어서면서 빵잽이를 머리로 한, 세상에서 말하는 바 '민주화인사'들이 모여 한잔 꺾으며 씩둑깍둑하던 자리에서 이 중생이 한 말이었으니—

삼절三節은 나라의 안녕과 인민대중의 행복한 삶을 위하여 외적과 맞서다 대나무가 쪼개지듯 쪼개져 버린 선원仙原할아버지와, 경술국치 때 자진自盡으로 왜제에 앙버틴 증조할아버지와, 왜제와 해방공간에서 항왜·항미 투쟁을 벌이다 꺾여진 아버지를 말하고, 오장五長은 모두가 똑고르게 행복한 삶을 살자던 인민의 나라에서 이지가지 위원장을 맡았던 할아버지와 아버지와 어머니와 큰삼촌과 그리고 민족문학작가회의에서 소설분과위원장을 맡았던 이 중생을 말한다.

사사로운 집안 이야기를 하자는 게 아니다. 같지않게 무슨 조상뼉다귀 자랑을 하자는 것도 아니다. 이 중생은 시방 역사를 이야기하고 싶은 것이다. 이것은 그리고 그대로 우리 겨레 가운데서도 양심과 양식을 지켜내고자 애태우던 반넘어 인민대중들이 겪어야만 하였고 겪고 있는 근현대사의 맨얼굴로 된다.

"늬 애븨가 그렇게 된 것은 오로지 책 때문이니라. 책 잘못 읽은 조이루 그 지경을 당헌 것이여."

처음 원고를 쓸 때도 그랬지만 요번에 교정쇄로 다시 읽으면서도 떠오른 것은 할아버지였다. "육니오새변" 이야기가 나올 때면 장 멀거니 파리똥이 더뎅이진 보꾹을 올려다보던 할아버지 성음은 가느다랗게 떨려나오던 것이었다.

그러면서도 핏덩어리 앉혀놓고 글을 가르쳐 주시던 할아버지였다. 벼가 될 것이냐? 피가 될 것이냐? 책을 읽으면 논의 벼가 될 것이고, 책을 읽지 않으면 논의 피가 될 것이라고 하시었다. 그러면서 들려주던 것이 역사 이야기였으니, 그때 들었던 것을 바탕삼아 써보았던 것이 이 책에 실린 글들이다. 할아버지는 당신 할아버지한테 들었던 이야기를 손자한테 다시 대물려 들려주는 것이었다. 할아버지의 할아버지는 또 당신 할아버지한테 들었던 이야기였고, 이 중생 또한 손자를 볼 나이에 이르렀으니, 역사는 그렇게 오늘부터 저 천년 앞 왕건쿠데타로 꺾여진 궁예황제 꿈까지 줄밑걷어 올라가는 것이다.

이른바 역사라는 것은 '승자의 기록'이라고 한다. 승자들이 꾸려 가는 역사가 바로 오늘 이 현실인 것이라면, 역사의 패자들은 무엇을 해야 하는가? 패자의 남겨진 자식들은 말이다. 잘못된 역사를 탄식만 하고 있을 것인가? 마침내는 그리하여 '비단할아버지에 거적자손'이 되고 말 것인가? 아니다. 그렇지 않다. 우리는 적어도 역사에서 밀려난 우리 할아버지들이 이루고자 하였던 세상이 어떤 세상이었던지는 알아야 한다. 그 아름다운 세상을 이루고자 어떻게 움직이다가 어떻게 그리고 왜 쓰러지게 되었는가 하는 역사의 진실만큼은 알아야 하지 않겠는가. 그것이 자손된 도리가 아니겠는가.

이런 생각에서 써보았던 글들이다. 역사에 관심 있는 이들 가르침과 꾸짖음을 기다리며, 역사를 생각해 보는 마음 애잡짤하고녀. 관세으음보살.

2014년 8월 15일

비사란야非寺蘭若에서

김성동金聖東 손곧춤

목차

할아버지, 할아버지,
저희들은 어떻게 살아가야 되나요?

"왜 생활 보조금을 주지 않는가?"

"당신은 대한민국 국민이 아니기 때문이다."

"왜 대한민국 국적을 주지 않는가?"

"국적 취득법이 요구하는 요건을 갖추지 않았기 때문이다."

"어떻게 해야 그 요건을 갖출 수 있는가?"

"서른아홉 가지 증빙 서류를 제출하면 된다."

연변 조선족 자치주에서 할아버지 나라를 찾아온 독립유공자 자손과 대한민국 국가보훈처 공무원이 나눈 대화이다. SBS 텔레비전에서 방영된 〈뉴스추적〉에 나온 것으로, 말투는 이 중생이 간추려 본 것이다.

방송을 보면서 이 중생은 술을 마셨다. 술을 마시면 안 되는 몸임에도 마시지 않을 수 없었다. 너무도 기가 막히는 이야기였던 것이다. 독립운동가 후손과 친일파 후손들 삶을 견주어 보여 주는 시사 프로였다. 강술을 마시게 하고 줄담배를 하게 만드는 대목이다.

"할아버지 나라로 돌아오라고 보내 준 초청장과 독립운동가 후손 자격증은 무엇인가?"

"아, 그것은 이벤트였다."

"이벤트, 이벤트라는 게 무슨 말인가?"

"이벤트라는 말도 모르나? 그때는 광복 50주년, 60주년을 멋지게 기념하기 위해서 했던 들러리 행사였다는 말이다. 이벤뜨으으."

"그런데 왜 독립운동가 후손으로 인정해 주지 않는가?"

"돈이 들기 때문이다. 유공자로 인정하면 국가에서 돈을 지급해야 하기 때문이다."

백야白冶 김좌진金佐鎭 장군 외손녀가 국가보훈처를 찾아가고 있었다. 독립운동가 후손이므로 대한민국 국적을 주고 또 일정한 생활 정착금과 연금을 줄 터이니 조국으로 돌아오라는 대한민국 정부 초청장을 받고 영구 귀국한 분이었다.

그런데 국적을 주지 않는 것이다. 국적이 없으니 아무것도 할 수 없다. 변변한 직장을 잡을 수도 없고 무슨 합법적 돈벌이를 할 수도 없다. 불법체류자 신분이므로 관공리들 눈을 피하여 막노동을 하거나 식당이나 술집 같은 데서 허드렛일을 하며 하루하루 연명하는 수밖에 없다. 뼈빠지게 막노동을 하고 허드렛일을 하는

'밥풀떼기'로 살아가지만 그나마 품삯도 주지 않는다. 불법체류자 신분임을 아는 악덕 고용주들은 당국에 찔러박겠다는 말로 겁을 주며 품삯을 떼어 먹는다. 늙고 병든 여성 몸으로 철근을 나르고 벽돌을 나르는 힘든 막노동을 하는 허위許蔿 선생 증손녀인가는 밀린 품삯을 받으러 '사장님'을 찾아간다. 사장은 "안 주겠다는 게 아니라 나도 형편이 어려워 그러니 기다리라"고 말한다. "십만 원 짜리 단칸 지하 사글세방에서 산다. 중국에서 불러온 자식들 하고 라면 쪼가리로 연명하고 있는 형편이니 제발덕분 자비를 베풀 어 달라"고 비대발괄하자 십만 원짜리 수표 한 장을 내민다. 기백 만 원 밀린 품삯에서 딱 십만 원만 내밀며 막연하게 기다리라고 말하는 것도, 방송국 카메라 덕분일 것이다.

　이 중생이 본 것은 김좌진 장군 외손녀와 허위 선생 자손 경우 였지만, 이런 경우가 어찌 두 분 어른신들 후손만이겠는가?

　인민대중들이 피흘리며 싸워 얻은 형식적 민주주의 열매를 따 먹은 김영삼정권·김대중정권·노무현정권에서 광복 50주년, 광복 60주년 '기념 이벤트'로 중국에 사는 독립운동가 유족들을 영구 귀국시켜 놓고는 국적을 주지 않는다. 서른아홉 가지인가 되는 증빙 서류를 제출하라는 것인데 제출할 도리가 없다. 중화 인민공화국 국적을 포기하였으므로 증명할 수 있는 서류 한 장 떼올 수가 없다. 그런 형편임을 잘 알면서도 막무가내로 '증빙 서 류'만 제출하라고 다그친다. 〈뉴스추적〉에서는 이런 그림이 나오 고 있었다.

　프로그램을 만드는 텔레비전 방송국의 피디인지 기자인지가 카메라를 들이대는 통에 몹시 당황하던 공무원은 김좌진 장군 후손임을 증명 받으려면 디엔에이 검사를 해야 된다고 하였다. 무슨 온도계 같은 것을 백야 장군 외손녀 입 속에 넣었다 뽑아낸 공무원은 타액이 안 묻었다며 다시 입에 물고 있으라고 한다. 그러더니 급하게 손가방을 챙겨든 그 여성 공무원은 사무실을 빠져나가는 것이었다. "디엔에이 검사를 하자고 해 놓고 어디로 가는 것이냐?"고 피디인가 기자인가가 쫓아가며 묻자 "급한 약속이 있다"며 도망치듯 청사를 빠져나가는 것이었다.

텔레비전에서 보았던 독립운동가 유족은 왕산 선생과 백야 장군 두 분 경우였다. 경기도 연천에서 의병을 일으킨 전 참찬參贊 왕산旺山 선생은 1908년 일떠선 13도 창의군 군사장軍師將이었다. 창의대장 이인영李麟榮 선생 휘하 선봉장으로 서울탈환작전을 벌이던 13도 창의군 가운데 300명 선봉부대를 이끌고 홍인지문 밖 30리까지 진격하였던 유생 의병장이었다. 왕산 선생은 그때 막 세워진 서대문감옥으로 끌려가 사형수 1호로 처형당하시었다. 교살 직전 왜중이 경문을 외워 주려고 할 때 선생이 꾸짖은 말씀이다.

"충의로운 귀신은 자연히 신선이 되는 것이지만 비록 지옥에 떨어진다고 하더라도 너 같은 오랑캐 중놈에게 도움을 받겠느냐."

같은 문중으로 조항祖行되는 어른이기 때문인가. 남다르게 명치끝을 찔러오던 백야 장군 외손녀였다.

이 중생 증조부는 창昌자 규圭자이시다. 김옥균金玉均과 한 항렬로 본디 돌림자는 균均자였다. 그랬는데 고균古筠이 대역부도 죄인으로 시신효수된 다음 규圭자로 바뀌었다. 창규할아버지는 글씨에 뛰어난 선비로 「石龜」라는 유묵이 있다. 한 길이나 되게 크고 힘찬 장강대필長杠大筆로 살아 꿈틀거리는 것 같은 필세와 비백飛白이 아름다운데, 여섯 살 때 쓰신 것이다. 글씨 곁에는 광무황제 시절 외부주사를 하신 고조부 발拔이 적혀 있다.

이삼만李三晚은 김생金生 뒤로 끊어졌던 저 왕우군王右軍 필법을 이어받은 청구靑丘 명필이다. 내가 일찍이 이삼만한테 붓 잡는 법을 배웠으나, 터럭이 희어진 요즘에 이르러서야 비로소 붓 쥔 손이 흔들리지 않을 만큼 되었다. 그런데 돈아豚兒 아희가 여섯 살에 쓴 이 석귀 두 글자가 벌써 이러하니, 안타깝고녀. 이삼만이라도 여섯 살에는 오히려 이처럼 쓰지 못하였으리니. 이 아희 획력이 이와 같거늘, 하늘은 어이하여 그 목숨을 짧게 하였는고. 애통한 아비 마음을 이에 적어 두노니, 글 아는 자손이 나오거든 족자로 만들어 걸어 두기 바라노라.

사사로운 집안 이야기를 하자는 것이 아니다. 같지않게 무슨 조상 뼉다귀 자랑을 하자는 것도 아니다. 이 중생은 시방 '역사'를 이야기하고 있는 것이다.

조선왕조 마지막 과거였던 저 갑오년에 진사進士를 하신 것이

열다섯 때였다. 성균관 거재유생으로 문과 채비를 하시던 중 왜란이 일어났고, 낙향하여 시서詩書로 울울한 심회를 삭이던 중 경술국치를 맞게 되었다. "사릉칠월四隆七月 이화락李花落이라. 융희 4년 7월에 오얏꽃이 떨어졌고녀." 한소리 절창絶唱과 함께 광무황제와 융희황제가 계신 경복궁을 향하여 북향사배한 다음, 당신 방문에 철장을 지르시었다. 당신이 보시던 수택본手澤本 서책과 시문이며 글씨를 죄 불사른 뒤였다. 그리고 곡기를 끊기 달소수 만에 이뉘를 버리셨으니, 자진自盡이었다. 향수 서른하나. 낳고 길러 준 왕조와 인민에게 바치는 마지막 꽃다발이었다. 얼굴 하얗고 손목 가느다란 선비명색이 취할 수 있는 최선의 선택이었으니, 당신 9대조인 선원仙源 김상용金尙容 선생 순절殉節 정신을 본받은 것이었다. 그리고 그 도저한 순절정신은 손자한테로 이어진다.

6·25 당시에 부친을 잃은 어느 40대 소설가가 한탄했습니다. "마흔 살이 넘었음에도 불구하고 나는 아직 아버지한테서 자유롭지 못하다. 아버지와 아버지를 포함한 그 시대의 헌걸찬 정신들로부터. 8·15 이후 6·25까지 이 강산에서 비명횡사한 사람이 600백만에 이른다. 지금 이 순간에도 구만리장천을 중유中有의 넋으로 떠돌고 계실 그이들의 영혼을 천도해 드릴 수 있는 소설 한 편 제대로 써내지 못하는 자를 무엇으로 일러 감히 작가라고 부를 것인가."라고 말입니다. 우리는 무엇으로 감히 일러 판사요, 검사요, 변호사라고 부를 수 있는 것입니까. 우리는 그 험난하고 불행했던 우리의 민족사, 그 조상들의 원혼을 천도해 드릴 수 있

는 그 무엇을 했습니까. 우리는 이 법정이 우리 모두가 우리가 서 있는 위치에서 그리고 지나 온 과거로부터 장래 이룩해야 할 과제로까지 다짐하고, 점검하고, 결의하는 곳이 되도록 우리 자신의 역사의식을 새로이 하여야 할 것입니다. 그럼으로써 우리가 조만간 서게 될 그 역사의 법정에서 변명할 준비를 하여야 하는 것입니다.

요즈음 대선 후보로 거론되다가 서울특별시장이 된 박원순朴元淳 변호사가 한 말이다. 1987년 8월 3일 서울형사지방법원에서였다. 《한국민중사》 사건으로, 책을 펴낸 풀빛출판사 대표 라병식羅炳湜이 구속되었을 때 한 변론 가운데 맨 끝부분이다. 《역사비평》 제1집(1987)에 실려 있다.

"김 아무개라는 자는 프로 기사가 되려다가 실패해서 중이 되었고, 끝내는 중도 되지 못해서 결국은 소설가가 되고 말았다."

어떤 급수 낮은 중생이 이 중생를 가리켜 한 말이라는데, 우선은 맞는 말이다. 쯩이 필요 없는 밥벌이인 '바둑쟁이'가 되어 보겠다고 입단대회에 나갔었고, 위장입산으로 몸을 숨겼던 절집에서 '그 무엇'을 찾아보겠다고 불볕의 산야를 헤매며 시주밥만 도적질하였으며, 그리고 시방은 '이야기'를 팔아 욕된 목숨을 부지하고 있는 글지명색이 되었으니까.

출가라는 이름의 그 가출은 열아홉 나던 해 찔레꽃머리였다. 졸업을 몇 달 앞둔 고등학교 3학년 때였다. 중학교 졸업장이 없었으므로 거금 8천 원을 주고 2학년에 "빠방틀어" 들어갔던 학교였는데, 이 중생은 알아 버렸던 것이다. 월사금을 못 내고 기성회

비를 못 내며 또 체육복이 없어 장 뺏다만 맞으면서 다니다 말다 하는 학교였지만— 그래도 어떻게 간신히 고등학교를 마치고 대학을 나온다고 하더라도 공무원이 될 수 없고, 군대를 간다고 하더라도 장교가 될 수 없으며, 그리고 또 세상에서 말하는 바 '고등고시 패스'를 한다고 하더라도 임관이 안 된다는 것을. 이른바 '삼불三不의 덫'에 치인 출신성분이니, '비행기를 탈 수 없는 신분'인 것이다.

"우리 집에서는 위원장이 다섯 명 나왔다."

허물없는 글동네 사람들한테 우스개로 하는 말이니— 할아버지는 토지분배 위원장을 하셨고, 큰삼촌은 조선민주청년동맹 위원장을 하셨으며, 어머니는 조선민주여성동맹 위원장을 하셨는데, 아버지는 공식적인 직함은 없었다. 군이 직함이라면 전국농민조합총동맹 충남지부 대변인을 잠시 하셨던 것뿐이다.

조국광복운동에 몸바쳤던 분들은 두 갈래로 나뉘니, 공선과 비선이 그것이다. 성명삼자를 내걸고 표면에서 운동하는 이들을 '공선'이라 하고, 이름과 얼굴을 감춘 부면으로 운동하는 이들을 '비선'이라고 한다. 이정而丁 선생이 월북한 다음 남조선노동당을 이끌었으나 사진 한 장 남기지 않았던 김삼룡金三龍 선생 경우에서도 알 수 있듯이 철저한 부면이었다. "경성콩그룹 사람들과 연비를 맺고 있었다"는 할아버지 말씀으로 아버지가 경성콤그룹 계열 비선이었다는 것만 짐작하고 있을 뿐이다. 경성콤그룹 가운데서도 '이관술 동아리'였다는 것만 안다. 또한 상기도 귓전에 맴도는 할아버지 장탄식에 기댄 것이니, 장 이렇게 말씀하며 보꾹을 올려다보시던 것이었다. "늬 애비는 그느믜 엿장사가 쥑인 것이다. 한밭서 만난 그 이상한 엿장사말여." 이관술李寬述 선생이 일제시대 엿장수로 변장하고 대전 지역에서 독립운동을 한 시기가 있었다는 증언이 나오고 있다. 외톨이 작가 안재성安載成이 쓴《이관술 1902~1950》에 나온다.

"아무리 창황망조헌 판이었더래두 그 붓만큼은 챙겼어야 헸거늘…… 허기야 죄 쓸어가넌 판이니 그럴 정황두 읎었다만……."

사찰계 형사들이 때없이 들이닥쳐 아버지가 쓰시던 물건을 죄 압수하고 몰수해 가던 판에 그 붓도 껴묻혀 간 것이라고 하시었다. 사상 관계 서책들과 편지며 원고 같은 것들은 할아버지가 벌써 태워 버리고 파묻어 버린 뒤끝인지라 무해무득한 여늬 책 몇 권만 꽂혀 있는 아버지 서재에서 무슨 큰 증거라도 된다는 양 뽑아가 버린 붓이었다고 하시었다. 증조할아버지가 쓰시던 서수필鼠鬚筆이었다. 아버지 독립운동을 증명할 자료가 없다. 비선의 비극이다. 그래서 더욱 소중한 광고지 한 장이다.《佛陀の 敎說》가운데 끼워져 있던 〈자본론〉.

아버지가 예비검속된 것은 1948년 가을이었다. 남조선단독정부가 수립된 직후였던 것이다. 사상범 전문 수용소인 대전형무소에서 아버지는 이관술 선생과 만났을까. "공산주의자는 짜르의 재판정에서도 피고회의를 열었고 일제 법정에서도 한 일이 있습니다." 미제와 미제 사주를 받은 한민당이 합법정당으로 인민대중의 뜨거운 뒷받침을 받던 조선공산당을 때려잡기 위하여 조작해 낸 이른바 '조선정판사사건'으로 구속된 박락종朴洛鐘 선생이 한 말이다. 만났다고 한들 무슨 안건을 놓고 무슨 '피고회의'를 하였을까. 회의를 열었다고 한들 무슨 소용이 있겠는가.

이 중생은 시방도 아버지 제삿날을 모른다. 막연하게 1950년 7월 초 어름일 것이라고 짐작만 하고 있을 뿐이다. 그래서 제사도 생신날 저쑵는다.《이관술 1902~1950》에도 나온다.

마을 사람들은 7월 3일부터 처형이 시작되었다고 하는 반면, 형무소 간수 출신들은 정확히 7월 8일부터 처형이 시작되었다고 증언한다. 최소 10일간 대전형무소 재소자들뿐 아니라 다른 형무소에서 이송해 온 좌익수와 국민보도연맹원들까지 2천 명 이상을 죽였기 때문에 목격자에 따라 기억이 다를 수밖에 없는 것이다.

아버지와 이관술 선생을 비롯한 좌익사범들이 학살당한 곳은 충남 대덕군 산내면 낭월리 골령골이다. "북미합중국 군사고문관 입회 아래 학살당한 좌익사범은 6천 명이 넘는다."는 김남식金南植 선생 증언을 들은 바 있다.

〈해방일보〉 1950년 7월 28일(금)치에 실려 있는 기사이다.《빨치산 자료집 6 · 7》을 보게 하여 준 사회학자 김동춘金東椿교수에게 고마움을 드리며, 맞춤법과 띄어쓰기는 그때 신문에 나왔던 대로이다.

피에주린 악귀들 만행을 계속
대전에서七천여명살륙

재감중의 애국자전부가 희생

　七월四일경부터 놈들은대덕군살(산)내면 랑월리 뒷산을비롯한 수개소에 기리七, 八메터 넓이 二메터 가량의 깊은 구뎅이를 다수파놓은뒤 우선 대전형무소에서 복역중인 애국투사들을 전부실어내다 쏘아죽이고는 구뎅이속에차넣었다는 것이다

　하루에 다섯튜럭씩 혹은열다섯튜럭씩 실어내다 죽였는데 인민군대들이 대전가까히 진격해온다는것을알자 놈들은 튜럭으로 하루최고 八백여회를 날러다 죽이였다는것이다 형무소에 있는 애국투사들을 학살함과 아울러 소위 보도련맹 가맹자와 일반무고한 로소남녀와 학생들을 「예비검속」이라는 허위밑에 체포 하여다 역시학살하였다

　송인성농민은 다음과같이 말하였다

　『놈들은 애국투사들을 총살장으로실어갈때에는 부근에 일반사람들의 통행을 일체 금지시키고 목목이 총을 멘 헌병들을 지키게하였지요 놈들은 애국자들의 손목들을 고랑으로 채우고 고개들을 무릎팍에 꽉끼운채 옴짝 못하게 하였습니다 한번은 젊은 사람한분이 튜럭이 자기집부근에 다달으자 조선민주주의 인민공화국 만세!하고 소리높이 웨치며 뛰여나렸습니다

　그러자 헌병사형리들은 차를멈추고 여럿이서 달려들어 총대와 고굉이로써 즉살시켰습니다… 七천여명가량 죽였을거라구들하지만 나는 一만여명은 학살하였으리라구 생각됩니다 우리들이 전연 모르는곳에 끌어내다 죽인것도 있으니까요 지금도 구뎅이에가면 시체를뭉은뒤 흙을 엷게 한가풀덮었을뿐으로 학살당한 사람들의 팔! 다리가밖앝으로삐져나온것을 볼수있습니다』

1950년 7월 대전 산내 골령골에서 군인과 경찰에 의해 대전형무소 사상범과
민간인들이 학살당하는 장면이다. 〈오마이뉴스 자료사진〉

놈들은 노도와같이 진격 또 진격하는 영웅적인민군대의 준엄한 소탕전에의하여 비참한주검과 패주만이자기들의 유일한운명으로되자 이와 같이 단말마적인 인민학살을감행하고있는것이다

민주조선, 평등조선, 자유조선, 해방조선을 위하여 조국광복투쟁을 벌였던 그이들은 그 마지막 순간에 무슨 생각을 하였을까. 무슨 말을 하셨을까. "조선공산당 만세!"를 외친 사람도 있었다고 하는데, 아버지는 과연 무슨 말씀을 하였을까. "조선의 대중들아 들어 보아라."로 비롯되는 「해방의 노래」를 부르고, "높이 들어라 붉은 깃발을. 비겁한 자는 갈 테면 가라."로 비롯되는 「적기가」를 부르며 형무소 마당에 쪼그리고 앉았다가, 두 명씩 등을 맞대고 전깃줄이나 광목으로 팔을 묶이고 광목천에 눈이 가리워진 채로 화물 트럭에 무릎 꿇리고 머리를 바닥에 박은 채로, 헌병들한테 카빈 개머리판으로 무지막지하게 두들겨 맞으며 골령골까지 끌려가신 그이들은, '꽃도 십자가도 없이' 땅보탬 되고 말았다. 골령골骨嶺谷의 우리말은 '뼈잿골'이니, 참으로 기가 막힌다. 조국광복투쟁에 몸바쳤던 어른들이 광복된 조국에서 친일파들 손에 죽어 골짜기에 묻힐 것을 옛사람들은 미리 내다보았던 것일까. 아니면 신라군한테 패한 백제 사람들 뼈가 산처럼 쌓인 곳이라는 뜻인가. 그이들 원통하고 절통한 뼈가 묻힌 곳 이름이 바로 '뼈잿골'인 것이다.

그이들 이야기를 썼던 것이 《풍적》이었다. 그러나 2회 만에 중단당하였고, 1960~70년대 학생운동사를 다룬 《그들의 벌판》 또

한 한 일간지 연재 53회 만에 중단당하였다. 1983년과 1985년이었다. 정작으로 견딜 수 없는 고통을 받게 된 것은 연재가 잘린 다음부터였으니, 청탁이 끊어져 버린 것이었다. 그 어떤 매체에서도 글을 써 달라고 하지 않았다. 힘들게 쓴 단편소설들은 싣기가 곤란하다는 말과 함께 되돌아왔고, 《붉은 단추》라는 창작집은 판금이 되었으며, 사보에 써 준 꽁트와 산문까지도 내침을 당하였다. 친일친미 군사깡패들한테 붓을 빼앗겨버린 것이었다.

이른바 5공정권이 막 수립되었을 때 일이다. 문화공보부의 무슨 예술 국장인가 하는 관리가 보자고 하였다. 한국일보사 뒤편에 있는 무슨 요정이었다. 이문열이 먼저 와 있는 자리에서 국장말씀인즉, 외유를 해 보라는 것이었다. 서유럽 쪽으로 한 보름인가 놀러갔다 오라는 것이었다. 작가생활을 하는데 해외여행이 도움되지 않겠느냐는 말과 함께 국가에서도 주목하고 기대하는 작가이므로 특별한 관심을 기울이는 것이라고 하였다. 광주인민을 학살한 죄업을 감추어 보고자 군사깡패정권에서 벌인 이른바 문인 해외시찰 프로그램 제1호로 이 중생이 찍힌 것이었다. 불의한 제의를 거절할 때 쓰는 선비들의 전통적 방법인 칭병으로 넘어갔지만, 기가 막힌 것은 그 다음에 일어난 일들이었다.

몇차례에 걸쳐 많은 문인들이 유럽도 가고 중동도 갔는데 이 중생과 누구인지 원로급 문인 합해서 단 두 명만 빼놓고는 그 누구도 그 죄악외유를 거절한 문인이 없었다는 사실이다. 거절을 하는 것이 아니라 자기가 그래도 인정받는 문인이므로 뽑힌 것이라고 우쭐대며 외유를 하고 온 것까지는 좋은데, 이 중생 앞에서 파린지 모긴지에서 사왔다는 무슨 요상한 라이터를 찰칵대며 하는 말인즉, "너무 실망하지 마. 다음에 또 기회가 있겠지." 이른바 반제반파쇼를 소리높이 외치며 기골 있는 지사연하던 진보진영 문학인 그 누구도 문인 해외시찰단이라는 이름의 그 달콤한 유혹을 뿌리치는 자가 없던 것이다. 그런 자들이 입만 열면 언필칭 민족을 말하고 통일을 말하고 해방을 말하고 진보를 말하던 것이었다.

이 중생은 그때에 솔직히 말해서 잠깐 흔들리는 마음이었다. 국가에서 인정해 주는 비행기를 타고 갔다 오면 이 중생이 이빨도 나기 전부터 질기굳게 따라다니는 연좌제의 쇠사슬에서 벗어날 수 있을 게 아닌가 하는 헛된 기대 때문이었다. 물리치기 힘든 유혹이었지만 이 중생 눈앞에 어른거리는 것은 먼저 가신 이들 얼굴이었다. 강화섬 남문에서 화약궤 터뜨려 순절하신 선원할아버지와, 자진으로 일제침탈에 저항하셨던 창규할아버지, 그리고 뼈잿골에서 학살당하신 아버지였다.

다음은 현대사 전공 역사학자 한홍구韓洪九가 쓴《대한민국사 1》에 나오는 대문이다. '수시로 되살아나는 연좌제 망령' 꼭지인데, 이 중생 사진까지 나와 있다. 이미 '베스트셀러'가 된 책에까지 나왔으므로, 하마 꿈속에서라도 누가 엿들을까 봐 목구멍 안으로 삼키고 있던 이 이야기를 쓸 용기를 내게 된 까닭이기도 하다.

빨갱이를 아버지로 둔 작가는 이렇게 부르짖었다. "빨갱이 새끼······ 그렇다. 나는 사람들이 침 뱉고 발길질하고 그리고 아무나 찢어죽여도 좋은 빨갱이 새끼였던 것이다. 나는 왜 빨갱이 새끼로 태어났을까. 그때처럼 아버지가 미웠던 적도 없다. 아버지는 어쩌자고 사람들이 침 뱉는 빨갱이가 되어 가지고 하나밖에 없는 자식을 풀기 빠진 핫바지처럼 주눅들게 만드는 것일까……."(김성동, 〈엄마와 개구리〉)

김성동뿐 아니라 작가들 중에는 이문구, 김원일, 김원우, 이문열 등 유난히 빨갱이 아버지를 둔 사람들이 많다. 어디 변변한 직장 잡을 길이 없었기에 그렇게 되었을 것이다. 김성동, 이문구, 김원일 등이 작품활동을 통해 그 원망스러운 아버지가 걸었던 길을 감싸안으려 했다면 이문열은 그들과 날카로운 대척점에 섰다. 그래도 작가들이야 글쓰는 재주라도 있어 자신들의 아픈 사연을 작품으로라도 승화시켰지만, 이도저도 없는 힘없는 사람들은 속으로 피울음을 삼켜야 했다.

이 중생 절집 스승은 지智자 효曉자 스님이시다. 평북 정주 출신으로 오산학교를 나오고 만주에서 독립운동을 한 어른이신데, 이 중생 출신 성분을 아셨기 때문일까. 남다른 고임을 주었던 스님께서는 이 중생을 일본에 있는 구택불교대학에 보내어 공부를 시키고자 하시었다. 그런데 신원조회에 걸려 무산되고 말았다. 처음부터 다시 시작하자는 각오로 써본 단편소설이 종교소설 현상모집에 당선되었으나, "악의적으로 불교계를 모욕하고 전체 승려들을 모독하였다"는 오해를 받아 만들지도 않았던 중쯩을 빼앗기고, 다시 흙바람 부는 저잣거리로 내려왔던 1976년에도 다시 한 번 유학을 주선하여 주셨으나, 이루어질 수 없는 꿈이었다. 그래서 이를 옥물고 얻게 된 것이 '소설가쯤'이다. 그 길밖에 길이 없었다. "남조선에서 살아남기 위하여 선택한 최선의 방법이 소설가였다"는 이문구李文求 말이 떠오른다. 소설가로 명자를 얻고 보면 어느 발에 채이는지도 모른 채 깨져 버릴 수밖에 없는 얼뜬 죽음만큼은 면할 수 있겠다는 슬픈 깨달음에서였다는 말이다.

토지분배 위원장을 하였던 할아버지는 다시 세상이 뒤집어진 다음 보령경찰서로 끌려갔지만, 뺨 한번 맞지 않으셨다. '진사 어르신'에게 도움을 받았던 도와 덕을 존숭하여 마지않던 삼동네 사람들이 떼로 몰려가 구명운동을 해 준 덕분이었다. 구렁찰배미 논으로 수십 마지기나 해잡수시라는 것을 단 한 뼘도 당신 것으로 하신 바 없고, 혁명열사 유가족이라며 쌀과 고기를 보내올 적에도 쌀 한톨 고기 한 점 받은 바 없는 할머니시었다. 남조선민주애국청년동맹 면당 위원장을 하였던 큰삼촌은 세상이 뒤집어진 다음 유진산柳珍山이 만든 대한청년단 사람들한테 참나무 몽둥이로 맞아 돌아가시었다. 남조선민주여성동맹 면당 위원장을 하였던 어머니는 경찰서며 지서로 끌려가 끔찍한 고문을 당한 끝에 동네 사람 지게에 실려 돌아오셨는 바, 91세(2012년 오늘)인 시방도 그때 후유증으로 고통받고 계신다. 마지막 다섯 번째 위원장은 이 중생이다. 민족문학작가회의 소설분과 위원장을 한 적 있으니 말이 된다는 생각이다.

덧붙여 꼭 이야기할 것이 있으니, 외갓집이다. 6·25 당시 큰외삼촌이 면장을 하였는데, 얼치기 지방 가짜 좌익들한테 '이승만이 김성수 주구'로 몰려 학살을 당하셨다. 친가 외가가 함께 무너져 버렸던 것이다.

연좌제 망령은 먼 과거 이야기가 아니다. 시방도 진득찰도깨
비처럼 달라붙어 있는 현재진행형으로, 이 중생이 겪은 것들인
바…….

이 중생이 다시 가출을 한 것은 1995년이었다.《국수》4권을
펴낸 다음이었는데, 절 뒷방과 민박집 그리고 바람 부는 여인숙
을 떠돌던 끝에 오대산 자락 진부토굴에 머물 때였다. 천여 평 밭
이 딸린 곳이었는데, 앞집 사는 영감이 그 밭을 소작하고 있었다.
고랭지채소 농사를 하는 그 영감은 막무가내로 도지세 30만 원을
안 주는 것이었다. 시방 사는 양평 청운 벗고개로 오면서 언제고
보내 달라고 주소를 적어 주었다. 그러나 곤쇠아비 동갑인 그 영
감이 30만 원을 보내 줄 리 없었고, 잊어버리고 말았다.

그런데 연락이 온 것이다. 나한테 직접 온 것이 아니고 내가 시
방도 많은 도움을 받고 있는 양평 토박이인 보살한테였다. 그때
에 나는 전화가 없었다. 그래서 보살한테 연락이 온 것인데, 잠깐.
보살 전화는 어떻게 알았단 말인가. 전화가 두 번 왔는데― 처음
전화는 영감 아들이라며, 소작료를 주려는데 연락처를 몰라서 그
런다고 하더란다. 그때에 나는 분명히 영감한테 이사갈 주소와
온라인 번호를 적어 주고 왔었다. 두 번째는 낯선 사내로, 이 중생
을 찾더라는 것이었다. 누구시냐고 했더니 진부 예비군 중대장이

라고 하더라는 것이다. 왜 김 아무개 선생을 찾느냐고 하였더니,
김 아무개 예비군 훈련 관계로 연락을 해야 되는데 연락처가 없
어 그런다고 하더라는 것이었다. 어떻게 전화번호를 알았느냐니
까, 마을 이장한테 알았다고. 그렇겠거니 여겨 이 중생 거처를 자
세하게 알려 주었다고. 그런데 예비군 관계로 나를 찾는 사람은
없었다. 그리고 그때부터 낯선 사람들이 찾아오는 것이었다.

　이 중생이 사는 외진 산속까지 찾아오는 사람이라야 낯익은 후
배 문인들이거나 언론 관계 사람들인데, 전혀 낯선 사람들이었
다. 그리고 그들은 하나같이 반듯한 양복 차림이었는데, 산 구경
을 왔던 길에 집이 보여 그냥 들러 본 것이라고 하였다. 차 한 잔 나
누며 알맹이 없는 이야기 몇 마디 하다 돌아갔는데, 고드래뿅! 어
디서 왜 이곳으로 왔느냐, 무얼 하는 사람이냐, 기분 나쁘게 물어
보던 아랫동네 사람들도 있고, 면이며 군청 쪽 사람들도 있었는
데, 그 까닭을 알게 되었던 것이다. 내 신원조사를 하는 것이었다.

　그리고 보니 내가 거처를 옮길 적마다 꼭 찾아오던 낯선 사람
들이었다. 진부토굴에 머물 적에도 적지 않은 손님들이 찾아왔는
데, 한결같이 마을 어귀에 있는 집 아주머니가 친절하게 집을 가
르쳐 주더라며 고마워하였다. 외진 산골 마을에 낯선 승용차가
나타나면 꼭 나와 서 있다가 길라잡이를 하여 주는 아주머니였
다. 여기로 옮긴 다음 진부 언저리 사는 문학후배한테 들었는데,
내 동향을 감시하여 무슨 기관이가에 보고하는 '오르그'는 마을로
들어오는 큰길 밑 무슨 공장 사장이고, 그 아주머니는 어떤 사람
들이 찾아오나 자동차 번호를 적어 '오르그'한테 바치는 '레포'였

던 것이다.

이 중생이 번뇌망상하는 곳 응접실 벽에는 몇 군데 유력 일간지 인터뷰 기사가 붙어 있다. 유치무쌍하게 나를 드러내자는 것이 아니라 신원증명서 대용인 것이다. 이상하게 기분 나쁜 눈빛으로 짯짯이 마슬러 보며 꼬치꼬치 캐묻는 게 귀찮아서 그런다. 어떤 사람이 와서 또 캐묻길래 그 사람 손을 끌고 인터뷰 기사가 붙은 벽으로 갔다. 기사를 읽어 보고 사진을 보고 나를 보고 하더니 "아이구우, 작가 선생님이시네요. 뭐 도와 드릴 일 없을까요?" "당장 나가시오. 그리고 다시는 오지 마시오. 그것이 도와주는 길이니." 그 사람 등을 밀었고, 다시는 물어오는 사람이 없다.

"아이구우, 이 띨띨한 보살님아."

보살한테 말하였다.

"내 나이가 몇인디 예비군훈련이여. 즌화허넌 사람이 워느 기관 소속 누군디, 왜 그러너냐구 따져보지두 뭇허넌 사람이 뭔느 미 헬스여."

보살은 아무 여자대학교 총학생회장 출신으로 1980년대 초 학생운동을 이끌다가 징역을 살고 나온 이른바 '헬스권' 출신임을 여담으로 밝혀 둔다. 내 말이 '드라마'가 아니고 '다큐'임을 강조하기 위하여 하는 말이다. '헬스권'은 이 중생이 만들어 쓰는 말로 '운동권'을 가리킨다. 알맹이 없이 무늬만 요란한 가짜 엉터리 운동권을 말한다. 그런 뜻에서 이른바 '참여정부'를 목대잡고 있는 권력자들 가운데 '헬스권' 아닌 사람으로 누가 있는지 모르겠다.

흥분을 가라앉히고 다시 브라운관으로 돌아가자.

소주병 마개를 따기 세 번째였다. 그림은 독립운동가 유족에서 친일파 자손으로 넘어가고 있었는데, 한마디로 모두가 잘 먹고 잘 살고 있었다. 하나같이 부자였다. 용인, 분당, 수원 같은 수도권에 청주 상당산성 안 토지며 충북 영동 일대 등 금싸라기땅 수백만평을 소유하고 있었다. 그런데 놀랍고 기가 막힌 것은 반민족행위자재산환수법이 제정된다는 것을 알고 대부분 그 땅을 처분했다는 것. 그리고 환수된 땅들도 법원에 제소해서 되찾아 내겠다는 결의에 차 있었다.

휘문고등학교를 세웠다는 민영휘 자손을 비롯하여 여러 친일파 후손들이 저희들 할아버지가 나라를 팔아먹는 데 기여한 공로로 왜놈 천황한테 받은 합방공로금으로 땅을 샀고, 그 땅을 기반으로 부를 세습하고 있었다. 여기서 재미있는 것은 그렇게 장만한 땅을 1948년부터 시작된 토지개혁으로 내놓게 되자 재빨리 교육기관을 만들었다는 점이다. 나라를 판 대가로 받은 재산을 지키기 위하여 각급 학교를 세운 것이었고, 시방도 논란을 벌이고 있는 사학법 개정문제 뿌리가 된다. 당연한 이야기로 이들은 거지반 강남특별시에 살고 있었다. 수십 억씩 나가는 아파트며 빌라에서 미국 영주권을 가지고 미국 금융기관에 거액을 달러로 짱박아 두고 자신이 태어난 곳으로는 1년에 한두 차례 재산관리나 하러 오고 있었다.

이 중생은 급하게 잔을 뒤집고 나서 책 한권을 뽑아왔다.《조선신사대동보》. 대원장부大垣丈夫라는 왜인이 대정大正 2년 곧 1913년 박아낸 책으로 그때 지배계급 명단 만여 명 약력이 사진과 함께 실려 있다. 친일파 인명사전인 것이다.

청주 상당산성 안에 수십만 평 땅을 지니고 있는 민영휘 자손은 그 땅이 고종황제한테 하사받은 것이라고 하였다. 그러나 「뉴스추적」 취재진이 알아본 바에 따르면 한일합방에 기여한 공으로 왜왕한테 훈일등팔괘장과 함께 자작 작위를 받은 다음 장만된 것이었다. 민영휘閔泳徽는 본 이름이 영준泳駿으로 '금송아지대감'이라고 불리우던 사람이었다. 평안감사를 할 때 평안도민들한테서 긁어모은 돈으로 금을 사서 송아지를 만든 다음 양전兩殿한테 바치고 대감 자리를 얻었다 하여 얻어진 별명이었다. 《매천야록》에 나오는 대문이다.

민영휘가 전제정권을 펼치고 있을 때 그는 인민의 재산을 탈취하여 전후에 걸쳐 많은 재산을 축적하고 있었다. 이때 재산을 빼앗긴 사람들이 모여들어 혹 재판소에 호소하기도 하고 혹은 그의 집으로 달려가 칼을 빼어들고 재산을 되찾아오기도 하였다. 그리고 그들은 또 각 신문에다가 그의 악행을 게재하여 날마다 공개하므로 민영휘는 매우 걱정을 한 나머지 변호사에게 후한 뇌물을 주어 재산을 빼앗긴 민간인들의 소송을 받지 말도록 하였다. 또 신문사에 애걸하여 자신의 악행을 은폐해 달라고 하였으나 신문사에서는 그가 애걸하면서 자신의 악행을 은폐해 달라는 말까지 보도하자 민영휘는 어찌할 도리가 없어 가족을 모두 상해로 데려가려고 하였다. 그리고 민영휘의 양자 민형식은 선비이므로 그는 의리를 숭상하여 금전을 잘 쓰고 다녔으나 민영휘는 금하지 못하여 거의 윤리를 상하는 상태에까지 이르렀고, 또 그의 서자 민대식은 방탕하고 간사하여 날마다 많은 돈을 썼지만 그는 아무런 말도 하지 않았다.

어찌 또 민영휘만이겠는가. 악의 뿌리를 말하고자 함에서니, 역사를 밝히자는 것이다. 콩 심은 데 콩 나고 팥 심은 데 팥 난다는 말이다. 느닷없이 독립운동가가 되고 친일파가 되는 것이 아니다.

먼 윗대까지는 알 수 없지만 우리나라 근현대사 100년만을 놓고 본다면 너무도 뚜렷하게 드러난다. 조선왕조 말엽의 탐관오리와 아전배 자손들이 친일파가 되었고, 친일의 대가로 받은 왜왕 하사금을 바탕으로 부를 축적하였으며, 그렇게 쌓은 물적 기반으로 자식들을 구미유학 1세대, 도미유학 1세대, 도일유학 1세대로 만들어 세계를 지배하는 자본주의 제일세계 학문을 배워 오게 되었고, 그렇게 배워온 최신 학문을 배경삼아 각계 상층으로 나아가게 되었다는 말이다. 도표로 만들어 보면─ 조선조 말 탐관오리와 아전배 → 친일파 → 미제국주의 세계 지배 전략인 반공 이데올로기로 무장된 친미파 → 오늘의 수구 기득권층으로 면면히 이어져 내려오고 있는 것이다.

대를 물려 부와 권력을 세습하고 확대재생산하는 이 악의 고리를 끊어 내지 않고서는 아무것도 안 된다. 친일친미 모리배들은 수십 억짜리 아파트와 빌라에서 록키산맥 생수를 마시고 계약재

배한 무공해식품을 먹고 수백만 원짜리 '와인'으로 고기 많이 먹어 느끼한 속을 달래고 나온 입으로 "반공만이 살 길이다!"고 부르짖으며 대미제국 황제 부시 초상화와 성조기를 휘두르고, 양심적인 진짜 선비와 땅을 부모로 알고 살아온 기층농군 자손들은 월세 십만 원짜리 지하 단칸방과 옥탑방에서 막노동꾼 식당 잡부로 살고 있는 것이다.

신문을 보다가 깜짝 놀랐던 적이 있다. 조병갑趙秉甲 이야기였다. 조병갑 증손녀 이야기였다.

조병갑이가 누구인가. 조선조 말 대표적 탐관오리로 갑오농민전쟁을 일어나게 하여 30만 명 이상을 무주고혼으로 만든 사람이 아닌가. 그런데 그 직계 후손인 증손녀가 살아있다는 것이었다. 그것도 청와대 홍보수석이라는 요직에 있었다고 하였다.

다음은 〈한겨레〉 2006년 12월 12일치 「입맛따라 재단한 '동학과 조병갑'」 제하 기사이다.

정남기 동학농민혁명유족회 회장이 11일 문화방송 〈손석희의 시선집중〉에 출연했다. 그는 인터뷰에서 "조기숙 전 청와대 홍보수석이 조병갑 증손녀라는 사실을 일찍이 알고 있었지만, 단순히 누구의 증손녀라는 것보다 현재 살아가는 모습이 훨씬 중요하다고 판단했다."며 유족회 차원에서 문제제기를 하지 않아온 이유를 설명했다. 그이 발언은, 〈월간조선〉의 지난 11월호, "조기숙 전 청화대 홍보수석은 탐관오리 고부군수 조병갑의 증손녀"라는 제목의 보도가 '새로울 것'이 없으며, 연좌제 측면에서도 부적절하다는 내용이었다.

그는 또한 "(조 전 수석)은 할아버지와 반대되는 길을 걸은 평소 행동으로 보아 충분히 동학농민군의 우군이라고 본다"고도 말했다. 누구의 후손이냐 아니냐보다 오늘의 행동이 중요하다는 뜻이었다.

그의 발언에는 '조병갑—조기숙 논란'에서 빚어진 '양쪽의 과도함'들을 정리하는 의미가 담겼다. 이 문제는 조 전 수석이 조병갑의 증손녀라는 사실과 함께, 귀양갔던 조병갑이 대한제국 고등재판부 판사로 복직해 동학 2대 교주 최시형에게 사형선고를 내렸다는 〈월간조선〉의 보도에서 비롯됐다. 〈조선일보〉 반대운동에 앞장선 지식인이자 '친일청산' 등 역사 바로잡기 운동을 펴고 있는 청와대의 핵심 브레인 출신에게 〈월간조선〉이 연좌제 성격의 기사로 한 방 먹인 꼴이었다.

그런데 조 전 수석도 문제를 일으켰다. 그는 〈월간조선〉 기사가 나가자 기자들에게 전자우편을 보내 "(조병갑이) 재판을 받고 귀양을 간 것이 아니라 무죄 선고를 받았다'며 증조부를 감쌌다. 편지가 알려지자 "역사적 사실마저 왜곡하느냐"고 조 전 수석을 비판하는 목소리가 터져 나왔다. 그러던 끝에 조 전 수석은 지난 9일 동학혁명 유족회 행사 참석을 허락받고, 참회의 눈물을 흘리게 된 것이다.

이로써 논란은 그럭저럭 정리될 것도 같다. 입맛에 맞춰 역사를 과도하게 활용하는 일은 줄었으면 좋겠다.

— 고명섭 기자

'굿모닝 정권' 핵심 요직을 지낸 그 여성교수야 유명짜하게 이름을 드러낸 경우니 세상에 알려진 것이겠고, 무수히 많은 친일유공자 후손들이 자기네 할아버지의 죄 없음을 굳게 믿으며 유복

하게 살고 있을 것이다. 「뉴스추적」에 나오던 친일파들은 그야
말로 빙산의 일각에 지나지 않는다. 대표적인 것이 이완용李完用
일 것이다. 그 후손들이 엄청난 땅을 갖고 또 환수된 땅을 되찾기
위한 소송전을 벌이고 있으며, 조카인 이병도李丙燾는 이 나라 역
사를 왜국 똘마니급으로 만들어버린 친일사대사관인 이른바 실
증주의 사학의 비조가 되며, 이 나라 사학계를 틀어쥐고 있는 것
도 그 제자들이니, 매국 모리배들의 부와 명예는 대를 물려가며
확대재생산되고 있는 것이다. 이병도 손자들은 서울대학교 총장
과 국립박물관 관장으로 이 땅의 지성과 역사유물을 '관리'하고
있다.

어찌 또 이완용만이겠는가. 이 땅 상층 지배계급, 다시 말해서
정치·경제·군사·문화예술 모든 부문 꼭대기에서 좌지우지하
고 있는 친일파 자손들이다. 언제인가 진보적 사회학자인 김동춘
金東椿 교수한테 한 말이 있다. 친일파 뿌리를 캐는 작업을 왜 안
하느냐고. 우리 인민들 멱살을 틀어쥐고 있는 국회의원을 필두로
한 정치가·재벌·군부·문화예술계를 파 보면 다 친일파에 닿아
있으니, 그들 족보를 뽑아 책으로 묶어 봐야 되지 않겠느냐고. 그
것이 진실로 양심과 양식 있는 학자들이 해야 될 일이 아니겠냐고.

몇 해 전 민가협 어머니들 모임인 수요집회에 참석했던 적이
있다. 무슨 '이슈'인가를 놓고 족작(민족문학작가회의) 쪽에서도 웅

원을 하게 되었을 때 이 중생이 족작 소설분과 위원장 자격으로 참석하여 한마디 하게 되었을 때였다. 탑골공원 앞이었다. 탑골공원 정문 현판인 '三一門' 글씨가 다카키 마사오의 것이었다. 다카키 마사오가 누구인가. 관동군 중위로 만주 일대 독립군 토벌 작전을 지휘하였던 사람이다. 박정희朴正熙다. 박정희 창씨개명 이름은 또 하나 있으니, 오카모토 미노루이다. 창씨를 했다는 느낌을 주는 다카키[高木]에서 일본인 특유의 이름인 오카모토[岡本]로 바꾼 사람이다. 그때에 이 중생은 이렇게 말하였다.

"프랑스가 나치한테 점령당했던 것이 4년간이었다. 그 4년 동안 비시친독 괴뢰정권에서 독일제국주의에 협력했던 친독파 7천여 명을 처단하였다. 우리는 일제한테 점령당한 것이 36년이다. 병자늑약까지 올라가면 130년이 넘는다. 그런데 해방을 맞은 지 반 세기가 넘는 지금까지 단 한 명 친일파도 단죄하지 못하였다. 우리도 프랑스처럼 민족반역자들을 반드시 처단하자는 것이 아니다. 적어도 그들의 잘못만큼은 역사에 기록해야 되지 않겠는가. 그것이 진정한 새 조국 건설의 첫걸음이 되지 않겠는가. 3·1운동이 일어났던 탑골공원에 관동군 중위가 쓴 현판이 걸려 있는 한 이 나라는 광복된 것이 아니다."

삼일문 현판만이 아니다. 안중근의사 기념관에도 윤봉길의사 사당에도 박정희 글씨가 걸려 있다. "대동아공영권을 이룩하기 위한 성전에 사쿠라 꽃잎처럼 장렬하게 산화하겠다."고 만주군관학교 졸업식에서 졸업생 대표로 선서한 사람이다. 그리고 일본육사에 편입하기 위하여 나이를 줄이고 다시 창씨개명을 하며 "충

박정희 대통령의 일본 이름은 다카키마사오와 오카모토미노루. "대일본제국 천황폐하 황은에 보답하고 이 한몸 죽여 대일본제국을 만들겠다."는 혈서를 써 바친 사람이다. 2014년의 대한민국 대통령은 그의 딸이다.

성을 다하여 대일본제국 천황폐하 황은에 보답하고 이 한몸 죽여 대일본제국을 받들겠다."는 혈서를 써 바친 사람이다.

다카키 마사오의 충용한 신민들이 모여 만든 정당에는 당연히 친일파들이 득시글거린다. 일제 때 군수를 하고 면장을 하고 헌병군조를 하고 고등계 형사를 하고 일제 군경과 다름없던 각급학교 교장, 교감, 교원을 하고 왜검사 밑에서 '고쓰카이'질 하다가 해방되면서 검사로 판사로 변호사로 올라선 이들과 그 자식들이 국회의원을 하고 있다. 국회의장까지 지냈다. 당대표도 하였다. 국무총리와 대통령 후보도 하였다. 대통령도 두 명이나 하였다. 현역 장관도 있다. 33인 가운데 가장 오래 살았던 이가 일제 밀정이었다는 사실을 알 만한 사람들은 다 안다. 그리고 그 손자가 국회의원으로 있었다는 사실도 안다. "할아버지가 나라를 판 대가로 일본제국 황제한테 하사받은 돈으로 산 땅을 되찾겠다."며 '대한민국법'에 호소한 이완용 후손들 손을 들어준 행정법원 판사 출신도 국회의원으로 있다. 검찰 출신인 어떤 한나라당 의원은 자기 아버지가 일제 때 면장을 했다는 사실이 밝혀지자 "행정기관 말단에 지나지 않던 면장이 무슨 친일행위를 했겠느냐?"며 자기 아버지 친일행위를 변명했던 적이 있는데, 천만의 말씀이다. 당시 면장은 시방 면장과 다르다. 처녀들을 정신대로 보내고 청년들을 왜놈 군대와 보국대로 보내며 말 한마디로 경찰서와 감옥소로 보낼 수 있는 권한을 가지고 있었다. 면민들 생사여탈권을 쥐고 있던 저승사자였다. 참고로 무슨 신문사 여기자 성추행사건으로 개꼴이 되었던 국회의원 아버지도 일제 때 면장이었다. 일제 때 지주와 자본가들이 손잡고 만든 한국민주당 법통을 잇는다는 열린우리당 국회의원 가운데도 친일파 후손들은 득시글거린다.

이런 자들이 다스리는 이 나라는 이미 나라가 아니다. 원칙도 없고 기준도 없으며, 아름다움도 없고 추함도 없으니, 흑백이 없는 세상이 되는 것은 너무도 당연한 일이 아닌가. 오직 한 가지 기준이 있다면 그것은 돈일 뿐이다. 돈이 모든 것의 주인이므로 모든 것을 결정한다. 자본 만능의 막세상이 되어 버린 지 오래이다.

'야술동네' 또한 마찬가지다. 문학동네만을 봐도 그렇다. 무엇을 어떻게 썼느냐는 것은 문제가 되지 않는다. 무조건 많이 팔리는 작가만 작가로 쳐준다. '쪽바리야술'과 '양키야술'만이 판치는 세상이다. 이른바 소설가며 문학평론가 대학교수라는 자들이 '영어공용화론'을 앞장서 게목지르고 있는 것 또한 마찬가지다. 이런 자들 족보를 파보는 '연구자'는 왜 안 나오는가. '민족문학작가회의'에서 '민족'을 떼어 버리고 '세계'로 나아가자는 자들 또한 마찬가지다. "문학을 버릴 수는 있어도 민족을 버릴 수는 없다"는 저 오월 광주의 시인 김준태金準泰를 시대에 뒤처진 사람 취급하는 자들 가운데 몇몇의 아버지 할아버지가 일제와 조선조 말에 무슨 짓을 했는지를 이 중생은 알고 있다.

이 정권을 '굿모닝 정권'이라고 하는 데는 까닭이 있다.

미국한테 할 말은 하겠다며 민족자주의식을 바탕으로 민족자존을 세우겠다는 공약을 내걸어 역사의식 있는 이들 뒷받침을 받던 노무현 씨가 대통령에 뽑힌 다음 청와대에 첫 등청을 하던 날이었다. 앞방석 곁방석들이 두 줄로 주욱 늘어서 있는 곳으로 들어선 대통령이 오른손을 어깨 위로 척 들어올리며 이렇게 말하던 것이었다.

"굿모오니잉."

그때에 이 중생 입에서 터져나온 나온 탄식이 있으니, "관세음보살." 그렇게 말해서는 안 되는 것이었다. 나라와 겨레 명운을 길라잡이 하겠다고 나선 사람이 온 나라 사람들을 보고 하는 첫마디가 해행문자蟹行文字라니. 그런데 이 중생이 더구나 놀란 것은 아무도 그 잘못됨을 가리키지 않는다는 점이었다. 이미 따논자리를 지켜내기 위하여 그렇게도 대통령님 일거수일투족을 물고 늘어져 잘기둥잘기둥 씹어대는 이른바 수구언론 그 어디서도 '굿모오니잉'을 가지고는 으르렁대지 않던 것이었다. 이른바 진보적이라는 언론 또한 마찬가지였다. 나랏사람 모두가 영어제국주의의 충용한 신민이 되어 버린 까닭이요, 숭미사대주의와 공미굴종주의에 빠져 버린 까닭임을 알 것 같았다.

이런 사람이 미국에 가더니 황제 부시 앞에서 푸들강아지 노릇을 하고 돌아와서는 '한미 FTA'에 목을 매고 있다. 우리 삶 밑바탕 뿌리인 농촌을 거덜 내어 농민을 없애 버리고 "연봉 6천만 원이 못되는 사람들은 죄 이민을 가지 않을 도리가 없다."는 '한미 FTA'를 미국 일정에 맞추어 체결하기 위하여 갖은 짓을 다하고 있다.

마지막 잔을 털어 넣는다.

올해(2008년)는 단재丹齋 신채호申采浩 선생이 여순 감옥에서 순국하신 지 71년째 되는 해이다. 그런데 이 단재 선생이 아직도 무국적자이다. "왜놈이 만든 호적에 이름을 올릴 수 없다."며 무국적자가 되는 바람에 자손들 또한 국적이 없이 살고 있다.

단재만이 아니다. 이상설李相卨 선생도, 홍범도洪範圖 장군도, 김규식金圭植 장군도 호적이 없다. 친일파 후손들이 장악하고 있는 국회에서 '무국적 사망 독립유공자의 국적회복에 관한 특별법안'을 통과시켜 주지 않고 있기 때문이다. '한미 FTA' 체결에는 그렇게 기를 쓰는 대통령이 왜 이런 법안에는 아무런 관심도 두지 않는가.

이 글을 쓰고 있는데 새꼼빠지게도 〈김원웅 '진정성'이 힘입니다〉라는 홍보물이 왔다. 거기 무국적 독립운동가 사진 가운데 우사尤史 김규식金奎植 선생 것이 실렸는데, 잘못된 것이다. 만주에서 무장투쟁을 벌였던 동명 호은 芦隱 김규식金圭植(1882~1931) 장군은 남겨진 사진이 없기 때문이다. 독립운동가 자손으로 민족정기 회복을 위하여 애쓰는 김원웅金元雄 의원을 존경하는 사람으로서 씁쓸한 기분이다. 독립운동가 후손들은 좀 더 똑똑해져야 한다.

더 뒤집고 싶지만 더 이상 뒤집어 볼 술잔이 없다. 땅을 치며 울부짖던 허위 선생 후손 외침이 귀를 물어뜯는다.

"할아버지, 할아버지, 저희들은 어떻게 살아가야 되나요?"

'화교'가 되어버린
'대륙백제' 사람들

"백줴 이게 뭔 날리댜?"

5 · 18 쿠데타를 일으킨 군사깡패들이 광주 인민들을 마구 죽일 때 내포 쪽 사람들이 했던 말인데, '백줴'는 '백제'의 충청도 말입니다. 배가 드나드는 갯벌 안쪽을 가리켜 내포內浦라 하니, 서해 바닷가에 옆허구리 대고 있는 아산 · 당진 · 예산 · 홍성 · 보령 · 서산 · 서천 · 태안을 이르는 말이지요. 그들은 그렇게 느려터지게 말하면서 숨을 죽였던 것이었는데, 느려터지게 말할 수밖에 없었습니다.

나제羅濟 싸움이 끊어지지 않아 하루는 백제가 되었다가 하루는 신라가 되는 판이어서 섣부르게 어느 쪽에 설 수가 없었던 것입니다. 충청도 사람들 말투가 "아부우지이이 도올구우울러어 가

유우우." 하고 오뉴월 엿가락 늘어지듯이 길게 늘어지게 된 까닭이지요. 어느 쪽이 이길는지 모르므로 판가름을 머물러 둘 수밖에 없었던 풀잎사람들 슬픈 살꾀였습니다. 태극기 꽂은 국방군 병정들이 들어오면 "대하아안미인구우욱 만서이!"를 부르고, 인공기 꽂은 인민군 병정들이 들어오면 "인미인꽝화아구우국 만서이!" 하고 두 팔 높이 치켜들었던 6·25 전쟁 때도 마찬가지였구요. 천천히 뜸을 들여가며 길게 늘여 빼는 말소리로 죽어도 그 속내를 드러내지 않는 충청도 사람들 말투에는 저 나제싸움 때부터 질기굳게 이어져 내려오는 애잡짤한 역사가 담겨 있는 것입니다.

"그을쎄에에유우우우······ 그런 것두우 같구우우 아니인 것두우 같구우······ 자아알 물르것네에유우우우우······"

당최 졸가리 닿지 않는 말을 듣거나, 터무니없게 엉뚱한 말을 듣거나, 아무리 봐도 싹수가 노란 이야기를 들었을 때면 이제도 내포 쪽 사람들한테서 들을 수 있는 말들은 많습니다.

"백줴 왜 이런다?"

"백줴 그런 말은 허덜 말어."

"백줴 개갈 안 나넌 소리 그만두라니께."

죄 '님이 계신 곳', 곧 임존성任存城이 무너지고 나면서부터 비롯된 말들입니다. 이미 쫄딱 망해 버린 백제를 입에 올려 봐야 무슨 쓸데가 있겠냐며 애끓이던 그때 사람들 마음은 1천 352년이 지난 이제까지도 백제 테두리 사람들 가슴속 저 깊은 곳에 가라앉아 끊어지지 않고 이어져 내려오고 있는 것입니다. 하마 없어져버린 백제를 말해 봐야 애만 탈 뿐이니 백제 이야기는 숫제 입에 올리지도 말자는 바랄모가 끊어진 데서 오는 긴 한숨소리인 것이지요.

"구다라나이!"

천척 배를 타고 할아버지 나라 건져내려 온 2만 7천 싸울아비들이 백강 싸움에서 대당제국 병대한테 깨끗이 진 다음, '왜'라는 이름 버리고 '일본'이 된 열도에서 생겨난 말이었답니다. '구다라나이'라는 말은 '값없다', '시시하다', '보잘것없다', '쓸모없다', '보람없다', '값어치 없다'라는 뜻이랍니다. '구다라'는 '백제'이고 '나이'는 '없다'는 말이라니, '백제는 없다'는 것이지요. 한마디로 "백제 것이 아니면 아무런 가치가 없다."는 뜻으로, 내포 언저리 백제 울 안 사람들은 이렇게 말합니다.

"백줴 그레봤자 글력만 팽긴다니께."

"아아, 백제 주류성이 무너졌으니, 이 일을 어찌해야 좋다는 말인가. 백제라는 이름이 오늘로써 끊어졌으니, 윗대 할아버지들 무덤에 절하러 어찌 갈 수 있다는 말인가."

《일본서기日本書紀》 덴찌덴노[天智天皇] 3년 9월 첫때에 나오는 기사로, 백제 뒷자손들이 슬피 우는 모습 눈에 보이는 듯합니다. 백제 서울이었던 웅진熊津, 곧 곰나루에는 비류백제 첫한아비 구이仇台를 비롯한 여러대 임금들 무덤이 있습니다. 그래서 고구려 호태왕好太王에게 밀려난 비류백제 마지막 임금 곧 응신應神 오진이 식민지였던 왜국으로 건너가 천황이 된 다음에도 잇달아서 곰나루에 있는 윗대 임금들 무덤에 참배 저쑵는 일이 이루어지고 있었습니다. 공주 송산리에서 파낸 옛 무덤 떼가 비류백제 임금님들 무덤이라는 갈닦은 글이 있습니다. 그렇다면 왜국에서 천척 싸움배에 2만 7천 싸울아비들 태우고 와 백제 광복군을 도왔던 것이 흩되게 앞서가는 문화나라인 백제한테서 받은 문화적 도움을 갚겠다는 마음에서만이 아니라, 윗대 할아버지들 무덤이 있는 곰나루 땅 오가며 핏줄 뿌리를 맞춰 보겠다는 애타는 인간적 꿈으로부터 비롯된 것으로 봐야겠지요.

우리가 이른바 역사 교과서에서 배운 바에 따르자면 당제국 소정방과 신라 김유신 연합군에게 이제 부여에 있던 백제 서울 사비성이 무너지면서 백제라는 나라는 길래 없어진 것으로 됩니다. 그때가 서력 기원 660년이지요. 그 8년 뒤인 668년에는 고구려마저 무너져 버리니, 저 부여에서부터 이어져 내려온 동이족 나라는 아주 사라져 버린 것으로 말입니다. 그런데 그렇지가 않다는 것을 밝혀 주는 놀라운 적바림이 있습니다. 고구려야 그래도 발해 거쳐 고려로 그 맥줄이 이어졌다지만, 애잡짤한 것이 백제입니다. 《일본서기》에서 애와텨하는 것처럼 그렇게 어이없이 사라져 버린 백제였거든요. 그런데 그렇지가 않다는 것이니, 어찌 또 놀라운 일이 아니겠는지요.

후당後唐 청태清泰 3년 정월에 백제국百濟國에서 사신을 보내 방물方物을 바쳤다.

《오대사五代史》와 《책부원귀册府元龜》라는 옛 사서에 나온답니다. 후당 청태 3년이면 서력 기원 936년이니, 백제가 없어진 지 276년 뒤입니다. 없어져 버린 나라에서 사신을 보내 특산물을 바치고 있으니, 놀라운 일이네요. 더욱 놀라운 일은 또 있습니다. 《원사元史》에서 따다 쓴다고 하였는데,

> 세조世祖 지원至元 4년 정월에 백제가 그 나라의 신하 양호梁浩를 보내어 조회朝會하니 금수錦繡를 차등 있게 내렸다.

대원제국 세조라면 징기스칸 손자인 쿠빌라이를 말하는데, 그 4년인 1267년이면 백제가 쫄딱 망한 지 607년 뒤이니, 그때까지 백제라는 나라가 있었다는 것입니다.

이렇게 놀라운 말들이 실려 있는 것은 《흠정만주원류고欽定滿洲源流考》라는 책입니다. 대청제국 제 5대 항제인 건륭乾隆 42년 (1777)에 황제 특명 받은 학자 43명이 83권 옛 역사책을 비춰보아 엮어 낸 20권짜리 책이지요. 특명 내린 황제가 몸소 짯짯이 살펴보는 가운데 만들어졌으므로 '흠정'이라는 갓이 쓰인 이 책은 대청제국이 길이길이 빛나는 이름으로 이어지게 되기를 꿈꾸었던 여진족 사람들이 봉건통치를 검세게 이어가고자 만든 관찬사서라는 테두리가 있습니다. 단재丹齋 신채호申采浩·위당爲堂 정인보鄭寅普·호연浩然 안호상安浩相 같은 이들만 자신들이 내세우는 학설을 뒷받침할 바탕으로 이 책을 살려 쓰고, 조선민주주의인민공화국 리지린 같은 학자는 '대만족주의大滿族主義 사상의 산물'이라며 에누리 없이 꼬집어 뜯으면서도 더덜이 없이 따다 쓰

고 있는데, 대한민국 학자들은 입을 다물고 있습니다. 왜식사관에 뇌씻김당한 이른바 강단 사학자들한테서는 더구나 빈틈없이 내침당하고 있는 책이기도 하지요. 최남선崔南善·이병도李丙燾·신석호申奭鎬·이홍직李弘稙 같은 가왜假倭들 의발衣鉢 받은 이른바 실증주의 사학자 명색들이 쥐락펴락하고 있는 대한민국 사학계입니다. 한족보다 더 한족 같고 왜족보다 더 왜족 같은 그들, 조선말 하는 중국 사람과 조선말 하는 일본 사람들이 역사학 동네를 채잡고 있는 만큼, 우리 겨레가 살아온 발자취는 제대로 알 수가 없습니다.

우리는 우리 겨레 뿌리가 되는 옛 할아버지들이 처음 만든 나라가 서력 기원 2천 333년 전 세워진 고조선이라고 알고 있습니다. 그것도 똑바른 이름을 알 수 없으므로 그냥 옛 조선 곧 고조선이라고 하는 것이지요. 그리고 고조선에서 삼한三韓이 나왔고, 마한·진한·변한이라고 불리던 삼한이 자리 잡았던 곳은 아리수 아랫녘인 충청·전라·경상도라고 알고 있습니다. 이 삼한으로부터 고구려·백제·신라라는 삼국시대가 나왔는데, 고구려는 만주대륙에서 아리수 윗녘까지를 아우르면서 한족과 동북아시아 우두머리 자리를 놓고 다투었고, 백제·신라는 동서로 나뉘어 서로 싸우다가 나당 연합군한테 백제와 고구려는 무너졌는데, 신라만 대동강·원산 아랫녘을 차지하고 있다가 고려와 조선으로 이어져 오늘에 이르고 있다고 말이지요.

그런데 이 책에서는 이러한 '상식'이 크게 잘못된 것임을 여지없이 보여 주고 있으니, 마한·진한·변한이라는 삼한이 자리잡

앉던 데가 발해만 언저리였다는 것입니다. '삼한'이라는 말 제 몸이 그곳을 다스리던 세 목대잡이를 가리키는 말이지 나라 이름이 아니라는 것입니다. '삼한'이 아니라 '삼칸'으로, 우두머리 목대잡이를 말하는 '칸(Khan)'이 '한韓' 또는 '한汗' 으로 되었다는 것이지요. '칸'은 만주말과 몽골말로 군장君長, 곧 황제를 가리킨답니다. 우랄알타이 멧발에서 비롯되어 바이칼 호에 머무르다가 밝고 힘차게 빛나는 아침해를 미좇아 만주까지 내려왔는데, 한무리는 이제 북경 거쳐 산동반도 아랫녘까지 내려갔고, 한무리는 송화강·흑룡강 언저리로 올라갔으며, 한무리는 백두대간 따라 아리수 아랫녘까지 내려왔다고 하네요. 부여·물길·읍루·숙신·말갈·흉노·선비·동호·거란·여진으로 적바림된 여러 부족들이 모두 바이칼 호 언저리에 있는 주신족 갈래라는 것이니, 이 '주신'에서 나온 것이 '조선'임을 알 수 있습니다. 신라 서울은 이제 경주였고 백제가 망할 때 서울은 부여였다고 알고 있는 우리들 '상식' 또한 영락없이 무너지니, '이도二都 체제'였다는 것입니다. 경주는 신라 제2서울이고 제1서울은 만주 길림吉林이었으며, 부여는 백제 제2서울이고 제1서울은 산동성山東省 영성현榮城縣에 있었다네요.

치소治所가 있는 성을 고마固麻라 한다고 하였다.《북사北史》에도 '거발성居拔城은 바로 고마성固麻城이다.'라고 하였는데 만주말로 이를 상고해 보니, 고마라는 말은 '거문'의 음이 변한 것이다.《당서唐書》에서 이 나라 왕이 사는 곳은 동·서 두 성에 있다고 하였은즉 거발은 바로 만주

말인 '탁파卓巴'로서 두 성이 모두 왕도王都였던 까닭에 다들 거문을 거
발이라 칭한 것이다.

만주말 '고마'는 님이 계신 곳, 곧 왕성王城을 뜻한다니, 임존성
과 같은 말이네요. 백제 서울이었던 웅진을 '곰나루'로 부르게 되
는 까닭을 알게 됩니다. 그리고 무엇보다도 이 기사에서 놀라운
것은 "이 나라 왕이 사는 곳은 동·서 두 성에 있다."고 하였다는
말입니다. 이도 체제였다는 것이지요. 청나라 끝 무렵 정겸丁謙
이라는 학자가 백제의 두 왕성에 대해서 "왕은 동·서 두 성에 거
주하는데 동성東城은 공주公州로서 당시 국왕의 배도陪都였고,
서성西城은 지금 부여현夫餘縣이니 양梁나라 때 명농왕明穠王이
이미 이 산성에 살았던 곳으로 성산成山으로도 쓰고 산동 영성현
동쪽에 있다."고 옛일을 헤아려 말하였다네요. '배도'라는 것은 '버
금 배陪' 자가 보여 주듯 정도正都가 있어야 쓸 수 있는 제2수도를
말하는데, 정도는 산동성 영성현에 있었다는 것입니다. 이것은
백제가 조선반도 충청·전라도 쪽에만 있었던 것이 아니라 만주
언저리를 비롯하여 산동반도 쪽까지 아우르고 있지 않고서는 이
루어질 수 없는 말이니, "백제가 망하자 그 땅이 신라·말갈·발
해에 나눠졌다."는 《당서》와 《삼국사기》 적바림이 맞는다는 말
이 되는군요. 영성현이라는 데는 산동반도 교동도膠東道에 있답
니다. 한마디로 대륙백제와 반도백제로 나뉘어 있었다는 것이니,
참으로 놀라운 말이 아닐 수 없습니다.

여기서 떠오르는 것이 진훤甄萱입니다. 정개正開라는 연호 쓰

는 후백제를 세운 진훤 황제는 893년쯤부터 30여 년 동안 오월국吳越國과 사신을 주고받으며 여러 벼슬자리와 "고려와 평화롭게 지내라."는 황제 편지를 받기도 하는데, 대륙백제와 이어지는 끈을 되살려냈던 것이 되네요. 중화주의자들은 이제 강소성 남녘과 절강성에 복건성 동북부를 아우르고 있던 오월국을 "장강 아랫녘 오랑캐들이 잠깐 세웠던 조그만 나라"라고 깎아 내리고 있지만, 참으로는 절강성 항주에 서울을 두고 황제가 다스렸던 짱짱한 나라였지요. 오월국 황제는 그리고 바로 만주와 산동반도에서 발해와 한족들한테 밀려 내려온 대륙백제 사람이었던 것입니다. 이들은 후삼국을 일통시킨 고려 태조 왕건王建이 첫코떼어 현종 때까지 이어진 동이족 연대모임이었던 '팔관회八關會'에 사절을 보내며 반도백제와 겯는 어깨를 풀지 않습니다. 절강성 얼안을 차지하고 공민왕 때 여러 차례 사절단을 보냈던 방국진方國鎭・장사성張士誠은 중국 동해안을 주름잡던 대륙백제 남겨진 백성들이었습니다. 대명제국을 세운 주원장朱元璋에게 거세차게 앙버티던 이들이 열반한 다음에도 끈덕지게 싸우다가 고려로 도망쳐 온 진군상陳君祥 또한 대륙백제 얼 이어받은 이였구요. 그들은 빼어난 목대잡이들이 사라진 다음에도 이제 상해 밑 주산군도를 바탕자리로 하여 대명제국을 괴롭히니, 이른바 '왜구'입니다.

천체물리학을 갈닦는 어떤 학자가 《삼국사기》에 나오는 백제・신라 쪽 날씨 적바림을 컴퓨터로 맞춰 보았다고 합니다. 여러 천 년 전 기상관계 현황들도 한 치도 틀림없이 맞춰볼 수 있는

데, 무슨 까닭으로 곰나루와 서라벌 쪽 날씨와 맞지 않더라네요. 그래서 에멜무지로 중국대륙 쪽으로 옮겨 보았더니 딱 떨어지게 맞더랍니다. 백제·신라 원둥치가 대륙 쪽에 있었다는 틀림없는 본메본짱이 되네요.

그때에 열도백제를 다스리던 천황은 제명齊明 곧 사이메이였는데, 그 여자는 반도백제 무왕武王 딸따니입니다. 열도백제 서울이 경도京都 곧 교토니, 대백제제국 서울은 세 군데가 되는군요.

의자왕義慈王 누이가 사이메이 여왕입니다. 손위가 되는지 손아래가 되는지는 알 수 없지만, 의자왕과 사이메이는 오누이가 됩니다. 무왕 왕비가 사택씨沙宅氏라는 새김돌이 요즈막 익산 미륵사터에서 캐어 내지기까지 우리는 백제 서동왕자薯童王子와 신라 선화공주善花公主가 혼인하여 무왕과 무왕비가 된 것으로 알고 있었는데, 무왕이 낳은 아들딸이 모두 36명이랍니다. 그 아들 가운데 하나가 의자왕이고 딸 가운데 하나가 사이메이인 것이지요. 동기간이 다스리는 아버지 나라가 나당 연합군에게 무너졌다는 마른하늘에 날벼락 같은 소식 들은 사이메이는 구주九州 아사쿠라노미야라는 데다 항당원제抗唐援濟 바탕자리를 세우고 1천척 싸움배에 2만 7천 싸울아비들 실어 반도백제로 보냅니다. 그리하여 부여풍扶餘豊과 부여복신扶餘福信, 승려 도침道琛, "7척이 넘는 키에 용맹스럽고 지략이 있던" 필리핀 또는 인도네시아 출신 장군 흑치상지黑齒常之 같은 이들이 다시 세운 것이 광복백제였습니다. 그랬는데 복신은 도침을 죽이고 풍은 또 복신을 죽이는 집안싸움 끝에 3년을 못 넘기고 광복백제는 그 가림천을 내림니다. 풍과 복신은 의자왕 아들이라고 합니다. 복신은 무왕 아들이라는 말도 있지만 의자왕 살붙이들인 것만은 틀림없지요. 《일본서기》 덴찌덴노편에 보면, 사이메이 천황이 목대잡는 가운데 나카 왕자가 장군 5명을 보내어 백제를 도와주게 하였고, 풍 왕자는 5천 명이 넘는 싸울아비들 이끌고 백제로 갔다네요. 그리고 광복백제를 위하여 보내진 복신에게는 화살 10만 개, 실 500근, 솜 1천 근, 피륙 1천 필, 무두질한 가죽 1천 장, 벼종자 3천 석이 주어졌고, 또다시 피륙 300필이 백제왕 풍에게 주어졌답니다.

이처럼 온힘을 다하여 반도백제를 다시 일으켜 세우려 하였으나, 제왜 연합군은 나당 연합군에게 지고 맙니다. 열도백제에서 보낸 싸움배 400척이 백강白江 어귀에서 불태워졌는데, 그 연기와 불꽃으로 하늘과 바다가 함께 붉게 물들었다고 합니다. 백강은 이제 전라북도 부안 갯가로 짐작됩니다.

이때 아사쿠라노미에서 항당원제 싸울꾀를 채잡던 사이메이가 갑자기 병들어 죽는 일이 일어나는데, 왜국을 다스리기 7년 만이었답니다. 아마도 반도백제를 다시 일으켜 세우는 골칫거리를 놓고 고모와 조카 사이에 다투던 끝에 부여용扶餘龍이 쿠데타를 일으킨 것으로 보이지만, 모를 일이지요. 권세자루를 잡게 된 부여용은 '왜'라는 나라 이름이 츱츱하다며 버리고 '일본'이라는 나라 이름을 쓰기 비롯하니, 덴찌덴노입니다. 제39대 천지천황이라고 《일본서기》에는 씌어 있다지만 참으로는 이제 일본이라는 나라를 세운 첫한아비 첫 천황으로 봐야 합니다. 천조대신天照大神, 곧 아마데라스 오미카미라는 이가 일본 나라 첫한아비라고 하지만 그가 왜국 첫한아비인지는 몰라도 일본국 첫한아비는 아니지요. 어디까지나 일본이라고 나라 이름을 바꾼 부여용입니다.

반도백제가 사라진 다음 대륙백제는 어떻게 되었을는지?《흠정만주원류고》를 보겠습니다.

영화 永和 2년에 부여가 백제의 침략을 받아 서쪽 연(燕)나라 가까이로 옮겨갔다.

《진서 晉書》에 따르면 서력 기원 346년에 백제가 부여를 쳐서 서쪽으로 밀어붙였다고 하는데, 우리가 알고 있는 '역사 상식'으로는 믿을 수 없는 말이네요. 아리수 아랫녘에 있던 백제가 북만주에 있던 부여를 치기 위해서는 무엇보다도 먼저 고구려 땅을 거쳐야 되는데, 이게 어떻게 될 수 있는 일인가요? 이것은 백제가 만주에 있지 않고서는 있을 수 없는 일이지요.

"백제는 원래 고구려와 더불어 모두 요동 遼東 동쪽 천여 리에 있었다. 그 후 고구려는 요동을 빼앗아 차지하였고, 백제도 요서 遼西를 빼앗아 차지하였다."

《송서 宋書》에 나오는 기사랍니다. 《양서 梁書》에는 또 이렇게 나온다네요.

진 晉나라 때 구려 句麗는 요동을 빼앗아 차지하였을 뿐만 아니라 백제도 역시 요서·진평 陳平 2군의 땅을 차지하였으며 백제군 百濟郡을 스스로 설치했다.

이어지는 기사입니다.

…… 봉천奉天・요양遼陽으로부터 남쪽으로 봉황성鳳凰城까지, 압록강을
건너 지금 조선의 함경・평안 등의 도까지가 고구려요, 지금 개원開原・광
령廣寧・금주錦州・의주義州・영원寧遠으로부터 남쪽으로 개평開平・복
주福州・영해寧海까지, 또 동남쪽으로 바다를 건너 조선의 전라・황해・
충청 등의 도가 끝나는 곳까지가 백제이다. 그리고 신라의 지경은 동남쪽
으로 조선의 경상・강원 두 도를 경유하고 서북쪽으로 지금 길림吉林・오
랍烏拉에 직접 이르게 된다. 또 서쪽은 개원・철령鐵嶺에 가깝고, 고구려
와 백제 사이에 툭 튀어나와 있었으니, 옛날 백제의 동북과 동남은 모두 서
로 고구려와 가깝게 인접해 그 안에 끼여 있었기 때문에《통고通考》에서도
역시 고구려의 동남쪽에 있다고 했던 것이다.

이제 산동성・산서성・직예성에서 장강 가녘까지 대륙백제
울안이었다는 말인데, 먼저 신라 어섯이 놀랍습니다.

김춘추라는 잔뇌 잘 굴리는 정략가가 외간것인 당제국 끌어들여 같은
거레인 백제・고구려를 처없애고, 당태종과 짬짜미하여 나라살피를 평
양・함흥 아랫녘으로 오그라뜨렸다.

삼국 통합을 이뤄 낸 태종무열왕 김춘추金春秋가 사대주의 매
국역적으로 꼬집어뜯기게 되는 터무니인데, 영판 다르게 말하고
있습니다. 7년 대당전쟁으로 당제국을 요하遼河 너머로 밀어붙인

신라는 요동에 있는 철령과 장백고원 그리고 동북 만주 길림을 잇는 선까지 나라 땅을 넓혔다는 것입니다. 평양·원산 아랫녘으로 나라살피가 아퀴지어진 것은 대당전쟁이 끝난 100년 뒤이니, 발해 무왕이 벌인 남진정책에 밀려난 탓이라는 것입니다. 대당전쟁을 이겨낸 김춘추 아들 김법민金法敏 곧 문무대왕은 계림주 대도독 자리를 굳게 지켜 내고 있었는데, 계림이 바로 이제 길림이었다는 것이지요. 계림鷄林 곧 경주慶州라고 알아 김춘추 부자를 '씹어'대던 사람들한테는 머리가 떵해지는 판이겠습니다. 그러니까 당제국과 손잡아 백제·고구려를 쳐없애 삼국일통을 해낸 신라는 고구려 땅이었던 만주대륙 한 어섯까지 차지했다는 말이니, 옹글게 역사가 뒤집어지는 판이네요. 대륙백제 뒷이야기입니다.

부여풍이 몸을 빼서 달아나 그 행방을 모른다고 했는데 후당 때에 백제라는 나라가 있어 사신을 보내 조공을 바쳤다는 기록이 있다. 지원至元 (원 세조) 초기에도 여전히 조공하는 사신을 통하였으니 그 지서支庶(서자)가 바다의 한모퉁이에 목숨을 부지하면서 그대로 이전의 나라 이름을 사용하였으니, 국조國祚(왕위)가 여전히 존재하였던 것이고, 따라서 《당서》에 일렀으되 마침내 끊어졌다고 말하는 것은 옳지 못하다. 또 《북사》에 그 나라에는 5방五方이 있고 10군郡을 관할했다고 하니 다스렸던 군은 50~60인데 정방定方이 얻은 것은 겨우 37군이요, 아직 2/5를 얻지 못했다. 이는 반드시 남은 무리들이 살아남았음에도 불구하고 발해·거란과 거리가 너무 떨어져 있었기 때문에 다시는 서로 소식을 전하지 못했던 것이다.

게다가 그들은 성명聲明과 문물文物(성교문명聲敎文明)과 전장제도典章制度
가 성하여 신라와 더불어 견줄 만하였고, 그 사서史書에서 이들의 습속은 기
마와 활쏘기를 숭상하고 아울러 전적典籍·사서를 매우 좋아한다고 하였는
데 그 말이 믿을 만하다고 하였다.

그 나라는 국내에 후왕侯王들을 많이 둠으로써 훈의勳懿에 보답을 하였
다. 송宋·제齊 이래로 이미 그렇게 하였던 것인즉 또한 땅이 넓고 인구
가 많았다는 증거이기도 하다.

이 이만 대륙백제에 대한 적바림은 없습니다. 큰춤 추는 대원
제국 나랏잔치에 무슨 사절을 보냈다는 말이 없고, 부흥운동을
벌였다는 말도 없으니, 짚불이 잦아들 듯 그렇게 시나브로 사라
져 버린 것으로 보입니다. 그러나 국파산하재國破山河在라던 두
시杜詩 떠올릴 것 없이 나라는 무너졌어도 산천에 살던 그 백성
들은 남습니다. 반도백제 백성들이 신라라는 나라 속으로 들어가
삶을 이어갔듯이 대륙백제 백성들 또한 대원제국 백성이 되어 살
아갔겠지요.

한족 주원장이 몽골족이 세운 대원제국을 고비사막 윗녘으로
밀어올리고 대명제국을 세우면서부터 아이오 걷잡을 수 없이 번
져 나가는 것이 왜구입니다. 우리는 왜구라고 하면 대마도에 바
탕자리를 둔 일본 해적떼들이라고 알고 있습니다. 여말선초麗末
鮮初에 걸쳐 우리나라에 쳐들어와 소드락질했던 것을 가리켜 '경
인왜구庚寅倭寇 50년'이라고 부를 만큼 커다란 골칫거리였습니
다.《명사明史》에 보면 '가정해란嘉靖海亂'이라는 것이 있답니다.

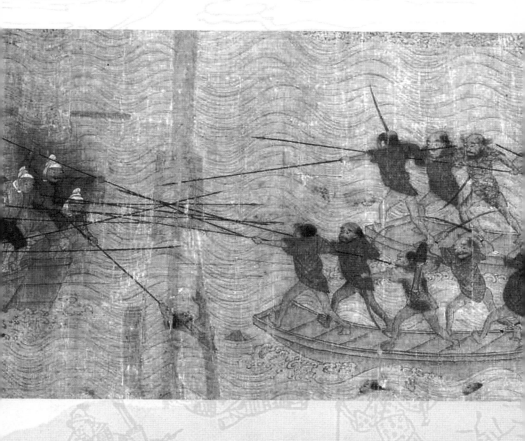

최영崔瑩 장군이 얽이잡았던 요동정벌 싸울아비 5만여 명 얼추가 바로 '왜구'
로 불리던 대륙백제 사람들이었다. 대륙백제 씨를 말리려는 주원장을 죽여 없
애고 다시 옛살라비로 돌아가려던 그들은 이성계李成桂가 벌인 위화도 회군
쿠데타로 그 꿈이 깨어지자 조선왕조 세종 때까지 악착같이 반도백제로 밀고
들어왔다.

왜구들이 중국 동해 바닷가에 쳐들어와 사람들을 마구 죽이면서 재물을 빼앗아 간 것을 가리키는 말인데, '해란'이라고 불렀을 만큼 여간 사납고 날카로웠던 것이 아니었답니다. 그 해란은 명제국이 무너질 때까지 이어졌다네요.

그런데 그 '왜구'라는 해적 무리 가운데 열에 아홉이 참으로는 일본 해적이 아니라 대륙백제 남겨진 백성들이었답니다. 요서 쪽에 있던 대륙백제가 나당 연합군에게 무너지면서 산동반도 거쳐 상해 아랫녘까지 밀려 내려온 사람들은 주산군도를 바탕자리로 하여 동남아시아 쪽으로 다니며 해상 무역을 하고 살았답니다. 그랬는데 농본주의를 국시로 한 명태조 주원장 해금海禁정책에 밀려 삶의 터전을 잃어버리게 되었던 것이지요. 그리하여 '머리 깎고 왜옷 입은 왜놈'으로 꾸민 가왜가 되어 주원장 체제에 앙버티었던 것이니, '왜구'로 불리게 된 까닭입니다. 3할쯤이 진왜眞倭이고 7할이 가왜였다는데, 이들이 주원장과 벌인 싸움은 참으로 끔찍한 것이었으니ㅡ

"왜인 젊은 놈들 입을 찌르고 불알을 깠더니 해상이 잠잠해졌다"고 공민왕한테 자랑하던 주원장은 일본에서 구주에 도망와 있던 해적 우두머리 20명을 잡아 명나라로 보내자, "이들을 모두 시루에 넣고 쪄 죽였"다네요. 이에 불같이 성난 왜구들은 "무덤을 파헤쳐 송장과 물자를 바꾸자."고 하였으며, "손발을 나무에 못 박아 죽이"기도 하였다네요. 또한 "낮에는 아낙들을 누에치게 하고, 밤에는 모아 몸을 빼앗"고 나중에는 "피를 뽑아 술에 타 마시"기도 하였다니, 삶의 뿌리가 뽑히게 된 대륙백제 남겨진 백성들이 벌인 멱찌르는 앙갚음이었던 것이지요.

'가정해란' 가운데 고빗사위가 '남경싸움'이었는데, 타고 온 배를 불태워 '결사항전' 뜻을 밝힌 이들은, 하루낮 하룻밤 사이에 180리를 내달리며 날치싸움을 벌였고, 60~70명이 80일 동안 수천 리를 내달리며 4천여 명을 죽이고 모두 죽는 일찍이 없던 게릴라 날치싸움이었으니, 해상활동을 못하게 된 대륙백제 남은 백성들이 벌인 '죽음의 모꼬지'였습니다. '경인왜구 50년'이라는 것은 반도백제 찾아가려는 대륙백제 사람들 '보트피플'이었던 것입니다. 여말선초 조정에서 막아 내는 힘이 커질수록 바다로 달아나는 것이 아니라 뭍 안으로 더 깊숙이 밀고 들어왔다는 것이 그것을 웅변하여 줍니다. 최영崔瑩 장군이 얽이잡았던 요동정벌 싸울아비 5만여 명 얼추가 바로 '왜구'로 불리던 대륙백제 사람들이었습니다. 대륙백제 씨를 말리려는 주원장을 죽여 없애고 다시 옛 살라비로 돌아가려던 그들은 이성계李成桂가 벌인 위화도 회군 쿠데타로 그 꿈이 깨어지자 조선왕조 세종 때까지 악착같이 반도백제로 밀고 들어옵니다. 이종무李從茂 장군이 대마도 정벌 때 목 베었다는 114명 왜인 가운데 열에 아홉은 왜구가 아니라 힘없는 열도백제 어민들이었구요.

대륙백제 사람들이 해상무역 바탕자리로 삼았던 것이 상해 밑에 있는 주산군도舟山群島였습니다. 명 태조가 된 주원장은 다음 해인 1369년 주산군도로 토벌대를 보내어 대륙백제 사람들 씨를 말리고자 합니다. 목숨을 걸고 거세차게 앙버티던 주산군도 사람들은 마침내 견디지 못하고 주산군도를 빠져 나와 한무리는 반도 백제로 가고, 한무리는 열도백제로 가는데, 열에 아홉은 동남아 시아 쪽으로 갑니다. 그리고 이들이 바로 '화교華僑' 첫한아비가 됩니다. 옛살라비에서 쫓겨나 떠돌며 발 닿는 곳에 뿌리내리고 살 수밖에 없는 슬픈 드라마 주인공들이 바로 화교라는 이름으로 살아가게 된 대륙백제 남은 백성들인 것입니다.

홍위병들이 중국 4대 불교성지 가운데 하나인 주산열도 어미 섬 보타도에 쳐들어가 절과 불상들을 때려 부쉈을 때, 땅을 치며 울부짖었다는 화교들이었답니다. 백강싸움에서 깨끗이 진 다음 "돌아가 절할 곳이 없어졌다."며 울부짖었던 열도백제 사람들이 떠오르는 대목이니, 귀소본능인 것이지요. 등소평 정권에서 홍 위병들이 부숴 버린 문화유적들을 되살려낼 때 가장 먼저 보타도 로 달려가 불교 유적들을 되살려 낸 화교들이었다니, 할아버지들 위패를 다시 모시게 된 것이었지요. 낙지생근落地生根과 자수성 가自手成家 그리고 금의환향錦衣還鄕이 화교들 생활 신조랍니다. 그리고 보타도 절에 모셔져 있는 부처님 얼굴 모습은 반도백제 절 어디서나 볼 수 있는 부처님 모습과 똑 닮았다네요.

대원제국 말발굽에 무릎 꿇지 않은 오직 하나뿐이었던 나라가 고려라고 합니다. '고려의 끈질긴 항쟁의 결과'라고 교과서에는 나와 있는데, 짜장 그러한 것일는지?

세계를 휩쓸어 버린 몽골 기마병들이 코딱지만큼도 못되는 강화도를 무너뜨릴 힘이 부쳐 그러했던 것일까? 경강京江 언저 리 것들을 거두어 모으고 또 나무를 끌어모아 지은 80척 배를 동거童車라 불리는 수레에 실어다가 타고 눈 깜박할 새 강화섬을 두려빼었던 저 병자호란 때를 보면 알 수 있듯이, 그것은 말이 안 되는 소리지요. 고려 원종 15년에 쌀 2만 석을, 충렬왕 17년에는 47척 배에 강남쌀 10만 석을 실어 보내 준 대원제국이었습니다. 임진왜란 때도 기병 10만을 보내어 도와주겠다고 하였던 누르하치 칸이었습니다. 그런데 오랑캐 따위 도움은 받을 수 없다며 뿌리치고 아버지 나라인 명나라한테 제발 덕분 살려줍시사고 비대발괄하였던 소중화小中華, 곧 새끼 명나라인 조선이었습니다.

'솔롱고즈' 찾아온 몽골 아가씨들은 호텔 커피 한 잔 값에 치마 올리고 있고, 반도백제 뒷자손들은 몽골땅에 놀러가서 색시장사를 하고 있는 오늘입니다. 진짜 오랑캐가 누구인지도 모른 채 살이 살을 먹고 있는 반도백제 남겨진 뒷자손들은 가슴에 손을 얹어 봐야 하니, "백줴 왜딜 이러넌 것인지 물르것네유."

마하 궁예보살 마하살

'업'이라는 것이 있답니다. 우리가 흔히 쓰는 이 '업'이라는 말은 아득한 옛날 인도 사람들이 쓰던 산스크리트 말 '카르마'에서 온 것으로, 낱낱 사람들이 말과 뜻과 움직임으로 일으키는 이 업에는 선업善業과 악업惡業이 있답니다. 그 본디 밑바탕 뿌리까지 녹여 없애 버리지 않고서는 천년이 가고 만년이 가도 없어지지 않는 것이 악업이라지요. 악업에는 낱낱 사람들 사이에 맺어지는 '개인업'과 동아리와 동아리 사이에 맺어지는 '집단업', 그리고 겨레와 겨레 사이에 맺어지는 '겨레업'이 있습니다. 이것이 무섭습니다. 이 누리에서 일어나는 모든 다툼 밑바탕에는 이 얼키고 설긴 업이 때없이 서로 부딪쳐 일어나는 불꽃이 담겨 있는 것이니, 이른바 '역사의 인과관계'로 됩니다.

저 고조선을 밑뿌리로 하는 우리 겨레는 세계사에서도 그 보기를 찾을 수 없을 만큼 거세찬 안팎걱정 속에서 소용돌이치는 물너울처럼 빠르게 뒤바꾸는 삶을 살아왔습니다. 살고 있습니다. 자본주의와 사회주의 힘센 나라들 틈바구니에 끼여 같은 겨레끼리 서로 죽이고 죽는 끔찍한 역사를 이어가고 있는 것입니다.

왜 이렇게 된 것일는지? 여러 가지 언턱거리가 있겠으나 크게 두 가지 카르마에 그 진티가 있다고 보니, '백제 카르마'와 '궁예 카르마'가 그것이지요. '백제 카르마'는 앞 글 「화교'가 되어 버린 '대륙백제' 사람들」에서 살펴본 바 있고, 이번에는 '궁예 카르마'를 살펴보기로 합니다.

겨레살매를 아퀴 짓는 것이 크게 테밖 진티와 테안 진티 두 가지라면 '백제 카르마'는 테밖 진티가 되고, '궁예 카르마'는 테안 진티가 되겠지요. 제대로 된 세계사에 그 이름을 올리고자 할진대 '백제 카르마'가 풀어져야 하고, 찢겨진 겨레 역사가 하나로 모아지고자 할진대 '궁예 카르마'가 풀어져야 하니, 궁예를 다시 떠올려보는 까닭이 참으로 여기에 있음이올시다. 삼한일통을 이뤄 내고자 식은땀을 흘리다가 따논자리를 지켜 내고자 손잡은 호족 세력들한테 '나쁜 놈'으로 떠다박질려진 대미륵제국 황제 궁예 꿈을 옹글게 되살려 내는 데서부터 남북일통 실마리를 찾아야 한다는 생각이니, 마하 궁예보살 마하살.

여러 장수들이 태조(왕건)를 보살피고 대문으로 나가면서 길잡이를 시켜 외치기를 "왕공이 이미 정의 깃발을 들었다."고 하였다. 그제야 앞뒤로 달려와서 따르는 자가 얼마인지 알 수 없었으며 또 먼저 궁성 문밖으로 가서 북을 치고 떠들며 기다리는 자도 1만여 명이었다.

왕이 이 말을 듣고 어찌할 바를 모르다가 그만 미복微服으로 산림 속에 들어갔는데 얼마 안 가서 부양 사람들한테 죽임당하였다. 궁예가 당나라 대순 2년에 일어나서 주량 정명 4년까지 이르렀는데 무릇 28년 만에 결딴났다.

《삼국사기》 열전 「궁예」 가닥 맨 마지막 대문인데, 허우룩하네요. 그냥 허우룩하기만 한 것이 아니라 남모르게 많이 감춰 둔 것이 있는 것만 같아 자꾸만 갸웃거려지는 것입니다. 자그만치 28년 동안 아주 큰 권세자루 휘두르던 사람이 그처럼 어이없게 삶을 끝마쳤을 리 없다는 생각에서이니, 궁예 마지막 모습은 참으로 어떠한 것이었을까?

궁예가 이 소문(왕건이 벌써 의기義旗를 들었다)을 듣고 깜짝 놀래어 말하기를 "왕공이 얻었으니 내 일은 이미 끝났다."하고 어찌할 바를 모르다가 미복을 하고 북문으로 도망쳐 나가니 나인들이 궁안을 깨끗이 하고 (왕건을) 맞아들였다. 궁예는 산골로 달아났으나 이틀밤을 지낸 뒤에 배가 몹시 고파서 보리 이삭을 잘라 훔쳐 먹었다. 그 뒤 부양 백성한테 죽었다.

《고려사》에 나오는 대문인데,《삼국사기》보다 한술 더 뜨고 있습니다. 이틀 동안 쫄쫄 굶으며 사람들 눈에 안 띄는 산골짜기를 헤매던 끝에 보리 이삭을 잘라 먹다가 이제 철원 위쪽인 강원도 평강군 백성들한테 붙잡혀 맞아 죽었다는 말이니, 벌어진 입이 다물어지지 않을 뿐이네요.

《삼국사기》가 김부식으로 대표되는 고려 가운데 때 사대주의자들이 삼국시대를 바라보는 눈길을 담아 낸 것이라면, 정인지로 대표되는 조선왕조 첫때 양반 사대부 동아리가 고려시대를 바라보는 눈길을 담아 낸 것이 《고려사》입니다. 두 책을 꿰뚫는 눈길은 똑같으니, 어떤 것이 우리 겨레가 올바르게 걸어온 길이었나를 간추려 내는 이른바 '도덕적 합리주의 사관'이었지요.

예나 이제나 권세자루를 잡은 두럭에서 가장 먼저 공들여 간추려내는 것이 '역사'입니다. "나라는 없어져도 역사는 없어지지 않는다."며 역성혁명을 이뤄 낸 두럭에서 가장 먼저 손붙이는 것이 없애 버린 나라 역사를 엮어 내는 것이었지요. 이른바 민족사 정통성을 어디에 둘 것인가 하는 골칫거리야말로 저희들이 서 있는 자리를 다져 내는 가장 또렷한 달구질이 되기 때문이지요. 저희들한테 민족사 법통이 있다는 것을 보여 주기 위해서 앞선 왕조 또는 권세자루 두럭은 그러므로 없어져야 마땅한 '악의 무리'가 되는 것입니다. 신라 한허리로 삼국시대를 간추려 낸 김부식 동아리에서 궁예를 '나쁜 놈'으로 만드는 것은 그렇다고 하더라도 놀라운 것은 조선왕조 첫때 사대부 동아리가 보여 주는 역사를 보는 눈길입니다. 고려왕조를 연 왕건까지를 치고 들어가는 것이 아니라 신돈이라는 제삿고기를 만들어 조선왕조를 여는 구실로 삼는 것이니, 조선왕조 사대부 두럭이 정통으로 여겼던 것 또한 신라였기 때문이지요. 우리 할아버지들이 밟아 온 삶 자취를 어떻게 볼 것인가 하는 골칫거리는 무엇보다도 먼저 대모한 것으로 되니, 1천 100여 년 앞 이야기가 아닙니다. 대한민국이라는 반쪼가리 한때나라에서 겨레역사 뿌리로 보는 것은 신라이고, 조선민주주의인민공화국이라는 반쪼가리 한때나라에서 법통을 이어받았다고 보는 것은 고구려입니다. 백제만은 어디서도 그 법통을 이어받았다고 하지 않지요.

궁예는 신라 사람이니 성은 김씨이다. 아버지는 제47대 헌안왕이요, 어머니는 헌안왕 후궁이었는데, 그 성씨와 이름은 전해지지 않는다. 어떤 이는 궁예가 48대 경문왕 응렴 아들이라고도 한다. 그는 5월 5일에 외가에서 났는데 그때에 지붕에 긴 무지개와 같은 흰빛이 있어 위로 하늘에 닿았었다. 하늘에 있는 온갖 것들이 움직이는 것을 살펴보는 공다리가 아뢰기를 "이 아이가 오 자가 거듭된 날(重午)에 낳고 나면서 이가 있으며 또 야릇한 빛이 서리었으니 앞날 나라에 이롭지 못할까 두려우므로 기르지 말아야 됩니다." 하였다. 왕이 나인을 시켜 그 집에 가서 그를 죽여 버리라 하였는데, 심부름꾼이 아이를 포대기 속에서 꺼내어 다락 밑으로 던졌더니 젖 먹이던 종이 그 아이를 몰래 받다가 잘못하여 손으로 눈을 다치어 한 눈이 멀었다. 종이 아이를 안고 줄달음쳐 숨어서 힘들게 길러 내었다.

그야말로 '저주받은 운명'으로 태어났다는 말인데, 먼저 '궁예'라는 이름자부터가 아리송하기만 합니다. '궁예弓裔'라는 이름은

'활 잘 쏘는 사람 뒷자손'이라는 뜻이니, 고구려를 세웠다는 고주몽이 태어날 적 이야기와 똑같습니다. '주몽朱蒙'은 고구려 말로 '활 잘 쏘는 사람'이라고 한다지요. 이름자가 지니고 있는 뜻만 똑같은 것이 아니라 태어날 때부터 내려오는 이야기도 똑같으니, 중국 사람들이 제나라 옛 역사를 적바림하였다는 《삼국지》라는 책 위지魏志〈동이전東夷傳〉에 이렇게 적혀 있다네요.

고구려 태조대왕은 이름이 궁宮인데, 나면서 눈을 뜨고 사물을 볼 줄 알아서 나랏사람들이 이를 싫어하였다. 참으로 감사나워 자주 처들어왔다.

김부식이 슬갑도적질한 것이 바로 이 동강인 듯,

이 아이가 오 자가 거듭된 날에 낳고 나면서 이가 있으며 또 야릇한 빛이 서리었으니 앞으로 나라에 이롭지 못할까 걱정되므로 기르지 않아야 됩니다.

〈동이전〉이나 《삼국사기》나 똑같으니, 윗글은 '고구려 공포'에 숨죽였던 한족 마음을 드러낸 것이고, 뒷글은 '궁예 공포'에 숨죽였던 왕건 마음을 드러낸 것이지요.

날 때부터 눈을 뜨고 세상 만물을 바라보았다는 것이나 날 때부터 이가 솟아 있어 먹을거리를 씹어 먹을 수 있었다는 것이나 똑같으니, 남다르게 빼어난 된사람이라는 말이지요. 언짢은 날에 태어났으므로 내다 버려야 한다는 것도 그렇습니다. 오 자가 거듭된 중오일이라는 것은 5월 5일을 말하는데, 5월 5일은 수릿날입니다. 설·칠석·한가위와 함께 신라 적부터 4대 명절로 여겨 수리취로 떡을 빚어 산천에 저쑕고 창포물에 머리 감으며 그네 뛰고 씨름 하며 노는 즐거운 날이지요. '궁예 공포'가 얼마나 컸으면 겨레 모두가 즐겁게 노는 좋은 날인 수릿날을 언짢은 날이라고 하면서까지 궁예를 깎아내릴 수밖에 없었던 왕건 동아리였습니다. 우리 겨레가 지나온 자취 가운데 그 태어난 날이 명토박힌 임금은 궁예 오직 하나뿐이니, 그만큼 '궁예 카르마'가 두껍다는 말이 되겠네요. 그리고 궁예라는 이름이 활 잘 쏘는 사람을 뜻하는 것이 아니라 우리말 '큰 아이'에서 온 것이라는 말도 있습니다. '큰 아이' 곧 '큰 애'가 바뀌어 '궁예'가 되었다고 보는 것인데, 기운차고 날랜 몸으로 빼어난 무예를 지녔던 난사람이었다는 것만은 틀림없겠군요.

종이 아이를 안고 뺑소니쳐 숨어서 힘들게 길러 내었다. 궁예 나이 여남은살이 되어 장난을 몹시 하였으므로 그 종이 이르기를 "네가 났을 적에 나라한테 버림을 받았으므로 내가 차마 보지 못하여 오늘까지 몰래 길러 오는데 네 심한 장난이 이와 같으니 반드시 남들이 알게 될 것이다. 그렇게 되면 나와 너는 함께 잘못됨을 벗어나지 못할 터이니, 어떻게 하겠는가?" 궁예가 울면서 말하기를 "만일 그렇다면 내가 떠나가서 어머니한테 근심이 되지 않게 하겠습니다." 곧 세달사로 갔는데 이제 흥교사가 그곳이다. 그가 머리를 깎고 중이 되어 선종이라고 이름하였다. 그가 자라나게 되어서는 중 계율에 얽매이지 않고 건들건들하여 배짱이 있었다.

궁예가 태어나서 자란 밑절미를 보여 주는 것은 《삼국사기》와 《제왕운기》 두 군데인데, 비슷합니다. 고려 고종 때 글지 이승휴 李承休가 우리나라 여러 대 지나 온 자취를 칠언시七言詩로 적바림한 《제왕운기帝王韻紀》 하권 「후고구려기」입니다.

신라 임금 경문왕이 속속곳아이를 나았더니 이가 두겹이라 목소리도 겹쳐졌네.
얼굴이 임금한테 좋지 않다고 내쫓으니 중 노릇 하며 몰래 돌아다녔네.

궁예가 정말 헌안왕(임금 노릇 한 때 857~861)이나 경문왕(임금 노릇 한 때 861~875)이 낳은 속속곳아이였을까? 먼저 헌안왕에서 사위 경문왕으로 임금 자리가 이어지는 데 박터지는 싸움이 없었습니다. 경문왕에서 헌강왕으로 넘어가는 대목에서도 마찬가지였구요. 진골 귀족 사이에 임금 자리를 둘러싼 다툼이 아주 없었던 것은 아니지만 후궁들한테서 낳은 여러 배다른 자식들 가운데 하나였다면 그렇게 한 쪽 눈을 잃으면서까지 뺑소니쳐야 할 까닭도 없었지요. 《삼국사기》에서 궁예를 헌안왕이나 경문왕 아들이라고 한 것에는 이른바 '정치 공작' 내음이 납니다. 김알지 핏줄 받은 신라 왕손임에도 서라벌을 쳐서 없어 버려야 할 '멸도'라고 부르며 신라를 원수 삼았던 궁예였습니다. 그러나 왕건은 그런 신라를 끌어안은 바탕 위에서 후삼국일통을 이뤄 낸 거룩한 난사람이었다는 것을 그루박고자 궁예를 굳이 신라 왕족으로 만든 것이라는 생각이지요. 별볼일 없는 출신성분이지만 훌륭한 새 나라를 세우겠다는 거룩한 뜻에 손잡았으나 끔찍하게 사나운 정치를 하는 것을 보다 못하여 '구국의 일념'으로 일으킨 혁명이었다는 것을 깍듯하게 비다듬고자 신라 왕손설을 만들어 낸 것으로 말이지요. 그렇다면 궁예 진짜 '출신 성분'은 어떻게 되는 것일까? 두려움 없이 말하자면 신라 끝 무렵 들불처럼 일어났던 농민반란군 가운데 한 사람 자식으로 보입니다. 내남적없이 똑고르게 살 수 있는 평등세상을 만들고자 애태웠던 그 삶으로 봐서 그렇습니다. 아마도 지리산을 두리로 해서 일떠섰던 '붉은바지 농민군' 자식이었을 것입니다. 썩고 병든 신라왕국을 둘러엎고 새 세상을 열어젖히고자 일떠선 아버지 미좇아다니며 관군한테 돌팔매에 이징가미라도 날리고 화살낱이라도 나르다가 토벌대에게 쫓기던 끝에 한 쪽 눈을 잃었을 것이며, 그래서 지리산과는 멀리 떨어진 이제 강원도 영월에 있던 세달사世達寺라는 절로 숨어 들어갔던 것이겠지요. 세달사는 구산선문九山禪門도 아니었고, 왕실 뒷배받는 무슨 승통僧統이나 선사禪師·조사祖師·율사律師·법사法師들이 금물들인 좌복 위에 가부좌 틀고 앉아 법어法語 날리는 유명짜한 절도 아니었습니다. 언저리 굴산사堀山寺에 개청開淸 같은 미륵패 중들이 있는 치외법권 바닥이었지요.

궁예가 세달사로 가 중이 되었다지만 스스로 선종善宗이라고 이름하였다는 데서 알 수 있듯이 정식 중이 아니었습니다. 이른바 수원승도隨院僧徒였으니, 이름 높은 고급 중들 밑에서 온갖 궂은일이나 하는 절종 비스무레한 것이었지요. 불목하나나 다름없는 자리였지요. 아무나 중이 될 수 있는 것이 아니었습니다. 시방도 고등학교 졸업 위 되는 학력 지닌 중생 아니면 중이 될 수 없다지만 그때는 더욱 잡도리 호된 감목을 따졌습니다. 시방 여러 도마다 한두 개씩 있는 본사를 비롯한 여러 유명짜한 이른바 천년고찰들은 죄 왕실과 성골 · 진골 같은 대귀족들이 세운 것이지요. 그들은 손목잡아 주지를 맡거나, 주먹셈을 같이하는 나뉜몸으로 주지를 삼아 절을 다스리게 하면서 토지와 노비를 바쳤지요. 사찰 도꼭지는 왕이었고 왕 분부 받아 용춤 추는 도마름은 귀족들이었구요. 그들은 임금자리를 놓고 다툴 걱정이 있는 왕자나 왕동기들을 불노佛奴 곧 부처님 종이라는 이름으로 출가시켜 중 노릇을 하게 하기도 하였고 부귀공명에도 난집난 공주나 왕 어미들이 절로 가 중노릇을 하며 죽은 다음 극락세계로 가고자 하였지요. 그들에게는 산과 내로 살피를 삼을 만큼 엄청난 논밭 전지와 그것을 갈아먹을 노비들이 딸려 있었으니, 이승에서 이미 극락세계를 사는 것이었습니다. 그들은 그리고 중생을 극락세계로 길라잡이하여 줄 '성직자'였으므로 나라에 한 푼 구실도 내지 않았고 병정이 되어 싸움터로 끌려갈 일도 없었지요. 그러면서 이른바 '설법'이라는 이름 아래 알쏭달쏭 귀신 씻나락 까먹는 소리만 늘어놓는 것이었으니, 불교야말로 '인민의 아편'인 것이었습니다. 헐수할수없게 된 농군들은 다투어 절로 들어갔으니, 수원승도입니다. 왕족이나 성골 · 진골 또는 적어도 육두품 위 되는 이들과 같이 머리 깎고 먹물옷을 걸쳤으나 똑같은 중이 아니었습니다. 무엇보다도 먼저 중옷 옷감과 빛깔이 달랐으며, 꾀까드런 문자로 된 불경을 읽을 재주도 없고 또 배워 볼 틈도 없었습니다. 엄청난 논밭 전지가 절 것이 되고 농군들은 절종이 되어 나라 구실이 줄어드는 것은 마땅한 일이었지요. 그래서 마음대로 절에 논밭을 바치지 못하게 하고, 마음대로 절을 못 짓게 하며, 또 마음대로 중이 되지 못하게 하는 무슨 특별조치법을 때려 보았지만, 잘 안되는 것이었지요. 모든 논밭과 천량을 면세특구인 절에 바친다는 구실로 쌩박아 두고 더욱 천량을 불려 나가는 기득권 세력들이 갖은 꾀를 다 써서 나랏법을 어겨 대니, 나랏살림이 쪼그라드는 것은 너무도 마땅한 일로 되었지요. 이에 핏종발이나 있는 농군들은 저마다 초적草賊이 되어 들불처럼 온 나라를 불태우니, 나라 안이 죄 싸움마당이 된 것이었습니다. 사찰은 그대로 권력기관이었고 승려는 권력자였지요.

"이 댁 시주님을 하느님이 늘 돌보아 주시어 하나를 보시하면 만 곱절 잇속을 얻게 하고 걱정없고 즐거우며 목숨줄이 오래오래 이어지게 하여 주소서."

어떤 동냥중이 한 말이었습니다. 서라벌 시내에서 돈놀이를 하는 복안福安이라는 돈놀이꾼한테서 베 50필을 시주받은 그 동냥중은 바로 수원승도였습니다. 선종이었는지도 모르지요.

그때에 서라벌에는 17만 8천 936호에 100만에 이르는 사람들이 살고 있었답니다. 세계제국이었던 대당제국 서울 장안長安이 30만 호였다니, 서라벌은 장안에 버금가는 국제도시였지요. 멀리 비단길 따라 온 동로마제국과 아라비아·페르시아에서 갖은 물화가 들어오고, 중앙아시아 여러 나라와 몽고 · 발해 · 일본 · 인도 · 동남아시아 여러 나라 물화들이 땅길 · 뱃길 따라 넘쳐나게 들어오고 있었습니다. 서라벌 시내에는 세계 여러 나라에서 온 상인 · 유학생 · 승려 · 정치인 · 장사꾼 · 연예인 · 국제 논다니들이 모여들고, 세계 여러 나라 심부름꾼과 그 데림사람들이 뻔질나게 드나드는 세계적 도시였지요.

궁예가 수원승도로 있으며 "중 계율에 얽매이지 않고 건들건들하여 배짱이 있"게 돌아다니며 무엇을 보았을까? 수원승도 선종은 이름난 고급 중들 뒷바라지하는 틈틈새새로 동냥중 곧 탁발승이 되어 저잣거리를 드나들었을 것입니다. 저잣거리 중생들이 울고 웃고 사랑하고 또 미워하며 탐내고 성내고 어리석게 살아가는 모습을 짯짯이 살펴보았겠지요. 그때에 서라벌에는 초가집은 한 채도 없고 죄 기와집이었는데, 숯을 태워 먹을거리를 만들었답니다. 아름답게 빛나는 궁전과 드넓은 불교 사찰이며 가멸진 귀족들 궁궐 같은 큰 집들이 줄느런한데 풍악 소리가 밤낮으로 그치지 않았다지요.

"인민들 삶이 과연 즐겁고 행복한 것인가?"

880년 9월 9일 국추절菊秋節에 헌강왕이 대궐 월상루月相樓에 올라 네둘레를 둘러보며 물었을 때, 이제 국무총리 턱인 시중侍中 김민공金敏恭이 대답하였습니다.

"마마께서 임금 자리에 오르시면서부터 음양이 고르고 풍우가 고르로와 해마다 풍년이 들어 인민은 먹을 것이 넉넉하고 나라살피도 아무런 걱정이 없으므로 인민들이 이처럼 즐겁게 사니 이것은 오로지 마마께서 베푸시는 거룩한 덕으로 말미암는 것이로소이다."

헌강왕이 짐짓 직수굿이 말하였습니다.

"내게 무슨 덕이 있겠는가. 다 경들이 잘 겯부축하여 준 덕이지."

그때에 서라벌에는 '금입댁金入宅'이라고 불리우는 시방 재벌급 큰 부잣집 39집이 있었는데, 김유신 장군 댁도 금입댁이었지요. 그들 39 금입댁에서는 저마다 3천 명씩 종을 거느렸고, 갑병甲兵 곧 무장 경호부대 3천에, 만여 마리에 이른 소·말·도야지를 키웠다네요. 그들은 집짐승을 바닷속 섬에 풀어 먹이다가 무슨 잔치를 벌일 적마다 잡아들였다지요. 그들은 또 하나같이 돈놀이를 하였으며 가난한 농투산이들에게 곡식을 빌려 주었다가 제때에 본밑과 길미를 갚지 못하면 종을 삼았다네요. 만여 마리에 이르는 집짐승을 기르고 드넓은 논밭에서는 해마다 수만 석이 넘는 곡식을 거둬들여 가난뱅이 농군들에게 장리쌀을 놓고 또 달러이자 놀이까지 하였다니, 요즈막 재벌들과 하나도 다르지 않군요. 3천 명씩 무장부대를 거느렸다면 모두 10만이 넘는 큰 병력이니, 통일신라 260년은 그대로 바오달나라가 되는군요.

금입댁 이야기말고 속속들이 알 수 있는 적바림이 없지만, 요즈막과 마찬가지로 10 대 90으로 나뉘어진 '양극화 현상'이 얼마나 깊었던 것인가를 알 수 있습니다. 39 금입댁에서 문어발 뻗치는 장리쌀 장리빚에 쪼들리던 잣단지주들은 배메기 농군으로 떨어지고, 배메기 농군은 또 '종놈·종년'으로 떠다박질려지는 꼴이 눈에 보이는 듯합니다. 금입댁에 매인 노비만 10만이면 그 식구들까지 쳐서 통일신라 시대 노비들은 적어도 40~50만은 된다고 봐야겠지요. 그리고 이들이 바로 붉은바지 도적이 되고 초적이 되고 수원승도가 되었던 것입니다.

풍년이 들어서야 겨우 입에 풀칠이나 하던 농군들은 흉년이 들면 떠돌뱅이 비렁뱅이가 되고, 굶어 죽고 병들어 죽고, 처자식을 곡식 몇 되에 팔아먹고, 지어 사람이 사람을 잡아먹기까지 하다가 구메도적이 되고, 마침내 반란을 일으켰다는 이야기가 여러 군데 나오니—

발 부러진 솥단지 하나뿐인 찰가난 속에서 장가도 못 간 엄지머리 총각으로 홀어머니를 받들어 모시다가 병대에 끌려가 졸병 노릇을 하던 끝에 출가하여 큰스님이 되었다는 진정법사眞定法師, 고리 사채업자인 복안집에서 식모살이를 하여 주고 겨우 몇 뙈기 밭을 얻어 입에 풀칠하였다는 모량리 가난뱅이 아낙 경조慶組, 흉년을 만나 홀로 된 아비를 먹일 길 없어 거의 굶어죽게 되자 제 넓적다리 살을 베어 먹였는데 그 끔찍한 효성 이야기들 듣게 된 경덕왕이 벼 500석과 밭뙈기 조금과 보금자리 한 채를 주었다는 이제 충청남도 공주땅 농군 향덕向德, 늙고 병든 어미에게 고기를 잡숫게 할 셈평이 없어 제 넓적다리살을 베어 드렸다는 이야기 듣고 왕이 벼 300석을 내렸다는 성각聖覺이라는 중, 남의집 고공살이로 늙으신 어머니 모시고 처자식을 거느리는데 철없는 아이가 장 할머니 잡숫는 것을 채뜨려 먹으므로 자식은 또 얻을 수 있으나 어머니는 다시 모실 수 없다 하여 내외가 그 자식을 산속에 파묻으려고 땅을 파다가 쇠북을 캐게 되자 자식을 다시 업고 집으로 돌아와 쇠북을 들보에 걸고 쳐보았는데 그 맑게 울려 퍼지는 소리를 듣게 된 경덕왕이 보금자리 한 채와 해마다 쌀 50석을 주었다는 모량리 사람 손순孫順 이야기가 있는데, 무슨 대단한 자랑거리라고 대당제국 황제한테 사뢰기까지 하였다는 이른바 '효종랑孝宗郎 설화'라는 것은 기콧구멍이 다 막힐 지경이네요.

서라벌 앞산 가녘에 지은知恩이라는 큰애기가 살고 있었답니다. 일찍 아비를 여의고 앞 못 보는 늙은 어머니와 찰가난 속에 사느라 30살이 되도록 시집도 못 가는 긴머리 노처녀였지요. 품팔이도 하고 앵벌이도 하여 겨우 늙은 어미를 받들어 모시던 가운데 흉년을 만나 앵벌이를 못하게 되자 어떤 가멸진 집에 종으로 들어가게 됩니다. 몸을 팔아 받게 된 쌀 10여 가마를 항것 집에 맡겨두고 진종일 궂은일을 도맡아 하다가 날이 저물면 맡겨 둔 쌀을 조금씩 가져다가 어미 밥을 지었습니다.

"전에는 비록 거친 음식이라도 마음이 편해서 맛이 달더니, 요새는 좋은 음식을 주나 마음이 칼로 찌르는 듯 아프니 무슨 까닭이냐?"

사나흘 지났을 때 어미가 물었고, 곧은불림을 듣게 된 어미가,

"늙고 병든 나로 말미암아 너를 남의집 종이 되게 하였으니 죽어 없어지느니만 못하다."며 모녀는 서로 끌어안고 소리쳐 슬피 울었습니다.

이 가슴 아픈 모습을 마침 지나가다 보게 된 화랑 효종랑이 제 집으로 가 부모님께 말씀 드려 좁쌀 100석과 옷가지를 갖다 주고

또 지은이를 산 항것과 흥정하여 도로 양민이 되게 하였습니다. 이것을 알게 된 효종랑과 한 동아리인 화랑 무리 1천여 명이 저마다 좁쌀 1석씩을 거두어 모두 1천여 석을 실어다 주었지요. 이 말을 들은 헌강왕은 보금자리 한 채와 벼 500석을 보내면서 지은이 모녀가 사는 동네를 효종방孝宗坊이라 이름 붙이고, 도적들이 벼를 빼앗아갈까 걱정되어 병정들을 보내어 지키게 하였다네요.

김부식을 우두머리로 한 고려 가운데 때 신라주의 먹물들은 화랑무리가 벌인 '거룩한 자선사업'을 《삼국사기》에 올려 입에 침이 마르게 기리고 있는데, 아니지요. 그처럼 낱낱 사람들이 '도덕적 결단'으로 벌이는 '자선 행위'로는 골칫거리가 풀어지지 않습니다. 아니, 오히려 더 깊어지지요. 모둠살이 틀거리 골칫거리는 천 년 전이나 이제나 똑같으니, 나라 권세자루 잡았다는 이가 입 안의 혀 같은 제 앞방석·곁방석들 데리고 저자바닥 누비며 떡볶이를 사 먹고, 권세자루 잡으려는 이른바 '선거전략'으로 끌어다 쓴 노릇바치인 '욕쟁이 할머니 집'에 들러 '서민음식'을 사먹는 시늉하며 "장사 잘되게 많이 도와드려라."고 앞방석·곁방석들한테 분부 때리고 있습니다.

《삼국사기》에 오른 이들은 그야말로 아홉 마리 소 가운데 한 터럭에 지나지 않는 것이고, 인민대중 가운데 열에 아홉은 지옥 같은 삶을 죽지 못해 살아가고 있었으니, 10대 90 모둠살이였지요. 그리고 화랑이라는 것은 이미 그 본디 내림줄기에서 많이 벗어나 있었습니다. 당제국이라는 외간것 끌어들여 어거지 삼국 통합을 이룬 신라에서 권세자루 잡은 무리들은 화랑 두럭이 권세자루에 앙버틸 것을 걱정하여 그 힘을 빼 버렸던 것이지요. '신라화랑단체총연합회'라는 것을 얽어 나라에서 나오는 운영비를 우두머리 화랑 몇이서 '분빠이' 해먹는 이른바 '관변단체'로 떨어졌던 것이지요. '효종랑 설화'에서 볼 수 있듯이 화랑이라는 이름 지닌 두럭은 남아 있었지만 권세자루 잡은 무리들을 비다듬는 노리갯감이 되었던 것입니다. 갖은 치렛거리로 멋부린 백마 위에서 노릇바치 옆에 끼고 '가무음곡' 즐기며 이따금 '심심풀이 선행'이나 베풀어 〈계림신문〉·〈서라벌일보〉·〈신라일보〉에 대서특필 되는 귀공자 동아리로 굴러떨어졌다 이런 말씀이올시다. 이들 가운데 저 단제 할아버지 적부터 내려오는 우리 겨레만이 지니고 있는 얼뼈대인 선가仙家 법통 지켜 내려던 이들은 고려왕조가 들어서면서 낭가郎家로 그 이름을 바꾸게 되지요.

"사람한테는 위아래가 있고 자리에는 높낮이가 있어 서로 구실이 다르므로 옷차림이 또한 다르거늘, 요즈막 삶꼴이 되양되양하여 인민이 지나치게 치레하고 빛나고 아름다운 것을 서로 다투어 오직 딴 것(외래물)의 야릇하게 아름다운 것만을 떠받들고 제바닥 것을 촌스럽다고 싫어하여 삶꼴이 위아래가 서로 바뀌어지기에 이르렀으니 본데(예의)에 맞지 않노라."

834년 흥덕왕이 '호화생활 규제에 관한 특별조치법'이라는 것을 때리며 왕실 대변인 시켜 읽게 한 특별 담화문이랍니다. 10퍼센트 귀족계급과 귀족계급 삶꼴을 붙좇아 가는 중산계급을 겨냥한 것이었지요. 임금이 몸소 나서서 점잖은 말로 미리 깨우쳐 주

고 있는데, 따논자리를 지켜 내려는 지배계급들 분에 넘치는 치
렛바람은 설마를 넘는 것이었으니, 그로부터 60~70년 뒤인 궁예
적에는 더 말할 것도 없겠지요.

"큰방의 길이와 너비는 24척을 넘을 수 없고, 지붕에는 당나라
에서 들여온 기와를 얹을 수 없고, 처마를 높게 들어올릴 수 없고,
지붕 네 귀퉁이에 물고기 모양을 만들어 달 수 없고, 금 · 은 · 놋
쇠와 다섯 가지 빛깔로 비다듬을 수 없고, 눈부시게 새김질한 섬
돌을 놓을 수 없고, 세 겹 층층다리 놓인 높다란 집을 가질 수 없
고, 담장에는 기둥과 들보를 쓸 수 없고, 횟가루를 바를 수 없다."

나라에서 내린 금령 곧 '호화주택 제한법'이니, 그때 기득권세
력에서 하였던 집치레가 얼마나 눈부시게 으리으리한 것이었나
알 수 있습니다. 온갖 아름다운 꽃과 푸나무며 느실난실한 돌들
깔린 동산에는 사슴 · 공작새 뛰놀고, 붉은 흙 다져 구운 뜨락 위
꽃무늬 수놓여진 섬돌 올라 옥 같은 화강암 층층다리 위로 금은
과 청황적백흑 오채 먹여 올린 드넓게 높다란 지붕에는 당기와
또는 청기와 덮여 있는 궁궐을 흉내 내지 못하게 하자는 것이었
습니다. 신라 바탕자리 인민들이 만들어 낸 삼베 · 청올치베 · 모
시는 싫어하고 악 소리 나게 비싼 돈 주고 들여 온 당제 비단만 좋
아하는 지배계급이었지요. 임금이 특별 조치법을 내려야 할 만큼
10퍼센트 기득권 세력이 누리는 호화생활은 왕실 못지않은 것이
었으니, 당나라와 아라비아 · 페르시아 · 동로마제국 · 인도 · 동
남아 여러 나라와 일본에서 들여온 온갖 아름다운 비단과 털실로
짠 옷치레로, 제비집 삶은 '수프' 마시고 상어지느러미에 낙타 골

로 배 채운 다음 페르시아에서 들여 온 유리잔에 동로마에서 들여온 '와인' 마시며 당나라와 페르시아에서 온 노릇바치들과 밤낮없이 '파티'를 때리는 것이었으니, 요즈막 10퍼센트 기득권세력들이 계약 재배한 무공해 쌀로 지은 밥 먹고 북미합중국 자본가들이 약초만 먹여 키운 송아지살 요리만 먹어 느끼해진 속을 한 병에 몇 백만 원씩 하는 몇 백 년 묵은 '와인'으로 달래고 록키산맥 만년설에서 뽑아온 생수만 마시는 것과, 인도에서 들어온 침향목으로 만든 수레 타고 동로마에서 들여온 공작새 꼬리로 만든 부채로 부채질하며 '에스라인' 미녀들과 '파티' 때리는 것과 하나도 다를 게 없었지요.

신문왕이 682년 어떤 큰애기를 후궁 가운데 하나로 데려오면서 큰애기 집에 보낸 납폐納幣, 곧 선물이 붉고 푸른 비단만 15수레에, 쌀·술·기름·꿀·메주·얇게 저미어서 갖은 양념하여 말린 고기 조각·소금에 절인 물고기가 135수레에, 벼 150수레였습니다. 성덕왕이 716년 왕후와 갈라서면서 위자료 조로 준 것이, 무늬 놓은 비단 500필, 밭 200결, 벼 1만 석, 호화주택 한 두럭이었구요. 9세기 첫때 왕자 보천·효명 동기는 저마다 화랑무리 1천여 인을 데리고 명산대천 따라 돌아다니다가 난잡나자 오대산으로 들어가 중이 되었다지요. 이때는 벌써 화랑들이 지배계급 사설 경호원으로 굴러떨어졌다는 것을 알 수 있습니다. 화랑 제 몸이 바로 지배계급 자식이었던 것이지요.

궁예라는 이름이 인민대중 가슴속에 돋을새김되어진 것은 이
제 강릉인 명주溟州에 들어가면서부터였지요. 894년이었습니다.
600명 병력으로 3천 명 위쪽이 지키는 큰 성에 별다른 싸움도 없이
들어갔으니, 그야말로 무혈입성이지요. 목탁을 집어던지고 세달
사를 나와 칼과 활 쥐고 떠돌기 3년 만이었습니다. 궁예가 처음 찾
아갔던 곳은 이제 경기도 안성인 죽주竹州를 한허리로 경기도 얼
안에서 힘을 떨치고 있던 기훤箕萱 진터였습니다. 「궁예전」에 나
오는 몇 안 되는 사람 가운데 하나인 것으로 보더라도 기훤은 매우
센 호족이었지요. 죽주로 갔을 때 궁예는 혼자가 아니었습니다.
종간宗侃과 은부狋鈇를 비롯하여 세달사에서부터 뜻을 같이하던
수원승도들과 함께였으니, 한 무리 승군僧軍이었지요. 그들은 이
미 함께 힘을 모아 미륵세상을 세우자고 하냥다짐한 평생 동무들
이었습니다. 세달사에 있는 수원승도들 힘만으로는 미륵세상을
열기에 힘이 부쳤으므로 기훤이라는 힘센 호족 그늘대 속으로 들
어가 힘을 기르며 때를 기다릴 속셈이었던 것이니, 그 법통과 솜
씨를 이어받았던 것이 그로부터 1천여 년 뒤 동학이라는 그늘대
속으로 들어가 미륵세상을 열어젖히고자 거세차게 움직였던 일
해대사一海大師 서장옥徐璋玉이었습니다. 어느 만큼 무장력 갖춘
승병 무리를 데리고 갔으므로 기꺼이 맞아 줄 것으로 생각하였던
궁예는 꿈이 깨어지게 되니, 푸대접을 받았던 것입니다. 예사롭
지 않은 궁예 서슬을 잡도리하기 위한 것이었을 수도 있고, 그저

그런 예사로운 전 중으로 여겨 하찮게 보았을 수도 있습니다. 싹수가 없는 것을 안 궁예는 기훤 그늘대를 떠납니다. 그러나 그냥 떠나는 것이 아니라 동무로 사귀게 된 원회元會·신훤申煊과 함께였지요. 농민반란군 출신으로 들어갔으나 기훤이 지닌 횟손에 꿈이 깨져 있던 원회·신훤을 비롯한 한 무리였겠지요.

궁예가 두 번째로 찾아간 곳은 양길梁吉 진터였습니다. 양길은 이제 강원도 원주인 북원北原과 충청북도 충주인 국원國原을 근터구로 30여 성 위를 차지하고 있던 아주 센 호족이었지요. 오소경五小京 가운데 두 군데인 북원경과 국원경을 손아귀에 넣고 있는 강원·충청 테안 우두머리 호족이었습니다. 신라왕실에서는 삼국통일을 한 다음 차고앉은 땅 인민들을 다스리기 위한 구멍수 가운데 하나로 오소경이라는 것을 두었는데, 고구려 남은 백성들이 세웠던 보덕국報德國 사람들을 옮겨 살게 한 데가 남원소경이고, 가야 백성들을 옮겨 살게 한 데가 국원경이며, 북원경과 서원경은 백제 사람들을 옮겨 살게 하였던 데지요.

그때에 사람과 물화가 오고가는 데 가장 종요로운 것은 물길이었습니다. 나랏살림에서 고갱이가 되는 구실인 곡식과 베와 물고기와 땔감을 실어나르는 조운漕運을 위한 여러 물화를 갈무리하여 두는 곳간을 조창漕倉이라고 하였는데, 북한강을 낀 북원에는 흥원창興元倉이 있고 남한강을 낀 국원에는 덕흥창德興倉이 있었지요. 이처럼 긴한목인 고장 두 곳을 쥐락펴락하는 양길은 아리수 언저리에서 큰소리치는 호족들 우두머리였습니다. 흩된 농민 반란군 도꼭지가 아니라 썩어문드러진 신라 왕실을 뒤엎고 새로운 나라를 세우고자 애썼던 영웅 가운데 하나였다는 말이지요. 물리쳐야 될 맞수 가운데 하나인 기원한테서 떨어져 나온 궁예를 기꺼이 맞아들여 손아래 장수로 삼은 까닭이지요. 진훤이 전라도 무진주에서 백제를 다시 일으켜 황제가 되는 것을 본 양길은 나라를 세울 뜻을 더욱 다졌겠지요.

892년 이때 진훤 나이는 26살이고 왕건은 16살인데, 궁예는 몇 살쯤 되었을까?《삼국사기》적바림대로 문성왕 아들이라면 36살이고 순천 김씨 족보대로 신무왕 아들이라면 43살이 되는데, 진훤과 견주어 보더라도 나이가 너무 많지요? 세달사라는 절에 숨어들어 절종 비스무레한 수원승도가 된 것이 여남은살 적이었다면, 절집에서 잔뼈 여물리며 큰 뜻을 세웠던 때를 헤아려 20대 중후반으로 보입니다. 진훤과 비슷한 나이로 적어도 30살을 넘지는 않았겠지요.

양길 밑에서 기병騎兵 100명을 거느리는 부장部將이 된 궁예가 맨 처음 말을 달려간 곳은 북원경 동북쪽에 있는 치악산 석남사石南寺였습니다. 양길 분부에 따른 것일 터인데, 치악산에는 양길이 쌓았다는 영원산성鴒原山城이 있으니, 어쩌면 양길 분부받아 궁예가 쌓았는지도 모르지요. 영원산성 안침에 있는 석남사를 근터구 삼은 궁예는 농군을 머리로 한 인민대중 등골 뽑아먹는 언저리 신라 외방 공다리들 쳐부수며 그 발길을 이제 강원도 영월 · 평창 그리고 박정희 정권 때 경상북도가 된 울진까지 넓혀갑니다. 여러 고장 공다리들만이 아니라 썩어문드러진 왕실과 성골 · 진골들 앞잡이인 절들을 불지르며 영동 태안을 거의 줌 안에 넣었습니다. 영동 태안 여러 절에 있던 수원승도들이 궁예가 떨치는 힘 밑바탕이었음은 물론이지요. 수원승도만이 아니라 수원승도를 만들어 낸 농군대중 뒷받침이 바로 궁예가 떨치는 힘 밑바탕이었지요. 농군대중 뒷받침 받아 2만 5천 리 대장정을 이뤄 낸 모택동이 떠오르는 대목입니다.

어느 때 남쪽으로 돌아다니다가 홍주 부석사에 이르러 벽에 그려진 신라왕 화상을 보고 칼을 뽑아 쳤는데, 아직도 그 칼자국이 남아 있다.

「궁예전」에 나오는 대문으로, 궁예라는 사람 됨됨이가 사납고 거칠다는 것을 말할 때면 본보기로 들고는 하는데,

이제 경북 영주에 있는 부석사浮石寺는 676년 의상대사가 세운 절로 그때 화엄종華嚴宗 본찰本刹이었습니다. 그때에 화엄사상이라는 것은 임금을 우주만물을 다스린다는 전륜성왕轉輪聖王 자리에 놓아 인민들 삶을 마음대로 할 수 있는 종교·철학적 버팀목이었으니, 부석사는 곧 전제왕권 대변자였지요.

이름난 절이 다 그러하였지만 부석사에는 절을 지켜 내기 위한 힘센 무장력, 곧 승군 두럭이 있던 긴한목이었습니다. 이런 권력기관에 100여 명에 지나지 않는 싸울아비들 이끌고 들어가 임금초상화에 칼질을 했다는 것은 그곳을 옹글게 차고앉지 않고서는 있을 수 없는 일이지요. 부석사에 있던 수원승도들과 언저리 농군들이 궁예와 뜻을 같이하지 않고서는 이루어질 수 없는 일이지요. 궁예가 신라 왕실의 종교·철학적 상징이었던 화엄종찰 부석

사에 들어가 임금 얼굴이 그려진 벽그림을 칼로 쳤다는 것은, 천 년을 두고 내려온 신라왕권에서 벗어나겠다는 해방선언이었던 것입니다. 흘되게 모지락스런 마음바탕 지닌 사람이 성질 부린 것이 아니었다는 이야기지요. 신라를 다스리는 임금 얼굴에 칼질을 하였다는 것은 해방신라를 널리 알리는 극적 의식이었다고 봐야 합니다. 여기에는 물론 종간·은부 같은 궁예 동무들 마음과 힘을 다한 선전선동 공작이 안받침되었겠지요.

부석사에서 신라해방 선포식을 한 궁예는 북쪽 명주로 발길을 돌립니다. 멀지 않은 서라벌까지 짓쳐들어가 신라왕조를 둘러엎고 미륵대제국을 세우고 싶은 마음이야 굴뚝같았지만 아직은 때가 아닌 것이었지요. 부석사를 손에 넣으면서 600여 명으로 병력이 늘어났다지만 서라벌이 가까워질수록 반反신라적 기운이 엷어지면서 무엇보다도 그리고 서라벌에는 아직도 힘센 정부군이 천년왕국을 지켜 내고 있는 것이었습니다.

"건녕 원년 명주로 들어가서 무리 3천 500인을 14대로 나누었다."

명주 입성을 알려 주는 기사인데, '명주에 들어갔다.'고 하였습니다. 그런데 이 '입명주入溟州'라는 '입'이 뜻 깊습니다. 궁예가 두려뺀 고장을 말할 때 《삼국사기》를 쓴 이는 꼭 싸워서 빼앗았다는 뜻인 '격파擊破'나 '격취擊取' 또는 스스로 손들고 나오는 '귀부歸附' 같은 말을 쓰지, '들어갔다'는 뜻인 '입入'을 쓰는 경우는 명주 한 군데밖에 없습니다. 그리고 600여 병력으로 들어간 궁예가 '3천 500인을 14대로 나누었다'면 3천 인은 명주성에 있던 병력으로 봐야 합니다.

3천여 병력이 지키고 있는 큰 성을 600여 병력으로 물리치고 '들어갈' 수가 있을까? 어느 곳을 쳐들어가기 위해서는 지키는 병력보다 적어도 세 곱 위 되는 병력이 아니면 안 된다는 것이 병법 상식입니다. 아프카니스탄과 이라크에 쳐들어간 북미합중국은 이른바 '컴퓨터 전쟁'이라면서도 잇달아서 많은 병력을 보내고 있는데, 성을 빼앗거나 지켜내는 것으로 판가리하였던 예전 싸움에서는 더구나 그러하지요. 그런데 거세찬 싸움도 없이 그냥 '들어갑니다. 이것은 성을 지켜 내는 사람들이 손뼉 쳐 맞아들이지 않고는 이루어질 수 없는 일이니, 궁예가 쳐들어온다는 소문 듣고 명주는 이미 해방되었던 것으로 봐야 합니다. 궁예와 사회 · 경제적 처지를 같이하는 계급들이 일떠서 명주를 다스리던 지배계급을 쫓아냈다는 이야기가 되겠습니다. 그리고 이들 농민대중을 반反신라 세력으로 묶어세우는 고리 구실을 한 것이 미륵세상을 그리워하는 수원승도였다고 봐야지요.

명주 얼안에서 사북이 되는 절은 굴산사堀山寺였습니다. 구산선문九山禪門 가운데 하나인 굴산사는 889년 산문山門을 처음 연 범일梵日이 열반한 다음 개청開淸이 이끌고 있었는데, 잇달아서 쳐들어오는 농민반란군 때문에 산문을 버텨 내기가 어려웠다고 하니, 들불처럼 일떠서는 농민 반란군 서슬을 알 만합니다.

호족들 뒷배받던 굴산사에도 수원승도들이 있었고 그들이 일떠서 굴산사를 궁예 쪽으로 세웠다고 봐야 하며, 어쩌면 개청이라는 중이 궁예가 지닌 미륵사상과 뜻을 같이하는 미륵패였는지도 모르지요. 명주성에서 힘을 떨치던 김순식金順式 아버지가 허월許越인데, 이 허월이 바로 수원승도였습니다. 궁예가 나라를 세우면서 황궁 안에 만든 미륵사상연구소 턱인 '내원內院'에서 궁예가 펼치는 미륵세상을 안받침하여 주던 허월·순식 부자는 왕건 쿠데타가 이루어진 다음에도 오랫동안 왕건 세력한테 앙버티다가 왕건한테서 왕씨 성을 받으면서 무릎 꿇게 되지만, 궁예 정권을 안받침한 일급 참모로 미륵사상 이론가였던 허월이었습니다. 허월은 그 뒤 대관령을 지키는 서낭신이 되어 천 년이 지난 시방도 몰리고 쏠려 헐수할수없게 된 밑바닥 인민들 비나리를 받고 있습니다.

인민대중이 발을 굴러 뛰어오르며 손뼉 치는 가운데 명주성으로 들어간 궁예는 '장군'이 됨으로써 드디어 그 이름을 역사에 올리게 됩니다. 3천 500여 명으로 늘어난 병력을 14대로 나누었다는 것은 제대로 뼈대 짜인 병대 얼개를 갖추었다는 말이고, 장군이 되었다는 것은 여러 호족들과 맞먹는 자리에 올라섰다는 말이 됩니다. 무엇보다도 종요로운 것은 그리고 그 장군이 인민대중한테 떠받들려 올라간 자리라는 것이었습니다. 「열전」에서는 떠받들려 장군이 되었다 하고, 「본기」에서는 스스로 장군을 일컬었다고 하는데, 그동안 궁예가 걸어온 자취를 볼 때 떠받들려 올라간 장군으로 봐야겠지요. 본디 장군이라는 자리는 신라 벼슬자리에서 가장 높은 무관 자리였으나 중앙 정부가 다스리는 힘이 약해지면서 호족들마다 성주 또는 장군으로 불리게 되었는데, 가장 먼저 장군 소리를 듣게 된 것이 궁예였지요. '남돌석 북백선'으로 기려지는 신돌석·김백선 장군이나 김개남·전봉준 장군처럼 그 이름자 뒤에 붙는 '장군'이라는 것은 인민대중이 바치는 가장 아름다운 메꽃다발이었던 것이지요. 이때부터 궁예는 양길 그늘대를 떠나 홀로 선 싸움을 벌려 나가니, 미륵세상을 만들겠다는 꿈을 안고 세달사를 내려온 지 3년 만이었지요. "사졸들과 함께 괴로움과 즐거움을 같이하며 주고 빼앗는 일에 이르기까지도 제 욕심을 두지 않았다. 이러므로 여러 사람들이 그를 마음속으로 두려워하고 사랑하여 장군으로 떠받들었다."

다직 100명에 지나지 않는 병력으로 첫코떼서 600명이 되었다가 아이오 3천 500명으로 불어난 병력이었으니, 그야말로 날로 좋아지게 된 까닭이 여기에 있었습니다. 똑고르게 먹고 마시며 높낮이 없이 함께 살고 함께 죽는다는 고루살이 철학을 안받침한 것은 미륵사상이었습니다. 궁예는 적어도 육두품 위 계급만이 될 수 있었던 정통 승려가 아니었습니다. 절집에 달린 종과 다를 게 없는 수원승도였던 궁예가 얼과 몸뚱이를 맡겼던 것은 미륵이었지요. 세상에서 말하는 바 정통불교 쪽에서는 미륵불은 56억 7천만 년 뒤에 오신다는 부처님이시지요. 그때를 채비하면서 저 아아라한 하늘나라인 도솔천 내원궁이라는 데서 때를 기다린다는 것인데, 힘껏 도머리 치는 궁예였습니다. 그리고 마음 다지는 것이었지요. 미륵이 오기를 기다릴 것이 아니라 스스로가 미륵이 되기로 말이지요. "사졸들과 함께 괴로움과 즐거움을 같이하며" 궁예는 이렇게 말하였을 것입니다.

"하냥 일해서 하냥 먹자. 웃으면서 일하고 웃으면서 밥을 먹고 또 노래하고 춤추면서 더불어 하냥 살 수 있는 세상을 만들자. 인민세상을 만들자. 평등세상을 만들자. 자유나라를 만들자. 워낙은 사람세상이었고, 인민세상이었고, 평등세상이었고, 해방세상이었는데, 한 줌도 못되는 성골·진골을 머리로 한 육두품 위쪽 휘두르는 자들만이 잘 먹고 잘 입고 잘 자서 대를 물려가며 세세생생을 두고 널느리 지화자로 살고자 열에 아홉 풀잎사람들 자유를 억누르고 만들어 내는 간사위를 도차지하고 일품을 빨아 먹어서 만들어 낸 것들을 긁어 가는 자들을 물리쳐 사람세상을 만들어야 한다. 해방세상을 만들어야 한다. 극락세계를 만들어야 한다. 미륵세상을 만들어야 한다."

그러면서 입을 모아《미륵하생경》을 읽었겠지요.

"그때에 세상 사람들은 사람마다 몸에는 크고 작은 다름이 있으나 목소리에는 다름이 없으며 똥오줌을 누고자 할 때는 땅이 저절로 열려지고, 일을 본 뒤에는 땅이 다시 합쳐지느니라. 또 그때는 논에 모를 꽂지 않아도 저절로 쌀이 생겨나는데, 껍질이 없고 향기로와서 먹은 뒤에 병들어 애쓰는 일이 없느니라. 그리고 이른바 보배라던 금·은이며 자거·마노·진주·호박이 길바닥 여기저기에 흩어져 있지만 주워 가는 사람이 하나도 없느니라. 그때 사람들은 이런 보배들을 손에 들고 이렇게 말하리라.

'옛날 사람들은 이런 것들로 말미암아 서로 싸우고 죽이며 잡혀가고 때에 갇히는 등 끝없는 괴로움을 받았다다군. 이제 와서는 이런 것들이 흙이나 돌멩이나 다르지 않으므로 아끼고 탐내는 사람이 없게 되었는데.'"

미륵사상으로 쇠덮개 두른 궁예부대는 싸우는 족족 이기는 상
승부대였습니다. 미륵세상을 만들겠다는 사무치게 애타는 마음
으로 똘똘 뭉친 그들은 장군과 졸병이 한마음으로 한몸되어 미륵
다라니 모뽀리하며 앞으로 나아갔으니, 천하무적이었지요.

강원도 인제·화천·금화·금성·철원 같은 여러 성을 두려
뺀 그들은 잣단호족들이 넘볼 수 없을 만큼 아주 센 무장력을 갖
춘 것이었습니다. 패서浿西, 곧 평양 이남에서 예성강 이북 사이
를 차지하고 있던 호족들이 궁예 무릎 아래로 들어왔고, 앙버티
는 황해도 연안 호족 류긍순柳矜順과 그 참모 태평太平같은 이는
깨뜨려 버렸지요.

이처럼 거침없이 뻗어 나가는 궁예를 가로막고 나선 것은 양
길梁吉이었습니다. 호남 쪽 진훤甄萱과 으뜸자리 놓고 겨루던 아
리수 언저리 우두머리 양길로서는 거느리고 있던 손아래 장수인
궁예가 차리는 딴살림을 받아들을 수 없는 것이었지요. 이제 강
원도 원성군 문막 언저리에서 벌어진 싸움은 양길이 먼저 치고
들어간 것이었는데, 싱겁게 끝나고 말았습니다. 궁예가 지닌 힘
을 낮춰보았던 양길 빈틈이라기보다 수원승도들이 물어오는 꼼
꼼한 염알이 싸움이 거둔 판막음이라고 봐야겠으니, 곳곳 절집마
다 수박씨처럼 박혀 있는 염알이꾼들이 바로 궁예를 미좇는 수원
승도들이었기 때문이지요. 897년이었습니다. 896년 철원성鐵圓
城에 도읍한 다음해였지요. 《삼국사기》에서는 901년 왕이 되었
다고 하고 《삼국유사》에서는 896년 왕이 되었다고 하는데, 896년
이 맞는다고 봅니다. 왕건 집안이 무릎 꿇고 들어오는 것으로 봐

서 그렇지요. 26살 진훤이 백제를 다시 일으켜 황제가 된 4년 뒤였지요.

고려황제 궁예는 경기도 연천·장단·개풍을 차지하고 이제 서울 강서구·양천구 얼안 모두와 김포·강화도를 손에 넣었습니다. 이때 이제 개성 얼안인 송악松嶽에서 해상무역으로 큰 힘을 떨치고 있던 용건龍建이 궁예 밑으로 들어오는 '사변적 상황'이 벌어지니, 궁예와 왕건王建의 '운명적 만남'이 이루어지는 것이지요. 궁예한테서 이제 강원도 금화인 금성태수를 받은 용건은 이렇게 아룁니다.

"대왕께서 참으로 조선과 숙신 그리고 변한 땅에서 임금노릇을 하시려면 먼저 송악에 성을 쌓는 것이 좋은데, 제 자식놈을 성주로 삼아 주소서."

평양·원산 아랫녘만이 아니라 발해가 차지하고 있는 평양·원산 윗녘에서부터 만주대륙까지 손아귀에 넣는 대제국 황제가 되라는 용건 말은 궁예가 지닌 우람한 뜻을 딱 집어 낸 것이었으니, 짜장 국제무역으로 몸을 일으킨 대무역상다운 말이었습니다. 이에 갓 스물 난 왕건을 송악 성주로 삼아 발어참성을 쌓게 하니, '빅딜'이 이루어진 것이었지요. 그런데 아들을 왕으로 만든 '킹메이커' 용건이 한 해도 못되어 죽는 일이 일어납니다. 다직 40대에 들어섰을 한창 때 사람이 갑자기 죽는다는 것은 무언가 는실난실하지요. 더구나 "큰 체수에 수염이 많았으며 틀이 커서 삼한을 일통시키려는 뜻을 가졌던" 사람이고 보면 그러하지요. 아마도 송악 태안을 주무르는 '실력자'를 그대로 놔두었다가는 두고두고 송악 천도를 비롯한 '정치 어젠다'에 걸림돌이 될 것이라고 본 종간 · 은부 같은 고갱이 앞방석들이 저지른 '정치공학적 타살'로 보입니다. 이런 참모습을 어렴풋이라도 알고 있던 왕건은 그때부터 궁예를 쳐없애려는 속셈을 품게 되었을 것으로 보이구요. 용건이 궁예한테 정치자금이나 대주고 잇속이나 챙기는 흩된 장사꾼이었다면 그렇게 일찍 죽지는 않았겠지요. 몽양夢陽과 죽산竹山이 우남雩南한테 죽임당하고, 이정而丁이 금성金星한테 죽임당한 것이 떠오르는 대목이네요.

궁예를 혼쭘하려고 벼르던 양길이 다시 군사를 일으킨 것은 899년 7월이었습니다. 용건이 쥐고 있던 떨치는 힘바탕을 줌에 넣은 궁예가 송악으로 서울을 옮긴 다음해였지요. 발밑인 아리수 아랫녘까지 밀고 들어오는 궁예를 그냥 놔두었다가는 근터구인 아리수 윗녘까지 바드러워지는 것은 물론이고 무엇보다도 먼저 손아랫사람들한테 영이 서지 않는 양길로서는 단판걸이 판가리 싸움을 벌이지 않을 수 없었지요. 그래서 먼저 덮쳐간 싸움이었는데, 깨끗이 지고 말았으니—

북원 도적 괴수 양길은 궁예가 저한테 두 마음을 품고 있는 것을 미워하여 국원 등 10여 성주와 함께 궁예를 칠 것을 꾀하고 비뇌성 밑으로 군사를 몰아 나갔으나 양길 군사는 흩어져 달아났다.

양길을 역사 무대에서 사라지게 만든 비뇌성非惱城이 있던 데는 이제 경기도 양평땅으로 보입니다. 북한강과 남한강이 합수치는 양평 두물머리 언저리로, 이 싸움을 이겨 내면서부터 궁예는 비로소 중부권 젖줄인 아리수 물길을 품 안에 넣게 된 것이었지요.

고려를 세운 8년 만인 904년 나라 이름을 마진摩震으로 바꾼 궁예황제 서슬은 하늘을 찌를 것 같았습니다. 위로는 대동강 언저리까지, 아래로는 금강 언저리까지 뻗치는 것이었고, 진훤황제가 다스리는 백제 땅 나주를 뱃길로 치고 들어가 두려빼고 이제 경상남도 쪽 앞바다까지 힘을 뻗치게 되니, 삼한일통이 멀지 않은 것으로 보였지요. 여기서 '고려'라는 나라이름은 왕건이 지은 것이 아니라 궁예가 지은 것이었습니다. 뒷세상 역사가들이 고구려와 가름하고자 '후고구려'라고 부르지만 궁예가 지었던 어김없는 이름은 고려였지요. 그리고 고려라는 이름은 고구려라는 세 글자를 두 글자로 줄인 것이 아닙니다. 고구려는 5세기 무렵부터 나라이름을 고려라고 일컬었습니다. 5세기 뒤를 적바림한 중국과 일본 역사책이나 금석문에 한결같이 고구려가 고려로 적혀 있으며, '중원고구려비'를 세운 장수왕도 '고려대왕'으로 되어 있습니다. 그러므로 궁예가 고려라는 나라 이름을 썼던 것은 고구려가 썼던 이름을 그대로 이어받아 썼던 것이니, 200여 년 만에 고구려를 되살려 낸 것이었지요. 그리고 고구려나 고려라고 할 때 '고울 려' · '빛날 려' 자로 새기는 '려麗' 자는 '나라 이름 리'로 읽어야 하니, 그때 사람들은 '고구리'나 '고리'하고 하였을 터이구요.

이전에 신라가 당나라에 병대를 보내 달라고 해서 고구리를 깨뜨렸기 때문에 평양 옛서울이 막풀만 다옥한 묵정밭이 되었으니, 내가 반드시 그 원수를 갚겠노라.

고구리를 다시 일으켜 세우면서 궁예가 하냥다짐쳐 한 말이었습니다. 그러면서 신라를 쳐서 없애야 할 도읍 또는 반드시 없어질 도읍이라는 뜻에서 '멸국滅國'이 아니라 '멸도滅都'라고 낮춰 부르며 두 손 들고 들어오는 사람들까지 에누리없이 죽였다고 《삼국사기》에는 적바림되어 있습니다. 감사나운 마음바탕 지닌 '모진 놈'임을 그루박고자 지어 낸 말이지만, 궁예가 신라를 미워했던 것만은 진짜였지요. '활 잘 쏘는 사람'인 주몽 뒷자손이라는 뜻에서 이름까지 '궁예'로 지은 사람이 고리를 버리고 마진이라는 이름을 썼다는 것은 삼한일통을 이뤄내겠다는 마음다짐을 드러낸 것으로 봐야 합니다. 외곬이며 숫되게 고구리를 되살려 내는 것에만 매여 있는 패서 둘레 고구리 갈래 호족들 줌 안에서 벗어나야 한다는 생각을 굳히는 궁예였고, 그러기 위한 수 하나로 가려잡은 것이 905년 개경에서 철원으로 서울을 되돌리고 청주 바닥 백성 1천 호를 옮겨 오게 한 것이었지요.

896년 나라를 세워 918년 무너질 때까지 22년 동안 궁예는 몇 차례 나라 이름과 연호를 바꾸게 됩니다. 이것을 두고 역사가라는 이들은 궁예 얼꼴이 어둡고 어지러워진 보기로 보는데, 아니지요. 여기에는 다만 이어받아 살아가는 고장과 지체바탕에만 따라 움직이려는 여러 힘센 호족 두럭들을 잡도리하여 삼한일통을 이뤄내려는 깊은 시름이 담겨 있었던 것으로 봐야지요. 마진이라는 나라 이름은 마하진단을 줄인 것입니다. 마하摩訶는 '크다'는 말이고 진단震檀은 '동방'이라는 말이니, '대동방국大東方國'이라는 뜻이지요. 그런데 '마진'은 발해가 처음 썼던 나라 이름이기도 합니다. 한족들이 고구리 남은 백성들이 대동방제국이었던 고구리를 이어 가겠다는 뜻에서 붙인 마진 대신 그 나라 앞바다 이름만 따서 '발해'라고 낮잡아 불렀던 것이지요. 그런 뜻을 지닌 이름을 다시 되살려 냈다는 것은 뜻이 만주대륙에 있었음을 웅변하여 줍니다. 참으로 우람찬 꿈이 담겨 있는 이름이지요 대동방국이라면 고구리·백제·신라를 아우른다는 말이니, 고구리 갈래 호족들이 앙버티게 되는 진터가 됩니다. 그리고 여기서부터 궁예정권이 흔들리기 비롯하니, 너무 앞서 나갔던 것이지요. 연호 '무태武泰'는 창과 방패로 두동진 모둠살이 다툼이 가라앉은 태평성대, 곧 다툼과 근심걱정 없이 복된 세상이라는 뜻이니, 더러운 땅을 뒤집어 깨끗한 땅인 극락세계로 만들겠다는 애타는 꿈이 담겨 있네요.

911년 궁예는 다시 마진을 '태봉'으로 바꾸고 연호 또한 '수덕만세'로 바꿉니다. 태봉의 '태泰'는 주역 태괘泰卦에 천지가 어울려 만물을 낳고 산하가 어울려 그 뜻이 같아진다는 '태泰'와, 황제 땅으로 만든다는 '봉封'을 합뜨린 것으로, '행복한 황제나라'라는 뜻이지요. 지상낙원, 곧 극락세계 다른 이름입니다. 연호 수덕만세水德萬歲 또한 궁예가 지니고 있던 우람찬 혁명사상인 미륵사상을 보여 주는 것으로, 음양오행설에서 수덕水德은 북녘을 말합니다. 오덕五德 가운데 수덕에 맞았던 것이 바로 고구리였으니, 고구리 옛땅을 되찾겠다는 우람찬 '다물얼'이 담겨 있습니다. 삼한을 일통시킨 바탕 위에서 고구리 옛땅까지 되찾아 만세토록 길이길이 이어가기를 바라는 마음에서 지은 연호가 바로 수덕만세인 것입니다. 914년에는 다시 '정개政開'로 바꾸었고 무태 다음에 '성책聖册'으로 바꾸기도 하였는데, 다 비슷한 뜻입니다. 한 마디로 나라 풍김새를 바꾸자는 것이었지요. 그때에 신라에서는 당제국이 쓰는 연호를 받아쓰고 있었는데, 궁예가 쓴 연호들은 '정개'만 빼놓고 삼한과 중국 어느 나라에서도 쓴 적이 없는 것들이었지요. 줏대 짱짱한 미륵대제국이었다는 말입니다.

이처럼 제 나름대로 연호를 썼던 궁예였으므로 그 이름자 뒤에 따르는 것은 마땅히 '황제'였지요. 한족 황제가 내려 주는 제후나라 '왕'이 아니라 한족 황제와 맞먹는 대미륵제국 '황제'였던 것입니다. '마진'이라는 나라 이름이 '황제는 동방에서 나온다'는 뜻인 주역 '제출호진帝出乎震'에서 따온 것이니, 두말할 나위 없이 황제였지요. 발해 곧 대진제국을 세웠던 대조영을 비롯한 그 뒷임금들 모두 황제였구요. 그리고 궁예는 이름만 황제를 일컬었던 것이 아니었습니다. 당제국 제도와 풍습을 본받아 관부제도와 이름이며 옷차림까지 죄 당제국 것으로 바꿔 버린 신라 것을 버리고 죄 새로운 것으로 고쳤으니, 마침내 대동방제국을 세운 것이었습니다. '정개正開'라는 연호 썼던 진훤 또한 황제였습니다. 대백제제국 진훤 황제였지요.

선종이 스스로 미륵부처라 일컬으며 머리에 금고깔을 쓰고 방포方袍를 입었으며 맏아들을 청광보살靑光菩薩이라 하고 다음 아들을 신광보살神

光菩薩이라 하였다. 선종이 나들이 할 때면 장 흰말을 타는데 비단으로 갈기와 꼬리를 비다듬고 숫보기 사내아이와 계집아이들로 하여금 햇빛 가리개와 향과 꽃을 받쳐 들고 길라잡이하게 하며, 또 비구승比丘僧 200 여 명에게 미륵부처를 기리는 노래를 부르며 뒤따르게 하였다.

궁예황제 나들이 때 모습인데, 아마도 나라 이름을 고리에서 마진으로 바꾼 904년부터일 것으로 짐작됩니다. 궁예는 904년 과 911년 두 차례에 걸쳐 나라를 다스리는 마을(관청) 이름과 벼슬 자리 뼈대를 크게 고쳐 짰으니, 신라 모듬살이 틀거리를 버텨내 는 기둥인 골품제骨品制를 없애 버린 것이었습니다. 성골聖骨 · 진골眞骨 같은 핏줄을 바탕으로 하는 출신성분 체제에서 사람사 람이 저마다 지니고 있는 깜냥을 바탕으로 하는 실력체제로 바꾼 것이었으니, 참으로 혁명적인 것이었지요. 지니고 있는 깜냥과는 아무런 이름고리도 없이 대를 물려가며 부귀공명을 이어가고 있 던 귀족을 비롯한 따논자리를 차지하고 있던 열에 하나 사람들은 딛고 있던 노둣돌이 빠져 버리기 비롯하였고, 궁예가 삼한일통을 이루어 말 그대로 미륵대제국이 세워진다면 쫄딱 툭수리찰 수밖 에 없는 호족 동아리였지요.

또 스스로 불경 20여 권을 지었는데 때로는 반듯하게 앉아서 그 경을 풀 어 말하기도 하였다. 중 석총釋聰이 말하기를 "죄 그릇된 말이요 느실난 실한 이야기여서 가르칠 수 없다."고 하였더니 선종이 듣고 성내어 쇠방 망이로 쳐 죽였다.

정명 원년에 부인 강씨가 왕이 옳지 못한 일을 많이 한다 하여 낯빛을 바르게 하고 잘못을 고치도록 말하니 왕이 미워하여 말하기를 "네가 다른 사람과 보쟁이니 무슨 까닭이냐?" 강씨가 말하기를 "어찌 그런 일이 있겠는지요?"

왕이 말하기를 "나는 검님과 통하여 보고 있다."면서 뜨거운 불에 쇠공이를 달구어 그 살꽃을 쑤셔 죽이고 강씨가 낳은 두 아이까지 죽였다. 그 뒤로 의심이 많고 갑자기 성내기를 잘하여 여러 벼슬아치와 장수며 평민에 이르기까지 죄없이 죽임을 당하는 일이 자주 있었으며 부양과 철원 사람들이 그 모지락스러움을 견뎌 낼 수 없었다.

불교라는 종교를 그릇 받아들인 궁예가 분에 넘치게 날파람잡다가 끝내 처자식까지 끔찍하게 죽여 버리는 망나니가 되었다는 것으로, '안티 궁예' 쪽 사람들이 즐겨 끌어 대는 대문인데, 정말로 그러한 것일지?

먼저 "스스로 미륵부처라 일컬으며 머리에 금고깔을 쓰고 몸에는 방포를 입었으며 맏아들을 청광보살이라고 하고 다음 아들을 신광보살이라 하였다."는 것을 가지고 마치 하늘을 쓰고 도리질하려는 과대망상증 환자쯤으로 깎아 내리고 있는데, 스스로 부처임을 일컫고 보살임을 일컬었던 것은 궁예만이 아니었습니다.

신라를 다시 일으켜 세운 슬기로운 임금으로 기려지는 진흥왕眞興王과 진평왕眞平王이 그러하였지요. 이 땅별 위에 있는 나라만이 아니라 수미사주須彌四州, 곧 저 태양계 안에 있는 모든 나랏사람들을 다스리는 대왕이라는 뜻인 전륜성왕임을 내대었던 진흥왕이었습니다. 진흥왕 손자 진평왕은 스스로 부처라고 하였는데 그냥 부처가 아니라 부처님 아버지인 백정왕白淨王이라 하였으니 궁예는 숫접은 사람이었지요. 진평왕비도 부처님 어머니인 마야부인摩耶夫人이라 하였고, 진평왕 아우 이름도 부처님 삼촌인 백반白飯이라고 하였구요. 이러한 역사적 사실을 두고 이른바 사학자라는 이들은 이렇게 추어 올립니다. "불타의 권위를 빌려 왕권을 강화시키려는 고도의 통치술이었다."

스스로 부처임을 내대었던 것은 궁예나 진흥왕·진평왕이 똑같습니다. 석가와 미륵이라는 다름은 있지만 스스로 부처라고 일컬었던 것은 다름이 없지요. 그런데 왜 한 쪽은 '신라 중흥대왕'으로 기려지고 한 쪽은 '과대망상증 환자'로 업신여겨지는 것일까? 이것은 석가와 미륵 다름에서 그 까닭을 찾아야 할 것이라는 생각이니, 석가모니는 현세現世 곧 이제 여기에 온 부처이고, 미륵은 내세來世 곧 앞으로 오게 될 부처를 말합니다. 다시 말하자면 이미 따논자리를 지켜 내려는 수구기득권 세력이 받드는 석가모니이고, 몰리고 쏠려 죽지 못해 살아가는 90퍼센트 인민대중이 받드는 부처가 미륵이라는 말이구요.

다음으로 "선종이 출입할 때면 장 흰말을 타는데 비단으로 갈기와 꼬리를 비다듬고 숫보기 사내아이와 계집아이들로 하여금 햇빛 가리개와 향과 꽃을 받쳐들고 길라잡이하게 하며 또 비구승 200여 명에게 미륵부처를 기리는 노래를 부르며 뒤따르게 하였다"는 대목은 집고 분에 넘치게 날파람잡는 게 아니었습니다.

어떤 당제국 장사치가 신라에서 아주 느실난실한 것을 얻었는데 왕족과 귀족들이 나들이 할 때면 타게 되는 말꼬리에 매달아 흙먼지를 잠재우는 헝겊인 벽진건辟塵巾과, 침 꽂은 수건을 말꼬리에 매달아 흙먼지를 빨아들이는 벽진침辟塵針이라는 것이었답니다. 당제국에서 엄청난 돈 주고 들여온 옷차림으로 먼지 한톨 안 묻게 나들이하던 그들은 사절유택四節遊宅이라는 으리으리한 별장으로 철따라 놀러다니는데, 꽃 피고 새 울며 송화가루 흩날리는 봄마다 온갖 치렛거리로 비다듬은 침향목沈香木 수레 타고 꽃놀이 즐기던 데를 송화방松花房이라고 하였다네요. 진표眞表를 비롯한 왕실 틀거지를 빛내고 윗자리에서 휘두르는 지체 높은 나으리들 만수무강을 위한 이른바 통치철학 생산공장 공장바치였던 절집 큰중들이 궁궐 나들이를 한다거나 무슨 불사佛事 또는 법회法會라는 이름으로 풀잎사람들 뼛골 빨아먹을 때 벌였던 놀음판 치레와 견줘 보면 궁예는 그야말로 새발에 피에 지나지 않습니다. 그리고 진흥왕은 끝 무렵에 신라 땅에 맨 처음 나라에서 세운 절인 흥륜사를 대왕흥륜사大王興輪寺라는 이름으로 바꾼 다음 스스로 머리 깎고 들어가 법운法雲이라는 중이름으로 주지住持를 하였다지요. '전륜성왕'이었던 이가 '만승의 높은 자리 폐리처럼 버리고' 중이 되었다니 놀라운 일인 것만은 틀림없는데, 삼일수하三日樹下 나그네로 일의일발一衣一鉢 떠돌며 화두話頭 챙기는 납자衲子가 된 것이 아니라 주지가 되었다네요. 시방도 마찬가지지만 법운 스님이 대왕흥륜사 주지로 간 그때에 주지는 대단한 자리였지요. 그것도 이름 없는 산골 암자가 아니라 '대왕'이

100

맨발 벗긴 서라벌

라는 싯누런 금관 씌워진 신라 제일 사찰 주지자리라면 그대로 상왕上王자리였지요.

그때에 신라 땅에 있던 큰절들은 모두 왕실에서 세운 것으로 주지 또한 왕실 길카리거나 성골·진골 출신 귀족중들이었습니다. 서라벌에 있는 불국사·석굴사·황룡사 같은 대가람大伽藍은 물론하고 해인사·통도사·송광사·범어사 같은 이제 대한불교조계종 본사라는 절집을 틀어쥐고 있는 도꼭지 또한 모두 왕실 길카리였고 그들 분부 따라 절이라는 이름 단 권력기관을 채잡아나가는 것도 모두 그들이었지요. 왕실에서는 임금자리를 놓고 같은 왕족끼리 진흙밭 개싸움이 벌어질 것을 막아 보고자 임금 동기간이나 임금 자식들을 중으로 만들기도 하였고, 임금 어머니나 딸들을 비구니가 되게 하기도 하였습니다. 이들은 절에 가서 부처님을 받들어 모시겠다는 뜻에서 '불노佛奴'라고 일컬었으나, 그들 삶은 왕실에 있을 때와 크게 다르지 않았으니 입 안에 혀처럼 온갖 시중 들어 줄 남녀 종들이 있었고, 지니고 간 엄청난 크기 논밭과 논밭을 일굴 농노農奴들이 있었지요. 나라에서 끊어 주는 '중쫑' 받은 '정식 중'들은 지니고 있는 논밭에 매겨지는 구실을 내지 않고, 싸움터에 끌려가지도 않고, 또 마을에서 벌이는 온갖 힘든 일에 끌려다니지 않아도 되었으므로, 겨우 밥이나 얻어먹으며 10퍼센트 귀족계급 종살이하던 사람들은 다투어 절로 들어갔습니다. 그러나 절로 간다고 해서 누구나 '정식 중'이 될 수 있는 것이 아니었습니다. 그들은 다직 '정식 중' 밑에 딸린 노비가 되거나 잘해야 수원승도가 되었습니다. 그리고 뼈빠지게 일하는 틈

틈새새로 '법문法門'을 들었지요. 유명짜한 절들마다 이른바 고승
대덕高僧大德이라는 큰중들을 모셔다가 이지가지 이름 단 법회라
는 것을 벌였는데, 고승대덕님들이 한결같이 부르짖는 법문이라
는 것은 죄 인과응보설·윤회사상·체념사상·숙명론·은둔사
상 같은 것들로, 지배계급 입맛에 딱 맞는 것들이었지요. 불타 석
가모니 가르침 고갱이는 평등사상이었는데, 그것을 쏙 빼 버렸던
것입니다. 세상에서 말하는 바 고승대덕이라는 중들 제 몸이 귀
족계급이었으므로 사람은 누구나 똑고르게 살아야 한다는 평등
사상을 말하지 않는 것이었지요. 어쩌다 그런 말을 비치는 뻣뻣
한 이가 있더라도 무슨 애매한 허물을 덤터기 씌워 절집에서 길
래 '퇴출'시켜 버리는 것이었지요. 그렇게 석가모니 본디 가르침
과는 뒤쪽으로 뇌썻김당한 풀잎사람들이 가장 즐겨 읽는 베스트
셀러가《김대성 전생담》이었습니다.

"신문왕 때 김대성이라는 높은 벼슬아치가 있었다. 그는 금생
부모를 위하여 불국사를 세우고 전생 부모를 위하여 석불사를 세
우고, 신림神琳과 표훈表訓 두 성사聖師를 청해서 각각 머물러 살
게 하였다. 그리고 아름다운 불상을 모시어 길러 주신 은혜를 갚
았다. 한몸으로서 전생과 금생 두 부모에게 효도한 것은 옛적에
도 드문 일이었다. 이러니 착한 마음으로 절집에 시줏물을 바치
면 반드시 복을 받는다는 부처님 말씀을 어찌 믿지 않을 수 있겠
는가?" 복안福安이라는 부잣집에서 머슴살이하던 김대성金大城
이가 "보시를 좋아하면 천신天神이 장 지켜 주실 것이며, 한 가지
물건을 보시하면 1만 곱을 얻게 되니, 흐뭇하고 즐거웁게 길이길

이 살게 될 것"이라는 고승님 법문 듣고, 새경 받아 장만한 작은 밭뙈기를 절에 바친 공덕으로 금생에 큰 복을 받아 잘살게 되었다는 '김대성 발복 설화'는 밑바닥 중생들 뇌를 씻어 주는 이른바 '밀리언 롱 셀러'였습니다. 코딱지만한 보시 한방으로 '인생역전'을 한 김대성이 부러워 그 보시를 '컨닝구'하게 되는 사람들은 더욱더 가난뱅이 굴레를 벗어날 수 없는 것이었고, 절은 더욱더 부자가 되는 것이었으니 '절망적 양극화'였지요. 그것을 꿰뚫어 봤던 것이 궁예였습니다.

> 부인 강씨가 왕이 옳지 못한 일을 많이 한다며 낯빛을 바르게 하고 잘못을 고치도록 말하니 왕이 미워하여 말하기를 "네가 다른 사람과 보쟁이니 무슨 까닭이냐?" 하였다. 강씨가 말하기를 "어찌 그런 일이 있겠는지요?" 하였다. 왕이 말하기를 "나는 검님과 통하여 보고 있다."고 하면서 뜨거운 불에 쇠공이를 달구어 그 살꽃을 쑤셔서 죽이고 강씨가 낳은 두 아이까지 죽였다. 그 뒤로 의심이 많고 갑자기 성내기를 잘하여 여러 벼슬아치와 장수며 평민에 이르기까지 죄없이 죽임을 당하는 일이 자주 있었으며 부양과 철원 사람들이 그 모지락스러움을 견뎌 낼 수 없었다.

「궁예전」에 나오는 적바림대로면 이것은 그야말로 미치광이 짓거리지요. 김부식으로 대표되는 고려 가운데 때 사대주의자들은 왜 이런 적바림을 남겼을까? 우리는 이 글발 속에 들어 있는 역사의 참모습을 곰곰이 따져 봐야만 합니다.

황후 강씨康氏가 죽게 된 것이 역사적 사실이라면, 거기에는 커다란 정치적 사달이 있었다고 봐야 하니—

　황후 강씨는 이제 황해도에 있는 신천信川 바닥 호족 딸입니다. 대동강 언저리에서부터 황해도까지를 패서바닥이라고 하였는데, 강씨라는 여성을 황후로 맞아들였다는 것은 패서바닥 호족들과 궁예가 손을 잡았다는 말이 됩니다. 왕건이 여러 고장 호족들과 손잡기 위한 꾀로 '공식적'으로만 29명 여성을 왕비·후비로 맞아들였던 것에서 알 수 있듯이 그때에 권세자루 잡았거나 잡으려던 이들은 거의 '정략혼인'이었습니다. 혼인이라는 것이 흔되게 서로 좋아하는 남자와 여자가 맺어지는 것이 아니라 남자와 여자가 딸려 있는 두럭끼리 맺어지는 것이었으니까요. 계급동맹이었지요. 이른바 '혼맥婚脈'이라는 것으로 맺어진 이 '계급동맹'은 천년이 지난 이제도 오히려 더하여 권세자루·돈자루와 알음알이 자루 쥔 두럭끼리 서로서로 사둔·겹사둔 고리로 이어져 있지요. 이 '사둔 네트워크'는 쇠로 쌓은 성처럼 단단한 것이어서 뚫고 들어가 볼 틈이 없습니다. 부자는 부자끼리, 가난뱅이는 가난뱅이끼리 맺어지는 것이지요.

　청광보살·신광보살이라고 그 이름자 밑에 '보살'을 붙여 고임 주었을만큼 아끼는 두 아들을 두었던 것 보면 궁예와 강씨 사이는 그 정이 도타웠을 것으로 여겨집니다. 그리고 '보살'이라는 말을 '부처를 이루고자 애태우는 중생'이라고 읽어 낸다면, 썩고 병든 세상을 건져내는 훌륭한 사람이 되라는 뜻에서 붙여 준 사랑스런 일컬음일 수도 있지요. 또한 강씨 한 사람만 부인으로 적바림된 것으로 봐서 중 출신인 선종 스님 궁예의 높은 도덕적 뽓뽓

함으로 짐작되기도 하구요.《삼국사기》적바림대로 강씨가 지아
비 아닌 사내와 보쟁이는 일이 있었는지 왕건 쿠데타를 마땅한
것으로 비다듬기 위한 치렛거리였는지는 알 수 없지만, 한 가지
뚜렷한 것은 흘된 남녀 사이 골칫거리가 아니라 정치적 사달이었
다는 것입니다.

그때에 궁예는 철원으로 다시 서울을 옮긴 다음 청주고장 1천
호를 옮겨 살게 하였습니다. 신라 5소경 가운데 한 군데인 청주는
백제 내림줄기가 센 곳이었지요. 장안長安이라는 나라이름과 경
운慶雲이라는 연호 쓰는 민족자주국가를 세웠던 김헌창金憲昌
이 무너지면서 끔찍한 시달림 겪던 청주고장 사람들이었으므로
신라에 맞서는 기운이 셌지요. 고구리를 뛰어넘어 삼한일통을 이
뤄 낸 바탕에서 미륵대제국을 세우고자 하였던 궁예였으므로, 반
신라적이고 비고구리적인 사람들이 무엇보다도 아쉬웠던 궁예가
쓴 삼한일통을 위한 앞길 다지기 '프로젝트' 가운데 하나가 '청주
인 1천 호 사민'이었습니다. 청주 인민들 5천여 명이 들어옴으로
써 궁예한테 끼치는 힘이 떨어지게 된 패서 호족들은 뒤집기에 나
서게 되었고, 이러한 권력다툼 끝에 터져나온 것이 '강씨 통간사
건'이었던 것이지요. 강씨로 상징되는 패서호족들이 떨어져 나감
으로써 궁예는 권세자루 한귀퉁이가 무너져 내렸고, 그때부터 궁
예는 비탈길에 서게 됩니다. '성대벌城大閥 중심 콤그룹 독재'라
는 꼬집힘을 받게 되면서부터 이정而丁 횟손에 금이 가기 비롯하
였고, 마침내는 동북 빨치산 두럭한테 깨질 수밖에 없었던 남로당
슬픈 살매가 떠오르는 대목이네요. 궁예황제가 천길 벼랑 끝에 선

105

나뭇가지 잡고 매달리게 되는 그림을 보겠습니다.

6월 을묘에 이르러 기장騎將 홍유洪儒 · 배현경裵玄慶 · 신숭겸申崇謙 · 복지겸卜智謙들이 몰래 짝짜꿍이 하고 오밤중에 태조 집에 가서 다 같이 떠받들 뜻을 말하니 태조가 굳게 왼고개처 들어주지 않는지라 부인 류씨가 손수 갑옷을 들어 태조에게 입히고 여러 장수가 부축하여 밖으로 나와서……

군사반란을 일으킬 것을 짬짜미하는 왕건 동아리 모습이니, 서력 기원 918년입니다. 당나라 대순大順 2년(891)에 일어나서 주량朱梁 정명貞明 4년(918)에 결딴났으니, 28년 만이라고 하였습니다. 명주성에 들어가 장군으로 떠받들렸을 때부터였다면 황제자리에 있었던 것이 22년이었습니다. 양길을 꺾고 나서부터 황제가 되었다고 하더라도 18년이지요. 그때 궁예 나이 쉰 안팎이었을 것입니다.

그런데 《삼국사기》나 《고려사》에 적바림된 것처럼 궁예황제가 그렇게 힘없이 그리고 그처럼 끔찍하게 무너졌던 것일까?

왕건 쿠데타 고갱이는 홍유 · 배현경 · 신숭겸 · 복지겸입니다. 왕건정권 4공신이지요. 이들은 모두 궁예 밑에서 황성 수비를 맡았던 기병장군騎兵將軍으로 궁예정권을 안받침하는 무장력 가운데 알짜배기였지요. 이들이 왜 궁예를 배신 때리고 왕건한테 붙었는지는 알려진 적바림이 없습니다. 무슨 까닭에서든 궁예한테서 따돌림당하게 되자 따논자리를 지켜 내는 데 조마조마한 느낌을 가지고 있었을 수 있습니다. 이제로 치면 수도방위사령부 사단장급 장성 4명이 쿠데타군 고갱이가 되었으니, 광해군이 무너지는 뒷그림이 떠오르는 대목이네요. 서인 쿠데타군이 광해군 용상 있는 창덕궁으로 밀고 들어왔을 때, 목숨 걸고 창덕궁을 지켜내야 할 훈련도감訓練都監 병정 이끌고 쿠데타군에 붙어 버린 훈련대장訓練大將 이흥립李興立(?~1624)이었습니다. 서인정권한테서 정사공신靖社功臣 1등 받은 광주군廣州君으로 수원부사 겸 경기방어사 자리에 올랐으나 그 한 해 뒤 일어난 괄련适璉의 란 때 반서인 쿠데타군에 붙었다가 이괄李适·한명련韓明璉이 무너지면서 스스로 목숨을 끊은 이흥립이었으나, 왕건 4공신은 끝까지 왕건정권을 안받침하는 주춧돌이 됩니다.

"죄 그릇된 말이요 는실난실한 이야기여서 가르칠 수 없다."

석총이라는 중이 했다는 말인데, 이 말 속에 왕건 쿠데타가 일어나게 된 실마리가 담겨 있습니다. 《궁예미륵경》이 석가모니 부처님 가르침을 적바림한 불경과는 바히 다른 것이었음을 알려 줍니다. 이른바 '성공한 쿠데타'를 일으킨 왕건 동아리에서 황궁에 있던 것은 물론이고 인민대중이 지니고 있던 것까지 죄 거둬들이고 덮잡기하여 태워 버린 《궁예미륵경》이지만, 그 속내를 얼추 짐작할 수 있는 한 끈은 있습니다. 1923년 8월 12일 함경남도 함흥군 운전면 본궁리 큰무당 김쌍돌이金雙乭伊(68)가 부른 궁예가 지었다는 「창세가創世歌」 한자락입니다.

미륵님의 세월에는 섬들이 말들이로 먹고 마시고 인간 세상이 태평하

더니

석가님이 내려와서 이 세월을 빼앗고자 마련하와 미륵님 말씀이 아직은 내 세월이요 네 세월이 아니로다

석가님 말씀이 미륵의 세월은 다 갔으니 내 세월이 분명하다

미륵님이 말하기를 네 세월인 줄 알겠거늘 내기를 시행하자 더럽고도 까다로운 석가야

그러거든 동해 중에 금병에 금줄 달고 석가는 은병에 은줄 달아라

미륵님 말씀이 내 병에 줄이 끊어지면 네 세월이 되어지고 네 병에 줄이 끊어지면 네 세월이 아직 아니노라

동해 줄에 석가님 줄이 끊어져서 석가 내밀기를 내기시행 한번 더하자

압록강 두만강에 강을 붙이겠느냐 미륵은 동치채를 놀리고 석가는 입춘채를 놀리니 미륵님 채질에 강이 맞붙어 석가님이 졌구나

석가님이 내기시행을 청하되 나와 네가 한 방에 누워 모란꽃이 모랑모랑 피어서 내 무릎에 올라오면 내 세월이요 네 무릎에 올라오면 네 세월이다

석가는 도적심사를 먹고 나서 반잠을 자고 미륵님은 찬잠을 자버렸구나

미륵님 무릎 위에 피어오른 모란을 석가님이 가져다가 제 무릎에 꽂았더니 더럽고 까다로운 세상이 되었구나

내 무릎에 꽃이 피었으나 네가 가져갔으니 꽃이 시들어서 열흘이 못가고 십년을 못 가리라

미륵님이 석가의 성화에 못 이기어 세상을 넘겨주고 떠나실 제

네 세상이 다해지면 나는 다시 찾아오마 하시니

미륵님 떠나실 제 잡지 못함이 한이로다

끔찍하네요. 그리고 애잡짤합니다. 가슴이 미어지게 안타까워서 애가 타는 듯하니, '사바세계'를 말하고 있습니다. 큰 고기는 중간치 고기를 잡아먹고 중간치 고기는 작은 고기를 잡아먹는 갈피가 개미 쳇바퀴 돌 듯 끊임없이 이어져 되풀이되는 것이 이 사바세계가 돌아가는 갈피인데, 이런 갈피가 돌아가게 된 까닭이 석가모니 부처님한테 있다고 보는 것이지요. 이 비나리 공수자락으로 보자면 석가는 도적놈이고 사기꾼이군요. 물론 역사상 인물인 고오타마 싯다르타를 말하는 것이 아니고 사람세상이 요 모양 요 꼴로 떨어지게 된 까닭을 비사쳐 나타낸 것입니다. 여기서 말하는 미륵은 원시공산주의사회를 말하고 석가는 사유재산이라는 것이 이른바 '법'이라는 이름으로 지켜지게 된 세상을 말합니다.

미륵신앙이라는 것은 우리 겨레가 본디부터 지니고 있던 믿음이었습니다. 저 고조선 앞서부터 우리 할아버지 할머니들이 굳게 지니고 있던 믿음뼈대였으니, 꿈나라지요. 미륵세상입니다. '미륵'이라는 갓을 쓰고 있는 하고 많은 산이며 내며 봉우리며 고개며 골짜기며 바위며 섬이며 절이며 사람들 어렸을 적 이름이며가 숱하게 많다는 것은 무엇을 말해 주는가? 이것은 그만큼 하많은 세월을 두고 꿈꾸어 왔다는 것을 말합니다. 유태 사람들이 '메시아'가 올 것을 굳게 믿고 기다려왔듯이 우리 겨레 할아버지 할머니들은 '미륵님'이 오시기를 목이 빠지게 기다려왔던 것입니다. 기다리고 있습니다.

논밭에 씨 뿌려 거두어 먹고살게 되면서부터 우리 겨레가 가장 좋은 낌새를 보여 주는 숨탄것으로 수꿈 꾸었던 것이 용이지요.

용을 가리켜 예전 사람들은 '미르' 또는 '미리'라고 불렀습니다. 농사짓는 데 가장 대모한 것이 물인데, 이 물을 만들어 주는 비를 가져다주는 숨탄것을 용이라고 불렀던 것입니다. 농사짓는 사람들이 가장 떠받들었던 것이 미륵이 된 까닭이올시다.

용궁 · 용왕 · 용상 · 용안 · 용포 · 용종 · 용머리 · 용잠 · 용두바위 · 용두레 · 용가 · 용주 · 용신 · 용제 · 용천 · 용못 · 용수바람같이 미륵과 마찬가지로 용룡龍자가 붙어 있는 것들이 하고많은 것 또한 그러구러 생겨난 것이 아닙니다. 나랏살림을 맡아 꾸려나간다는 벼슬아치 · 구실아치들이 부라퀴처럼 갈퀴질하고 홀태질하여감으로 더 이만 견딜 수 없게 되었을 때 풀잎사람들은 벌떼처럼 들고 일어났는데, 농군들을 일떠서게 하는 짜임새 있는 힘을 지닌 두럭이 '미륵당'이나 '미륵패' 또는 '용화향도龍華香徒'라고 불리우는 무리들이었습니다. 이들이 보기에 으리으리한 구중궁궐 속 용상龍床 위에 고달스럽게 앉아있는 임금은 진짜 미륵 → 미르 → 용이 아니고, 머리만 용이지 꼬리는 긴짐승인 가짜 미륵이었습니다. 미륵불이 나타나서 이루어 놓을 꿈나라가 용화세계이고 그 길라잡이로 나서는 것이 용녀龍女이니, 야소교 품으로 말하자면 용녀는 예언자요 선지자인 셈이지요. 야소교 경전에 나오는 세례 요한이라는 이가 그렇고, 조선왕조 숙종 14년(1688) 8월 초하루에 미륵 깃발 들고 한양으로 짓쳐올라가 가짜 용인 숙종을 끌어 내리고 진짜 용인 정진인鄭眞人을 용상에 앉히려다가 잡혀 죽은 떠돌뱅이 무쭝 중 여환呂還과 그 무당 안해인 용녀부인龍女夫人 원향元香이 그렇습니다. 동학 그늘대 속으로 들어가 일떠섰던 일해대사一海大師 서장옥徐璋玉이 그렇고, 동학이 무너진 다음 일떠섰던 차천자車天子 보천교普天敎가 그렇지요. 그러니까 지옥 같은 삶을 살지 죽지 못해서 살아가던 인민대중이 일으킨 미륵혁명운동이 고려왕조와 조선왕조를 거쳐 일제시대까지 이어져 내려왔다는 이야기입니다. 일제 때까지만이 아니라 이제도 이어지고 있으니, '미륵 무엇'이나 '용화 무엇' 또는 '무슨 교', '무슨 회'같은 이름 달고 나오는 이른바 유사종교라는 것들이 참으로는 모두가 미륵사상에 그 뿌리를 박은 것이라는 말이지요.

궁예한테 맞아 죽었다는 석총釋聰은 경덕왕 때 진표율사眞表律師가 세운 법상종法相宗 승려였습니다. 황제 폐하가 지은 미륵경을 에누리 없이 사납게 꼬집어 뜯었다는 것으로 봐서 법상종을 대표하는 일류 이론가였겠지요. 그런 교종敎宗 석학이 보았을 때 미륵경에서 내대는 가르침이라는 것이 진표율사 가르침과는 맞지 않았던 것입니다. 법상종만이 아니지요. 법상종·열반종·남산종·화엄종·법성종이라는 오교五敎에서 내대는 교리와는 십만팔천 리였습니다. 오교만이 아니었지요. 전라남도 강진 무위사無爲寺에서 참선을 널리 펴다가 왕건 부름으로 서울 철원에 올라왔다가 궁예한테 죽임당하였다는 형미逈微(864~917) 또한 마찬가지였지요. 여러 고장에 뿌리 박고 있는 호족들 뒷배받아 힘을 뻗쳐나가던 선종禪宗 승려들 또한 궁예 가르침에 앙버티었습니다. 이른바 오교구산五敎九山이 죄 반궁예 두럭이었던 것이지요. 석총으로 대표되는 사상철학계와 왕건 4인방으로 대표되는 군부와 최응崔凝으로 대표되는 먹물계급이 죄 등을 돌렸으니, 그야말로 고립무원孤立無援이네요.

그렇다면 22년 동안 황제 자리를 지키며 미륵대제국을 열어 가려고 신벗을 사이없이 냉가슴 앓던 궁예황제를 벼랑 끝으로 내몬 《궁예미륵경》에는 어떤 알맹이가 들어 있었을까?

틀림없이 궁예가 이루어 내고자 하는 미륵대제국을 세우기 위한 미륵철학이 담겨 있었을 것입니다. 총론 턱 머리글인 미륵철학 다음으로 정치 · 경제 · 사회 · 문화 · 교육 같은 각론들이 담겨 있었을 것입니다.

각론 가운데서도 첫째로 골칫거리가 되는 것이 경제문제였겠지요. 경제에서 골칫거리가 되는 것은 토지문제였겠습니다. 모든 부의 밑바탕이 되는 토지문제를 어떻게 할 것인가? 천여 년이 지난 이제도 마찬가지지만 사회문제 고갱이는 토지문제입니다. 누가 논밭을 갈아먹어야 되는가? 온 나라 사람 수 가운데 10퍼센트도 못 되는 지배계급에서 도차지하고 있는 논밭 전지를 낫과 호미 쥔 농군에게 돌려 줘야 된다는 것이었으니, 경자유기전耕者有其田이라는 한울 법칙 좇아가자는 것이었지요.

한마디로 줄이자면 무상몰수 · 무상분배가 《궁예미륵경》 경제정책 고갱이였을 것입니다. 모든 논밭을 나랏것으로 하여 농군이 농사지을 수 있는 일힘과 그 딸린 식구 수에 견주어 똑고르게 노느매기하자는 것이었겠습니다. 요즈막 말로 하자면 생산수단을 고르게 나누어 가짐으로써 생산물을 고르게 노느매기할 수 있으며, 그럼으로써 헐벗고 굶주리거나 가멸진 높낮이가 없어지고, 그럼으로써 더불어 함께 똑고르게 살 수 있는 무계급 평등사회 곧 고루살이가 이룩될 수 있다고 믿었을 것입니다. 이 누리에서 일어나는 온갖 괴로움 밑바탕에는 고르지 않은 물질 노느매기가 있으므로 일매지게 똑고른 물질 노느매기를 이룩함으로써 더불어 함께 똑고르게 살아야 하며 또 살 수 있다고 믿었을 것입니다. 이렇게 하는 것이 바로 미륵부처님 세상을 이루는 길이라고 굳게 믿었던 궁예였겠지요. 이런 꿈나라를 만들겠다고 다그치는 궁예였으니, 거꾸로 움직이는 쪽에서 가만히 있을 까닭이 없지요. 대를 물려 가며 잘 먹고 잘살 수 있는 밥그릇 곧 물적 토대가 흔들리게 된 지배계급에서 수구대연합을 이뤄 되받아쳐 오니, 왕건 쿠데타가 일어나게 된 뒷그림이지요. 궁예가 '나쁜놈'이 될 수밖에 없는 까닭이네요.

반란군이 황궁으로 밀고 들어갔을 때 일됨새는 알 수 없습니다. 다만 "왕공이 차지하였으니 내 일이 이미 끝났구나."하며 "허름한 옷으로 갈아 입고 북문을 나가 달아났다."는 것은, 집고 말이 안되는 소리지요. 아무리 황성 수비사령부 장군 4명이 반란군 한 허리가 되었다고 하더라도 그렇게 문문히 황궁을 내어 주었을 궁예 황제가 아니니, 22년 동안 황제 자리에 앉았던 사람입니다. 이제 청화대 경호실 턱인 황실 경호부대가 있었을 것이고, 황성 수비사령부 장병들 모두가 왕건 4인방을 미좇지도 않았을 테니까요. 반란을 일으킨 지 이레 만에 궁예황제를 '결사옹위'하던 사람들을 잡아 죽이는데, 대표적인 것이 종간과 은부였습니다. 세달사 시절부터 궁예와 함께 수원승도였던 종간은 소판蘇判이라는 이름의 이제 국가정보원장 턱이었고, 은부는 황실 경호실장 턱인 내군장군內軍將軍이었지요. 이들은 있는 힘을 다하여 '결사항전'하던 끝에 죽었던 것입니다. 왕건이 반란을 일으킨 것을 알고 '공公'이라는 높임말을 썼을 리 없으니, 모두가 왕건 똘마니들이 지어 낸 말들이라는 것을 알 수 있습니다.

왕건 쿠데타에 끌어들인 병력은 모두 얼마나 되었을까?

"왕공이 이미 의기義旗를 들었다고 하니 이에 눈코 뜰 새 없이 달려오는 자가 이루 헤아릴 수 없었으며 먼저 궁문에 이르러 북을 치고 떠들썩하게 기다리는 자가 또한 만여 인이나 되었다"고 하는데, 또한 있을 수 없는 말입니다. 이것은 왕건 동아리가 일으킨 군사반란을 '나쁜 임금을 쫓아내고 새 임금을 세우는' 반정反正으로 만들고자 꾸며 낸 것이지요. 아니면 많은 날삯 주고 끌어다 세운 '동원된 백성'들이었겠지요. 아주 크게 상을 준 이른바 '창업공신' 발기를 보면 알 수 있으니, 제1등 공신이 홍유·배현경·신숭겸·복지겸이고, 제2등 공신이 견권堅權·능식能植·권신權愼·염상廉相·김락金樂·연주連珠·마난麻煖이며, 반란에 끌려들어 간 병정 2천 명이 제3등 공신입니다. 이제로 치면 장성급 4명과 영관급 7명이 2천 명 병력으로 일으켰던 반란이었으니, '성공한 쿠데타'치고는 초라한 숫자네요. 그만큼 왕건을 따르는 사람들이 많지 않았다는 이야기가 되겠습니다. 수양대군 쿠데타 때 공 세운 정란공신靖亂功臣이 45명이었던 것과 견주어 보더라도 왕건 동아리 힘이 세지 않았다는 말이 되겠습니다. 하기야 다카키 마사오가 일으킨 쿠데타에 끌려 간 병력 또한 그만큼밖에 안 되었으니 쿠데타를 성공시키는 데 꼭 병력 숫자가 많아야 되는 것은 아니겠습니다만, 씁쓸하네요. 왕건 쿠데타가 성공한 데는 '정보'가 큰 구실을 하였겠지요. 종간과 은부가 거느리는 조직원 가운데 왕건 쪽이 푼 검은돈에 넘어간 인숭무레기가 있었겠지요. 그런데 궁예는 정말로 이틀 동안 굶주린 끝에 보리이삭을 훑어먹다가 부양 백성들한테 맞아죽었을까?

마무리부터 미리 말하자면 죽어도 그런 일은 없었으니, 궁예가 쌓았다는 이곳저곳 '문허진 성터'들이 그것을 웅변하여 주고 있습니다. 황실 수비대가 궁예황제를 '결사옹위'하여 부양으로 간 데는 까닭이 있을 것입니다. 철원 바로 위쪽인 부양은 아마도 수비대가 거느리는 고을이거나 적어도 궁예를 붙좇는 사람들이 많이 사는 곳이었겠지요. 어쩌면 무상몰수·무상분배를 이뤄낸 본보기 고을이었는지도 모르지요. 아무리 황궁을 내줬다고 해서 무턱대고 아무 곳으로나 갔을 까닭이 없습니다. 그리고 일찍부터 왕건 동아리가 일으키려는 반미륵 쿠데타 낌새를 채고 있던 종간이나 은부 같은 참모들이 만에 하나라도 있을 수 있는 비상사태 대비책을 세워 두지 않았을 리가 없지요. 궁예는 아마도 부양에서 힘을 전주르다가 종간·은부가 거느리는 황실 수비대가 무너졌다는 염알이꾼 말 듣고 울음산 쪽으로 항전 기지를 옮겼을 것으로 보입니다. 부양 고을은 그리고 왕건 토벌대한테 '싹쓸이' 당하였을 것이고, 부양 고을을 이 갈던 왕건 쪽에서 '부양 고을 백성들이 보리이삭을 훔쳐 먹는 도적놈 궁예를 때려죽인 것'으로 만들었을 것입니다.

쿠데타를 성공시켰다지만 왕건 정권은 그렇게 튼튼한 것이 아

대미륵제국 황제 궁예미륵이 모질고 사나운 왕건 토벌대와 맞서 싸우며 옮겨 다녔던 곳은 철원·평강·연천·포천·파주·안성에 걸쳐 여러 곳이다. 왕건 토벌대와 싸우다가 달아났다고 해서 이름 붙여진 패주敗走골과, 궁예 군사들이 땅을 치며 쫓겨갔다는 군탄리軍歎里가 있으며, 또 가슴 치며 건너갔다는 한탄강恨歎江이 있다. 그리고 철원군 갈말읍 명성산에 오르면 궁예가 스스로 목숨을 끊은 것으로 짐작되는 곳이 있는데, 궁예황제가 가슴 두드리며 몇 날 며칠 동안 울다가 이뉘를 버렸다고 해서 붙여진 이름인 울음산(鳴聲山) 중턱에 걸상꼴 바위가 있으니, '궁왕자리'이다. 아래 왼쪽은 보개산성, 아래 가운데는 태봉국 도읍지 모형도(철원군청), 그리고 아래 오른쪽은 궁예가 앉아서 군사를 지휘했다는 궁예바위이다.

니었습니다. 궁예가 앉았던 용상에 올라 나라 이름을 궁예가 처음 썼던 '고리'로 하고 연호를 '천수天授'라고 한 918년 6월 병진일부터 궁예 세력이 많은 철원을 떠나 송악으로 서울을 옮긴 919년 정월까지 여섯 달 동안 네 차례나 반쿠데타가 일어나니, 궁예황제를 따르는 사람들이 왕건에게 앙버티는 힘이 남아 있었다는 본 메본짱이 되는군요.

왕건 쿠데타군과 맞서 며칠을 싸우던 궁예는 아마도 "황궁은 저희한테 맡기고 뒷받침하여 주는 백성들 많은 고장으로 내려가 되받아칠 때를 노려보시라."는 종간·은부 사룀 좇아 황궁을 나섰을 것입니다. 헌털뱅이 옷이 아니라 예전 장군 시절처럼 갑옷 입고 활 쥐고 말께 오른 궁예황제를 결사옹위하는 내군에 딸린 날카로운 싸울아비들과 함께였겠지요.

그때부터 궁예는 적어도 몇 해는 더 버텼던 것으로 보이니, 궁예가 쌓았다는 철원에 있는 보개산성寶蓋山城·성동리성城東里城과 포천에 있는 반월산성半月山城 그리고 궁예가 싸울아비들과 하냥 말 달리며 왕건 반란군을 무찌르고자 애태웠던 치마대馳馬臺 있는 금파리성 잣터가 그것이 '역사적 사실'이었음을 말해 주고 있습니다. 맞버텨 싸우기 위한 터무니인 산성을 쌓으려면 흙벽돌 찍어 쌓는다고 하더라도 밤낮으로 쌓아도 몇 달씩은 걸릴 것이니, 궁예를 미좇는 백성들이 그만큼 많았다는 뜻이지요.

대미륵제국 황제 궁예미륵이 모질고 사나운 왕건 토벌대와 맞서 싸우며 옮겨 다녔던 곳은 철원·평강·연천·포천·파주·안성에 걸쳐 여러 곳이니, 왕건 토벌대와 싸우다가 달아났다고 해서 이름 붙여진 패주敗走골과, 궁예 군사들이 땅을 치며 쫓겨갔다는 군탄리軍歎里가 있으며, 또 가슴 치며 건너갔다는 한탄강恨歎江이 있습니다. 시방 불려지는 한탄강漢灘江은 왕건 쪽에서 진서 글자를 바꿔 버린 것이지요. 그리고 철원군 갈말읍 명성산에 오르면 궁예가 스스로 목숨을 끊은 것으로 짐작되는 곳이 있습니다. 궁예황제가 가슴 두드리며 몇 날 며칠 동안 울다가 이뉘를 버렸다고 해서 붙여진 이름인 울음산鳴聲山 중턱에 걸상꼴 바위가 있으니, '궁왕자리'입니다. 본디는 궁예황제가 앉았던 자리라고 해서 붙여진 이름인 '궁황弓皇 자리'였는데, 한족보다 더 한족 같은 새끼 중국 중생들이 '궁왕弓王 자리'로 바꿔 버린 곳이지요. 시방은 갑천甲川으로 불리는 갑계甲溪는 궁예가 갑옷을 벗었다는 데고, 궁예가 땀을 들이고 갔다는 영마루인 게령憩嶺이 있구요. 그리고 2킬로미터가량 되는 잣터 안에 대궐터가 있고, 궁예가 마셨다는 어수정御水井이 있으며, 궁예미륵이라고 불려지는 돌미륵이 많습니다. 이 밖에도 왕건 토벌대 움직임을 살펴보고자 세웠다는 망원대望遠臺와 봉홧불 올렸다는 망봉望峰, 토벌대에 쫓겨가다 숨어 있었다는 개적봉굴, 토벌대 따돌리고 한숨 돌리며 잠깐 쉬어갔다는 한잔모텡이, 배신 때린 왕건한테 쫓겨다니게 된 살매가 염불처럼 너무 서러워 흐느껴 울었다는 느치골, 토벌대와 죽기살기로 싸웠다는 야전골, 평강쪽으로 갈 때 넘었다는 왕재고개, 왕건한테 두 손 들었다는 항서밭골처럼 궁예황제 자취를 알려주는 곳은 셀 수 없이 많습니다. 이 가운데 왕건한테 항복문서를 바쳤다는 항서밭골은 왕건 쪽 이론가들이 만들어 낸 '마타토어'로 보이구요.

왕건 토벌대에게 쫓기던 궁예 식구를 결사옹위한 고갱이 궁예주의자들이 만주 길림吉林으로 들어가 여진족을 일으켜 세웠다는 말도 있는데, 놀라운 것은 순천 김씨順天金氏와 광산 이씨光山李氏 족보에 궁예 뒷자손들이 적바림되어 있다는 것입니다. 순천 김씨 첫한아비가 궁예 맏아들인 청광이고, 광산 이씨 첫한아비는 둘째 아들인 신광으로 되어 있습니다. 이른바 정사에 적바림된 것처럼 궁예가 그처럼 '흉악무도한 폭군'이었다면 제 집안 조상으로 버젓이 올려 놓을 수 없는 것이니,《삼국유사》와《고려사》적바림이 거짓된 것임을 웅변하여 주고 있네요. 그러고 보면 황후 강씨와 청광·신광 두 아들들을 죽였다는 것도 믿을 수 없는 말이지요.

15년쯤 미륵대제국 서울이었던 철원鐵圓 곧 쇠둘레는 갈 수 없는 곳입니다. 시방 철원이 아니라 '철마는 달리고 싶다'는 팻말 서 있는 월정역月井驛 위쪽 비무장 지대 말입니다. 1988년 KBS에서 보여 준「휴전선을 가다」라는 발기표에 따르면 궁예 도성은 활찐 벌판에 세워졌다고 합니다. 바깥성 둘레가 10킬로미터 위인데 땅불쑥한 것은 도성을 지켜 낼 수 있는 무슨 차림이 보이지 않는다는 점이라네요. 도읍이 들어선 풍천원楓川原을 둘러싸고 있는 명성산·운악산에 도성을 지켜 낼 수 있는 차림을 두었다고 하더라도 도성을 손목잡아 지켜내기 위한 차림이 없다는 것은 무엇을 말해 주는가? 인민대중이 모두가 하나같이 똑고르게 웃으며 일하고 웃으며 밥먹고 웃으며 노래하고 춤추며 사는 세상이기 때문인가? 어느 때 어느 나라든 서울을 세울 때면 산과 내를 낀 온달이나 반달꼴로 성을 쌓고, 궁궐과 인민들 사는 데를 나누며, 인민들 사는 데도 계급에 따라 나뉨을 두는 것이 상식으로 되어 있는데, 궁예서울은 다르다는군요. 흙과 돌 섞어 쌓은 긴 네모꼴 성으로 인민대중이 사는 삶터를 한허리로 하게끔 쌓여졌다네요. 이것은 원시공산사회 때 하늘 밑에 벌레들이 살던 꼴을 본뜬 것으로 보이니, 그리고 보면 궁예는 맑스가 부르짖기 천 년 앞서 벌써 공산사회를 이루고자 하였던 것으로, 공산주의 사상 첫 한아비가 되는 셈이네요. 마하 궁예보살 마하살.

마하 묘청보살 마하살

어떤 핏줄 받고 태어나 무슨 마음으로 어떤 사람들과 어울려 놀며 어떤 글을 배웠던 사람인지 알 수가 없습니다. '요망한 술승術僧'으로 꼬집어뜯겼던 것으로 봐서 중이었다는 것은 알겠는데, '중 족보' 또한 없습니다. '성인聖人'으로까지 우러름받았다지만 국사國師도 아니고 왕사王師도 아니었으며 무슨 유명짜한 큰 절 주지도 아니었으니, 노비를 거느리고 떵떵거리던 권력승이 아니었다는 것만은 알 수 있습니다.

먼저 묘청이라는 이름자부터가 아리송합니다. 세상에서 말하는 바 정통불교 쪽 중 이름이라기보다 선가仙家, 곧 낭가郎家 쪽 내음이 납니다. 모둠살이틀거리를 묶어 내는 바탕얼개로 짠 화랑花郎두럭 힘으로 삼국 통합을 이뤄낸 신라가, 따논자리에 앙버틸 것이 걱정되어 없애 버린 선가였습니다. 그래서 땅밑으로 들어가게 된 선가 뒷자손이 바로 낭가인 것이지요.

본디 '맑을 청淸' 자는 정통불교 승려들 이름자로는 잘 쓰이지 않습니다. 서산대사로 이름난 휴정休精이 '마음에 잡된 생각 없이 아주 갓맑은 사람이 사는 곳'이라는 뜻에서 청허당淸虛堂이라는 당호堂號를 썼는데, 청허당을 미륵당취 갈래로 보는 눈길도 있더군요. 궁예弓裔가 이제 강릉 명주로 무혈 입성하였을 때 힘을 보태었던 굴산사崛山寺 중 개청開淸 또한 미륵패였지요. 혁명 승려 두럭인 미륵패 쪽으로 스며들었던 낭가였습니다.

낭가 내음 짙게 풍기는 묘청 버리고 정심淨心이라 하였다니, 그때는 아마 개경 정치판에 이름자를 올렸을 때였겠지요. 불가佛家 겉가죽 쓰고 있던 낭가 쪽 사람이 제 뜻을 펼 수 있는 때가 이르렀다고 느끼자 정통 불가 내음 오롯한 '정심'으로 그 이름자를 바꾸었다고 보는 것입니다. 얽이잡는 큰일에 불가 쪽 힘을 업기 위해서는 가장 불가스런 이름이 쓸데 있었겠지요. 《고려사》 인종仁宗 10년(1132) 정월조에 나오는 다음과 같은 기사가 이런 생각 터무니이니, 대화궁大華宮 첫 삽 뜰 때 공다리들을 주욱 늘어서게 한 다음 "장군 4인을 갑옷 입고 칼 차고 사방에 서게 하고, 군사 120인은 창을 들고 300인은 햇불 들고 20인은 촛불 들어 둘러서게 하고, 묘청은 가운데서 길이가 360보나 되는 흰 삼끈 네 가닥을 사방에서 당겨 법法을 짓고 스스로 말하기를 '이는 태일옥장보법太一玉帳步法인데 선사禪師 도선道詵이 강정화康靖和에게 전하였고 강정화가 나에게 전하였는데, 늙음에 다달아 백수한白壽翰을 얻

123

묘청 그 하늘빛 춤사위

어 이를 전하리니 여러 사람이 알 바가 아니다'라고 하였다."

강정화가 어떤 사람인지는 알 수 없지만 도선은 나말 여초에 걸쳐 지리도참설地理圖讖說 엄지가락으로 꼽히는 사람입니다. 지리도참사상이라는 것은 풍수지리설風水地理說과 도참사상이 합쳐져 이루어진 것인데, 어느 곳에 서울을 잡고 어느 곳에 바오 달을 앉혀야 나라가 평안할 것인가 하는 땅의 조건을 가려내는 사상으로, 음양지리설陰陽地理說 또는 음양오행설陰陽五行說이라 고도 하지요. 한마디로 어디에 서울을 앉혀야 나라가 길이길이 눈부시게 뻗어나가고, 어느 곳에 집을 짓고 살아야 건강하고 행복하게 살 수 있으며, 죽은 뒤에는 또 어디에 무덤을 써야 자손이 행복하게 살 수 있을 것인가를 따지고 들어가는 것이 풍수지리설로, 한 2만 년 전 단제 할아버지 적부터 내려온 것이지요. 살아 있을 때 사는 집 자리를 정하는 것을 양택 풍수陽宅風水라 하고 죽은 뒤 무덤자리 정하는 것을 음택 풍수陰宅風水라고 하는데, 고려시대 사람들이 좋아한 것은 양택풍수였습니다. 우주만물을 생겨나게 해서 움직이게 하는 가장 밑바닥 힘을 기氣라고 하는데, 이 기라는 것은 음과 양으로 이루어졌다고 보는 것입니다. 음과 양이 똑고르게 어울린 곳을 생기生氣 있는 땅이라고 하지요.

풍수지리설은 중국에서 들어온 것이 아닙니다. 우리 겨레가 고조선 앞에서부터 지니고 있던 얼뼈대인 신선사상, 곧 선도仙道가 중국으로 들어가 도교道敎가 되었으니, 중국에서 가장 오래된 도가서道家書라는《포박자抱朴子》에 나옵니다. "환인桓因이 동방선가의 조종祖宗이다."

도선선사 입김 받은 왕건은 "서경은 대업만대大業萬代의 땅"이 라며 "서경은 수덕水德이 순조로와 우리나라 지맥地脈의 근본이 된다. 역대 임금들은 사철 석 달 가운데 달에 서경으로 가서 100 일 넘게 머물러 나라의 안녕을 꾀하라."고, 유언인 '훈요십조訓要 十條'에서 풍수지리설 빌려 고구려 다물얼을 그루박은 바 있습니 다. 반도백제를 세운 온조가 하남 위례성에 도읍을 정할 때도 그 러하였고, 고려 3대 임금 정종이 서경으로 서울을 옮기려고 하였 던 것도 다 풍수지리설에 바탕을 둔 것이었지요.

도참사상이라는 것은 어떤 물체에 그려진 그림이나 비기秘記, 곧 남모르게 이어져 내려오는 말을 좇아 앞날을 내다보는 것을 말하는데, 십팔자十八字, 곧 이씨李氏 성 가진 이가 왕이 된다는 참언讖言이 대표적인 것입니다. 이 말을 빌미로 임금이 되려던 것이 이자겸과 이의민이었고, 이성계는 마침내 고려왕조를 무너 뜨리고 조선왕조를 열기도 하였지요. 고려시대 과거시험에는 '지 리업地理業'이라고 풍수지리를 시험 보는 과목이 있었으며, '별사 과別賜科'라고 해서 풍수지리에 밝은 중과 평민들에게 땅을 주기 도 하였습니다. 한마디로 나라에서 쳐 주는 학문 가운데 하나가 풍수지리학이었다는 말이지요. 이러한 바탕에서 묘청이 내대었 던 것이 서경 천도론이었던 것입니다. 죽어도 '요망한 술승'이 아 니었다는 얘기지요.

제가 지니고 있는 풍수도참 법통이 도선으로부터 내려온 도뜬 것임을 밝혀 드레세운 이름 없는 떠돌뱅이 중 묘청이 중앙 정계 에 이름을 알리게 된 데에는 두 사람 도움이 있었으니, 백수한과 정지상鄭知常이 그들입니다. 백수한은 천문지리를 맡아보는 공다리인 '일자日者'였고, 정지상은 임금 앞에서 사서삼경을 풀이하는 '유학자'로, 더구나 시문詩文에 뛰어난 사람이었습니다. "누가 새 붓을 잡아 강물 위에 새 을乙 자를 썼는고?"라고 읊은 것이 7살 때였을 만큼 천재 소리를 듣던 사람이었지요. 백수한은 아주 묘청의 제자가 되어 음양도참사상을 배웠고, 정지상은 인종에게 발 벗고 나서서 묘청을 밀어 주었습니다. 묘청과 백수한이 임금에게 아뢰었습니다.

"상경(개경)은 지세가 쇠한 고로 하늘이 동티를 내려 궁궐이 탔으니 모름지기 자주 서경에 거둥하여 동티를 가시고 복을 모아써 무궁한 왕업王業을 누리소서."

정지상이 아뢰었습니다.

"묘청은 성인이요, 백수한도 그 버금가는 사람이니 나랏일을 하나하나 가르침 받은 뒤에 행하시고, 그 발괄하는 바를 들어주지 아니함이 없어야만 정사가 이루어지고 일이 이루어져 나라를 가히 갈무리할 것입니다."

여러 신하들이 다 정지상 말을 따르는데, 김부식金富軾·임원애任元敱·이지저李之氐들만은 좇지 않았습니다. 인종이 긴가민가 하여 망설이자 묘청은 한 발 더 나갑니다.

"신들이 서경 임원역林原驛 땅을 보니 이는 음양가에서 말하는 대화세大華勢라, 만약 궁궐을 세워 이에 이어移御하시면 가히 천하를 합병할 것이요, 금국金國이 폐백을 가지고 스스로 항복할 것이며, 36개국이 다 신첩[臣妾(下)]이 될 것입니다."

이때 나라 밖 터수는 대금大金 제국이 대송大宋 제국을 장강長江(양자강은 서양 사람들이 부르는 이름임) 아랫녘으로 밀어붙인 판이었지요. 아골타라는 영웅이 동북 만주를 떠돌던 여진족 모아 대금제국을 세운 것은 1115년이었고, 그 아우가 금태종이 된 것은 8년 뒤인 1123년이니, 인종이 고려 왕 자리에 오른 것과 같은 해였지요. 그 2년 뒤 대요大遼제국을 쳐 없앤 금 태종은 곧 대송제국 서울인 변경汴京을 두려빼고 휘종과 흠종 부자를 볼모잡아 이제 길림성에 세운 대금제국 서울로 끌고가니, 대륙 주인이 바뀐 것이었습니다. 이때까지를 역사에서는 북송시대라 부르고, 장강 아래로 쫓겨 내려간 한족들이 송나라를 세웠던 조광윤趙匡胤 뒷자손 가운데 하나를 황제로 뽑아 송 제국 이름을 이어가니, 남송시대라고 부릅니다.

몽골족 갈래인 거란족이 세운 요나라가 한족보다 더 한족 같은 삶을 살다가 망했다고 해서, 이제도 몽골 사람들은 중국인을 가리켜 '거란놈들'이라고 부른다네요. 고려에서는 '단적丹賊'이라고 불렀구요. 남송에서는 고려에 여러 차례 사신을 보내어 금나라를 물리치자고 하였고 서경전역이 일어났을 적에는 군사 10만 명을 보내 주겠다며 가까운 사이라는 것을 드러내기도 하였습니다. 송나라가 쓴 외교 정책은 고려와 손잡고 요나라를 어거하겠다는 연려제요聯麗制遼와, 고려와 손잡고 금나라를 어거하겠다는 연려제금聯麗制金이었지요.

고려에서 가려잡은 외교 정책은 겨레 줏대를 세운 바탕에서 평화를 지키자는 자주 평화노선이었습니다. 송나라를 섬기되 요나라와도 사이좋게 지내자는 사송교료事宋交遼와, 금나라를 섬기되 요나라와도 사이좋게 지내자는 사금교송事金交宋이었으니─섬기기는 하되 굽실거리지는 않고, 낮추기는 하되 머리 굽히지는 않겠다는 사이불복事而不服 비이불굴卑而不屈이었지요. 그런데 요즈막 나랏살림을 목대잡는다는 이들은 양이洋夷 나라를 할아비 모시듯 하며, 같은 겨레는 원수로 여기는 사미척북事尾斥北을 하고 있습니다.

중원대륙 새 주인이 된 것이 금나라라고 하지만 고려 사람들은 금나라 사람들을 가리켜 '뙤놈'이라고 부를 만큼 나지리 여기는 마음이었습니다. 윤관尹瓘이 두만강 너머 700리 되는 선춘령先春嶺 밑에 '여기까지가 고려땅이다.'라는 빗돌 세우며 힘을 떨칠 때는, 고려를 항것으로 섬기며 어버이 나라라고 부르던 '오랑캐들'이라고 여겼던 것이니, 중화제국과 맞먹는 문화나라라고 스스로 믿는 마음이 짱짱하였던 때문이었지요. 이러한 셈판에서 터져나오는 것이 서경천도론과 칭제건원론이었습니다.

왕이 드디어 서경에 행차하여 종행從行한 재추宰樞에게 명하여 묘청과 수한으로 더불어 임원역 땅을 상相 보고 김안金安에게 명하여 궁궐을 짓게 하여 독역督役이 심히 급하니, 때는 바야흐로 차고 얼어 백성이 심히 원망하고 탄식하였다. 7년에 신궁이 완성되매 왕이 또 서경에 행차하니 묘청의 무리가 혹은 상주하여 왕이 칭제하여 건원하기를 권하며 혹은 유제劉齊(금이 세웠던 송나라 괴뢰정부 황제)와 언약하고 금을 협공하여 이를 멸할 것을 청하니 식자들이 다 불가하다 하므로 묘청의 무리가 쉬지 않고 말하기를 마지 않았으나 왕이 끝내 듣지 않았다.

이제 평안남도 대동군 부산면 남궁리 신궁동에 대화궁을 지었는데, 한겨울에 첫 삽 떠서 초봄까지 한 석 달만에 손 떼는 매우 빠른 것이었습니다. 이것을 가지고 어떤 사학자는 "11월에 일명 대화궁이라는 이름의 신궁 공사가 시작되었는데, 이 일을 맡은 내시 김안이 노역에 동원된 백성들을 얼마나 닦달했는지 신궁은 한겨울이었음에도 불구하고 불과 3개월만에 완공을 보았다."고 꼬집어뜯는데, 꼭 그렇게만 볼 것은 아니라는 생각이니, '인후관자仁厚寬慈한 성품'이라고는 하나 흐리마리한 됨됨이인 왕 마음이 움직였을 때 얼른 신궁을 지어야 된다는 생각에서 서둘렀을 수도 있고, 농사철이 아닐 때 얼른 끝마쳐야 된다는 생각에서일 수도 있습니다. 그리고 또렷한 적바림이 없어 알 수는 없지만 신궁 짓는 백성들에게 일한 만큼 넉넉하게 품삯을 주었으리라고 보니, 백성들 마음을 잡지 않고서는 새 나라를 세우는 것은 그만두고 새 집 한 채 지을 수 없는 까닭에서이지요. 묘청이 죽은 다음에도 한 해 넘게 토벌대와 싸웠다는데 그 터무니가 있습니다. 그 무렵 인민대중들 살림살이를 보여 주는 적바림이 있습니다. 《고려사》 인종 10년(1132) 7월 기사입니다.

경성이 굶주렸다. 곡식이 귀하고 물건이 천하여 은병銀瓶 일사一事(점)가 쌀 5석, 소마小馬 1필이 1석, 암소 1두가 4말, 베 1필이 6되에 값이 매겨지므로 길거리에는 굶어 죽은 자가 서로 바라보게끔 많았다.

서울인 개경 셈평이 이러하니 서경과 그 밖 고장들 셈평은 미루어 짐작할 수 있겠네요.

그때에 고려 모둠살이는 이제와 똑같은 10대 90 틀거리였습니다. 인민 한 사람마다 2만 달러씩 벌어들인다는 이른바 컴퓨터 사회인 오늘도 그러하지만, 거의 천 년 전인 12세기 고려사회 또한 마찬가지였으니, 노느매기였지요. 농업 생산력이 높아지고 상업과 무역이 좋아지면 인민대중 삶 바탕 또한 나아져야 하는 것이 마땅한데, 참으로는 그렇지 못하였습니다. 인민대중이 피땀 흘려 만들어 낸 천량들이 한쪽으로만 쏠려 갔기 때문이지요. 권세자루 잡고 설치는 왕실 떨거지들과 높은 벼슬자리 차고 앉은 공다리들이 휘두르는 힘부림에 죽어나는 것은 인민대중이었습니다.

대표적인 왕실 떨거지가 이자겸李資謙이었지요. 예종한테 둘째 딸을 바친 이자겸은 예종 아들이며 제 외손자인 인종한테 다시 셋째 딸과 넷째 딸을 왕비로 바치니, 인종은 이모 둘을 아내로 삼은 것이고, 이자겸은 임금 외할아버지면서 또 장인이 된 것이었지요. 중흥댁重興宅이라는 이름 붙인 궁궐 같은 집에서 살았다니, "민족 중흥의 역사적 사명을 띠고 이 땅에 태어났다."며 18년 동안 권세자루 휘두르던 황군 똘마니가 떠오르는 대목이네요. 제 생일날을 인수절仁壽節이라는 이름 달아 모든 공다리들한테 큰 절 받는 이자겸이었습니다. 검은돈을 받고 벼슬자리 팔면서 나라곳간으로 들어오는 백성들 구실을 가로챘고, 범강장달이 같은 들때밑들 풀어 백성들 논밭을 가로채 또한 백성들한테 빼앗은 마소에 실어 제집 곳간으로 날랐습니다. 이자겸만이 아니라 그 자식들까지 부라퀴처럼 갈퀴질하고 홀태질하여 궁궐 같은 집 곳간마다 넘치게 쟁여 놓은 곡식과 고기가 썩어나는 판이었지요. 탁준경拓俊京이라는 깡패 출신 무장이 이자겸 무장력이었는데, '십팔자가 왕이 된다.'는 도참설 앞세워 왕이 되려는 이자겸이었습니다.

이자겸은 그러나 탁준경 손에 무너지게 되니, 가장 믿는 조치개가 쏜 총에 올림대 놓게 되는 어떤 하늘 밑 벌레와 똑같은 경우였지요. 이자겸 부자는 전라도 영광으로 귀양을 갔는데, 칠산 앞바다에서 잡아온 조기를 소금에 절여 외손자이며 사위인 인종한테 보냈습니다. 그런데 그때 붙인 이름이 '굴비屈非'였다네요. 비록 귀양살이는 할 망정 무릎 꿇지는 않겠다는 뜻이었답니다. 탁준경 또한 한 해쯤 권세자루 휘두르다가 쫓겨났는데, 탁준경을 호되게 꾸짖어 내쫓은 사람이 정지상이었습니다.

부처님 계신 곳에 불경 소리 그치니
하늘빛은 마치 유리처럼 갓맑구나

정지상이 절 경치를 읊은 시입니다. 김부식이 듣고 무릎을 치면서 "그 글귀를 나한테 빌려 주면 뒷귀를 맞춰보겠다."고 하였는데, 딱 잘라 자빡놓는 정지상이었습니다. 정지상보다 벼슬자리도 높고 나이며 문벌도 높은 김부식으로서는 싯줄이나 끄적거린다지만 그래봤자 기껏 서경촌놈에 지나지 않는 새파란 아희한테 개꼴이 되자 여간 '쪽팔리는' 일이 아니었습니다. 거기다가 김부식이 도맡아 하던 임금 앞 사서삼경 풀이 또한 정지상이 하게 되는 경우가 많아졌습니다. 임금한테 깊은 믿음을 받게 된 정지상은 묘청과 백수한을 힘껏 밀어 주니, '서경 트로이카'가 된 것이었습니다.

대화궁 안에 팔성당八聖堂을 세운 '서경 트로이카'는 팔성 맨 앞자리에 백두산 산신을 모시니, 고구려 옛땅을 다물하겠다는 거룩진 뜻을 널리 밝힌 것이었지요. 정지상이 지은 팔성당 제문입니다.

빠르지 않되 속하고 가지 않되 이르르니 이것을 이름하여 득일得一의 영靈이라 하며 무無에 즉卽하여 유有가 있고 실實에 즉하여 허虛가 있으니 대개 본래의 부처를 이름함이라 오직 천명天命이라사 가히 만물을 재제裁制하고 오직 토덕土德이라사 가히 써 사방에 왕이 됨이라 이에 평양성중에 대화의 형세를 복정卜定하여 궁궐을 개창하고 음양에 상고하여 그 사이에 팔성을 봉안하니 백두선인白頭仙人을 첫째로 모심이라 경광耿光이 있으심을 생각하오매 묘용妙用이 현전現前할 것을 바라오매 황홀한 지진至眞이 오매 비록 그 정태靜態를 형상하기는 어려우나 오직 실덕實德이 이 여래如來이오매 그림으로써 장엄하고 현관玄關을 두드려 기원하나이다.

천재 시인으로 고임받는 정지상이 깊고 그윽한 대문자로 서경 천도를 그루박았으나 꿈적도 하지 않는 인종이었습니다. 묘청과 백수한이 잇달아 천도하고 건원칭제建元稱帝하여 대금제국 · 대송제국과 맞먹는 대고려제국 깃발 꽂을 것을 줄기차게 다그쳤으나 마찬가지였지요. 그렇다고 해서 아주 자빡놓는 것도 아니었으니, 마음을 아퀴짓지 못하는 것이었습니다. 김부식으로 대표되는 개경 공다리들이 죽기로 작정하고 맞서는 때문이었지요. 서경으로 서울을 옮기고 보면 이미 따논자리를 지켜 낼 수 없다는 것을 너무도 잘 알고 있는 개경파들이었습니다. '행정 중심 복합도시'로 만들겠다던 세종시를 '과학 비즈니스 벨트'로 만들겠다는 요즈막과 크게 다르지 않은 경우였지요.

서경 천도론은 묘청 혼자서 땅불쑥하게 부르짖었던 것이 아니었습니다. 고려라는 나라이름을 처음 썼던 궁예 적부터 비롯하여 왕건 거쳐 200여 년 동안 질기굳게 내려온 것이었으니, 정종 때에는 서경으로 서울을 옮기려고 궁궐 자리 잡아 달구질까지 하다가 왕이 죽는 바람에 그만두었고, 문종은 서경에 이궁離宮을 짓고 여러 차례 머물렀으며, 숙종은 서경보다 더 지덕이 좋다는 음양가들 말 좇아 이제 서울 경복궁 뒷산에 궁궐을 지은 적이 있고, 예종은 서경 을밀대 곁에 용언궁龍堰宮을 짓고 서울 구실을 나누는 분사제도分司制度를 다지르기도 하였는데, 모두가 개경 땅 기운이 메말랐다는 도참사상에 따른 것이었습니다. 묘청만이 아니었다는 말이지요. 썩고 병든 헌 세상이 물러가고 사람이 사람답게 살 수 있는 새 세상이 열리기를 목 타게 기다리는 인민대중들 마음에 기대어 부르짖었던 것이 서경 천도론이었던 것입니다.

묘청이 이뉘를 버린 다음에도 왕이 되고 싶은 사람이나 권세자루 굳히려는 정치 장사꾼들이나 세상을 둘러엎으려는 이들은 반드시 도참설을 빌려왔으니, 이씨 성 지닌 이가 임금이 되리라는 '목자득국木子得國' 참설에 기대어 반란을 일으켰던 것이 이자겸 이었고, 왕씨 나라는 12대에 끝나고 이씨가 일어나리라는 '용손십 이진龍孫十二盡 갱유십팔자更有十八子'에 기대어 김사미·효심이 일으킨 농민 반란군과 손잡았던 이의민李義旼이었습니다. 이의 민을 베고 상왕 노릇을 한 최충헌崔忠獻은 절을 함부로 지은 탓으로 지덕이 덜어져 동티가 잦은 것이니 땅줄기를 살려 주는 곳에 있는 절 말고는 죄 없애 버리고자 '산천비보도감山川裨補都監'을 세우기도 하였고, 삼별초군三別抄軍이 진도 거쳐 제주도까지 내 려가며 대원제국과 고려 조정에 맞겨루었던 것도 왕씨왕조는 12 대에 끝나고 남쪽에 서울이 들어서게 된다는 '용손십이진 향남작 제경向南作帝京' 비기에 기댄 것이었습니다. 한양 천도를 내걸었 던 태고보우太古普愚와 서경 천도를 내대었던 변조신돈遍照辛旽 도 그러하였고, 이성계 동아리한테 시달리던 우왕·공양왕 또한 마찬가지였구요.

역성 쿠데타로 조선왕조를 연 이성계는 주자 이데올로기를 국 시國是로 삼았으나 또한 풍수도참사상에 깊이 빠졌던 사람이니, 한양으로 서울을 옮기려다 계룡산 신도안으로 가려다 맴돌아 한 양으로 정한 것이며 궁궐 자리를 놓고도 무학無學과 하륜河崙 사 이에서 갈팡질팡한 것들이 그것이지요. 핏종발이나 있는 끌끌 한 개혁 선비들을 떼죽음시킨 사화 때마다 기승을 부린 것이 도 참 이데올로기였으니, 조씨가 왕이 된다는 '주초위왕走肖爲王' 네 글자를 나뭇잎에 새겨 조광조趙光祖를 비롯한 개혁파 사대부들을 죽여 버린 것이 그렇고, 이씨가 망하고 정씨가 일어난다는 '목자망전읍흥木子亡奠邑興' 참설에 기대어 반란을 일으키려 하였다고 덤터기 씌워 호남 선비들 씨를 얼추 말려 버렸던 '정여립鄭汝立 역모 사건'이 그러하였습니다. 이제 경기도 파주坡州 교하交河로 서울을 옮겨 임진왜란으로 짜부라진 나라살림을 펴 보려다가 서인 쿠데타로 꺾여 버린 광해군光海君이 비벼 본 언덕도 도참비기였고, 임병 양란으로 나라가 짓이겨진 다음부터는 십승지지十勝之地로 가야 살 수 있다는 도참비기책인《정감록鄭鑑錄》이 널리 퍼졌으니, 산도 아니고 물도 아니고 궁궁만이 살 길이라는 '산불리山不利 수불리水不利 이재궁궁利在弓弓'이라는 정감록 비결 좇아 헤매는 인민들이었습니다. "영조英祖는 가짜이고 경종景宗이 진짜 임금"이라며 들고 일어난 소론 쿠데타인 '희좌希佐의 란'과 홍경래洪景來가 목대 잡았던 서북농민항쟁 때도 그러하였고, 최수운崔水雲이 일으킨 동학東學 때도 인민대중을 우선 끌어당길 수 있었던 것은 길이길이 건강하고 행복하게 살 수 있다는 '궁궁을을弓弓乙乙' 넉 자 다라니였습니다. 조선왕조 마지막을 비다듬은 흥선대원군興宣大院君이 잘 부려 썼던 도참사상은 이른바 컴본주의 시대인 오늘도 여전히 살아있습니다. 골칫거리는 그것이 이데올로기가 되는 것이지요.

얼마 전《송하비결松下秘訣》이라는 비기책이 나와 사람들 손에 땀을 쥐게 한 바 있습니다. 가목假牧들이 즐겨 쓰는 야소교 도참설 '휴거론'이 그렇고, 권세자루 잡아 보겠다는 정치 장사꾼들이 비벼대는 언덕 또한 도참사상이니, 이리저리 집 자리를 옮기고 멀쩡한 조상 무덤자리를 옮기는 것들이 바로 그렇지요. 그러고 보면 묘청은 참 숫접은 사람이었습니다.

김부식을 우두머리로 한 개경파 움직임은 예사롭지 않은데 대화궁 한 채 세운 것밖에 없는 서경파에서는 몸이 달 수밖에 없었습니다. 그래서 생각해 낸 꾀가 인종이 대화궁에 납시었을 때 하늘 가운데서 풍악 소리가 울렸다든가, 인종이 대동강에서 뱃놀이를 할 때 기름 넣은 떡을 강물에 집어넣어 기름 방울이 떠오르는 것을 가리켜 "신룡神龍이 침을 뱉는 것"이라고 하는 따위 '문화공작'이었습니다. 개경파들한테 그것이 인종 마음을 끌어당기려는 '선전 선동술'이었음이 밝혀지면서 '서경 트로이카'는 정치 야바위꾼으로 몰리게 되니, 겨레 살매였지요.

그때부터 묘청은 이른바 역사를 말한다는 먹물들한테서 '요망한 중놈'이었다고 우집는 꼬집힘을 받고 신단재한테서 "이처럼 제멋대로 날뛰고 설치는 행동을 하려면 반드시 먼저 그 내부가 공고해지고 그 실력이 웅대하고 두터워진 뒤에 발표해야 할 것 아닌가"라는 꼬집힘을 받고 있습니다. 글자로 적혀진 것은 없지만 여기에는 반드시 그렇게 할 수밖에 없었던 까닭이 있을 것이라는 생각입니다. 세상에서 말하는 바 때가 무르익기만을 기다리다가는 한 후리에 모짝 뜨여지게 되었으므로 선언문이나마 먼저 읽어버림으로써 시퍼런 강물을 등지게 되었던 것으로 보니, 역사 위에서 일어났던 모든 반란 사건이 다 그렇지 않았던가요? 한번 마음 다졌으면 가려잡을 나위가 없는 것이 반란이라는 이름의 거의 擧義니, 세조가 중국 사신을 맞아 벌이는 모꼬지에 세자가 나오지 않고 세조 뒤에 운검雲劒 또한 세우지 않기로 하였다는 것을 알고 "아직은 때가 아니니 후일을 기약하자."며 거사를 미루자는 사육신死六臣 말에 끌려가다가 한 후리에 모짝 뜨여진 다음, 무장 유응부兪應孚가 한 말이 있습니다. "뇌만 굴리는 먹물들과 일을 도모한 내가 어리석은 자였다." "좋은 말 오천 필은 버들 아래서 울고／가을 새매 삼백 마리는／누 앞에 남았네"라는 어쑥한 시를 썼던 유응부 장군으로서도 그 '때가 아니어서' 어쩔 도리가 없는 것이었지요.

묘청이 서경을 바탕자리로 일떠선 것은 인종 13년(1135년) 정월이었습니다. 나라 이름을 대위大爲라 하고, 황제 나라임을 알리는 연호를 천개天開라 하였으며, 나라를 지키는 병대 이름을 천견충의군天遣忠義軍이라 하였습니다. '큰일을 할 나라를 하늘이 열어 주니, 하늘이 보낸 충성스럽고 정의로운 군대'가 나라를 지켜 줄 것을 굳게 믿고 싶었던 묘청은 나라 살림 맡을 얼개를 짠 다음, 서경특별시장 턱인 서경西京 분사시랑分司侍郎 조광趙匡과 두 길로 나뉘어 개경으로 쳐올라가니, 여간 서슬 푸른 것이 아니었습니다.

여기서 잠깐, 삼중대통 지루각원사 정심대화상을 미좇았던 중들은 어떤 사람들이었을까? 정심 곧 묘청이 쓰고 있는 벼슬 무게에 눌렸거나 그 사상을 좇는 정통불교 쪽 중들도 있었겠지만 고갱이를 이루는 것은 수원승도隨院僧徒와 재가화상在家和尙이었을 것이라는 생각이니, 그때나 이제나 썩고 병든 세상을 둘러엎는 싸움에 나서는 것은 더 이만 빼앗길 것이 없는 밑바닥 밥풀떼기들이기 때문이지요. 가장 가까운 자취만을 보더라도 4·19 때 그러하였고, 5월 광주 때 그러하였습니다. 이른바 청년학도며 먹물들이 채잡아 일떠선 학생혁명·시민혁명이라지만, 맨 앞장에서 죽기살기로 싸웠던 것은 전과자·깡패·행상·창녀·작부·떠돌뱅이중·노름꾼·양아치·운짱·리어카 뒷밀이꾼·구두닦이·목욕탕 때밀이·지게꾼·날품팔이·외판원·청소부 같은 더 이만 빼앗길 것이 없는 맨 밑바닥 무쭝 중생들이었던 것입니다.

재가화상은 가사를 걸치지 않고 계율을 지키지 않으며, 흰 모시로 된 좁은 옷에 검정색 깁으로 허리를 묶고 맨발로 다니는데, 더러 신발을 신은 자도 있다. 살 집은 스스로 지어 아내를 얻고 자식을 기른다. 그들은 관청에서 연모를 져 나르고 길을 쓸고 도랑을 내고 성과 집을 고쳐 쌓고 짓는 일들에 몸붙인다. 나라 변두리에 고동 울리면 뭉쳐서 나가는데 비록 달리는 데 익숙하지 않기는 하나 자못 씩씩하고 억세다. 병정으로 가게 되면 저마다 양식을 마련해 가기 때문에 나라 비발을 쓰지 않고서 전역戰役을 할 수 있게 된다. 듣기로는 사이에 글안이 고려에게 싸우다 진 것도 바로 이 무리들 힘이었다고 한다. 그들은 참으로 죄를 짓고 옥살이를 한 자들인데, 이족夷族 사람들은 그들이 수염과 머리를 깎아 버린 것을 가지고 화상이라고 이름한 것이다.

인종이 임금자리에 앉은 이듬해 송도를 다녀간 서긍徐兢
(1091~1153)이 지어 송휘종宋徽宗에게 바친 사행 보고서인《고
려도경高麗圖經》에 나오는 대문입니다. 재가화상이라는 것은
고려 땅에 쳐들어왔다가 사로잡히거나 안긴 거란·말갈·여진
같은 만주 쪽 여러 나라 종족들을 가리키는 말로, 고려 사람과
갈래짓고자 머리와 수염을 깎게 하였겠지요. 중과 같은 모습이
된 그들은 차츰차츰 고려 중들과 어울리면서 불법을 배우게
되었는데, 그 가운데는 여러 가지 법률에 걸려 옥살이를 하던
고려 밥풀떼기들도 섞여들게 되었겠지요. 신라 끝 무렵 무슨 일
로인가 옥살이를 하던 은부狀鈇와 궁예 도반道伴이었던 종간宗
侃도 세달사世達寺에서 궁예와 함께 수원승도로 있었지요. 조
선왕조 명종 때 글지 류몽인柳夢寅이 쓴《어우야담於于野談》에
보면 재가화상 내림줄기는 그 뒤로도 주욱 이어졌던 것으로 보
입니다.

동해에 소어小魚가 있는데 몸 온통이 흰빛이다. 바람과 물결 따라 바닷
가로 밀려오면 그곳에 사는 사람들은 그것을 잡아 먹는다. 우리나라 북
도北道 중들은 그것을 초식草食이라 이름하면서 거리낌 없이 먹는다. 어
떤 떠돌뱅이 중이 흰 생선국을 사발 가득 주는지라 이를 야릇하게 여겨
물어보니, 그 중이 대꾸하였다.
"북방에서는 이것을 초식이라 이르고, 마치 채소처럼 먹습니다."
나는 이 말을 듣고 몹시 웃었다.

류몽인이 살았던 때로부터 400여 년이 지난 이제도 절집에서는 물고기로 만든 반찬을 가리켜 '칼나물'이라고 부릅니다. 물고기는 또 '도끼나물'이라는 변말로 부르니, 서경전역 훨씬 앞서부터 써왔던 말임을 알 수 있습니다. 재가화상과 수원승도 내림줄기가 그만큼 오래되었다는 말이니, 왜노倭奴들이 조선을 먹기 위한 앞길닦기로 만들어 낸 '대처승帶妻僧'과는 그 바탕이 다르지요.

인종이 묘청한테 삼중대통 지루각원사라는 벼슬을 내린 것이 12년(1134)이니, 서경전역이 일어나기 바로 전 해이지요. 꼭두서니빛 가사까지 받고 힘을 얻은 묘청은 서경천도를 더욱 다그쳤지만, 좀처럼 아퀴짓지 못하는 인종이었습니다. 어기찬 권문세족들에게 눌려 오그라진 왕권을 다잡기 위해서는 서경으로 서울을 옮겨 정치판을 새로 짜야겠는데, 오빠시떼처럼 들고 일어나는 권문세족들을 누르기 어려운 것이었습니다. 김부식으로 대표되는 수구 기득권 세력 칼끝은 조여 오고, 피를 흘리지 않고서는 새 나라를 세울 수 없다는 것을 알게 된 묘청은 서둘러 개국선언문을 읽게 되었던 것이었지요.

묘청이 받은 삼중대통 지루각원사라는 게 속속들이 무슨 중벼슬자리인지는 알 수가 없습니다. 지루각원사知漏刻院事라는 것은 '시각 흐르는 것을 아는 물시계'를 가리키는 '지루각'으로 보아 천문지리를 맡아보는 자리일 터인데, '삼중대통三重大統'이 무슨 뜻인지? 《고려도경》에 보면 '삼중화상대사三重和尙大師'라는 속가름이 있어 짐작이 가기는 합니다.

삼중화상 장도張度는 율사律師 갈래이다. 자황첩상紫黃貼上 복전가사福田袈裟와 긴소매 편삼偏衫을 입고, 아래는 또한 자상紫裳이다. 자리는 국사 아래에 있고 경론經論을 풀이하여 가르치며 성종性宗(법성종)을 전하여 익히게 한다. 지닐총 잇고 영살가우며 말 잘하고 두루 아는 이를 골라 그 일을 시킨다.

그때에 나라에서 내리는 중벼슬이라는 것이 왕사·국사·삼중화상대사·아사리대덕阿闍梨大德·가사비구·사미비구沙彌比丘·재가화상 차례였다니, 왕사·국사 다음가는 높은 자리였지요. 그때에 왕사는 학일學一이고 국사는 덕연德緣이었습니다. '삼중대통'이라고 한 것을 보면 삼중화상 가운데 도꼭지라는 말이니, 으뜸가는 불교 이론가쯤 되겠네요.

인종 8년(1130) 묘청은 금강산 신계사神溪寺를 고쳐 지었는데, 금강산을 머리로 한 강원도 쪽 중들과 손잡는 터무니가 되었으리라는 생각입니다. 이른바 정통불교 쪽 힘을 끌어들이기 위하여 힘을 기울였음을 보여 주는 대목입니다.

임금이 탄 수레를 미좇아가며 복을 주는 '수가복전隨駕福田'으로 임금과 함께 서경과 개경을 오가는 삼중대통 지루각원사인 정심 큰스님이었으므로, 강원도 쪽만이 아니라 온 나라 중들한테 드레가 섰겠지요.

토벌대 사령관이 된 김부식이 손붙인 것은 무엇보다도 먼저 서경과 개경 사이 이음고리를 끊어 버리는 것이었습니다. 벌써부터 뽑아 버려야 할 독풀로 점찍고 있던 정지상·백수한·김안을

슬그머니 죽여 버린 다음 인종에게 아뢰니, 이른바 선참후계先斬後啓였지요. 그들이 묘청과 뜻을 같이하는 서경 천도론자인 것은 틀림없지만, 묘청과 함께 반란을 일으켰다는 본메본짱이 없습니다. 318년 뒤 계유정란癸酉靖亂 쿠데타를 일으킨 수양대군이 김종서·황보인·정분 삼정승을 죽여 버린 것과 똑같았습니다. 반란을 일으킨 사람들이 아무런 채비도 없이 적 둥지인 개경에 앉아 있다가 죽임당할 까닭이 없는 것이지요. 두 손 묶고 앉아있었을 갈피가 없습니다.

환갑 나이 김부식은 이제 황해도 평산平山인 보산역寶山驛에 사흘 동안 머무르며 서경성을 칠 꾀를 짜내었습니다. 윤언이尹彥頤)를 비롯한 8명 부사령관은 냅다 들이쳐 무너뜨리자는 속전속결론을 내대었는데, 김부식은 달랐습니다. 우선 묘청에게 쏠려 있는 서경 인민들 마음을 떼어 놓은 다음 들이치자는 우회전술론이었지요. 물과 물고기를 갈라 놓자는 쐐기치기였으니, 그 잔뇌굴림 이어받은 것이 8·15 뒤 일떠선 항미 빨치산들 씨를 말려 버린 '견벽청야堅壁淸野'라는 것이었습니다.

먼저 싸움배 140척에 태운 수군 4천 600명으로 대동강 드날목을 막은 다음 '아지프로'와 '마타토어'를 펼치는데, 말 잘하는 사람들을 보내어 온갖 그럴듯한 말로 천견충의군 마음을 흔들었습니다. "당신들이 성인으로 떠받들고 있는 묘청이란 자를 쫙쫙이 뒷조사해 보았더니 형편없는 사기꾼에 쭝도 없는 가짜 중놈이더라. 학력도 없고 스승도 없이 도꾸다이로 굴러먹던 양아치더라."며 입에 침이 마르게 씹어 돌렸겠지요. 인민대중과 묘청 사이를 하리놓는 것이었습니다. 그 과녁은 작업공다리 출신인 조광이었고, 온갖 달콤한 말로 흔들어대는 것이었으니, "당신처럼 모범적이고 종요로운 벼슬아치가 왜 출신 성분도 다른 묘청 같은 가짜 중놈·가짜 도사 밑에서 따까리 노릇을 하느냐? 당신이 이제라도 전비를 뉘우치고 손들고 나오기만 하면 중앙 정계에서 뽀대 나는 자리를 다짐한다. 일인지하 만인지상인 시중자리도 줄 수 있다. 묘청이란 놈 목을 가지고 온다면 금상첨화겠지. 자, 여기 코드원 싸인 든 메모를 봐라." 임금님 고임 받는 삼중대통 지루각원사 정심대화상이 보여 주는 헌걸찬 혁명철학·혁명사상에 무릎 치며 미좇기는 하였으나 본바탕에서 철학이 없었던 조광은, 맛있는 밥을 먹고 큰춤보기로 이를 옥뭅니다. 곧바로 아랫도리 조치개들과는실난실한 짝짜꿍질하여 묘청과 유참柳叅·유호柳浩 부자를 몰래 죽였습니다. 그리고 조치개 윤첨尹瞻에게 세 사람 버혀진 수급首級 들려 개경으로 올려 보냅니다. 그러나 "무릎만 꿇고 들어오면 전비를 묻지 않고 높은 벼슬자리를 주겠다."던 말과 달리 윤첨은 때에 갇히고, 장대 끝에 꿰어진 묘청·유참·유호 목은 저 잣거리에 내걸리게 되지요.

능갈맞은 김부식이 쓴 패에 떨어졌다는 것을 알게 된 조광은 '결사 항전' 쪽으로 마음을 바꿉니다. 이때부터 민족자존·민족자결 주체주의자 묘청을 우두머리로 떠돌뱅이 외방 승려들이 채잡아 일떠섰던 서경전역은, 봉건 통치배들 억누름과 쥐어짬에 시달리던 풀잎사람들이 죽기로 하냥다짐치고 싸우는 인민항쟁으로 그 속내가 바뀌게 됩니다. 무엇보다도 먼저 대동강 물길을 차지하는 것이 급하였으므로 인민항쟁군은 개경 수군을 쳐부수는데, 불붙인 참나무 장작 능지게 채운 10여 척 거룻배·나룻배·주낙 배를 물때 맞춰 떠내려 보내 물길 거슬러 올라오는 토벌대 수군 싸움배들을 태워 버리니, 그 싸울꾀 이어받은 것이 731년 뒤 평양 인민들이 북미합중국 해적배 제너럴셔먼 호를 불태워 버린 것과, 1960년대 끝 무렵 원산 앞바다에서 조선민주주의인민공화국 살림속내를 훔쳐보던 북미합중국 염알이배 프에블로 호를 나꿔챈 것이었지요. 서경성 서남쪽에 쌓은 흙뫼 타고 토벌군이 모짝 넘어들어옴으로써 끝나는 1136년 2월까지 이어지는 싸움에서 얼마나 거세차게 앙버티는 인민항쟁군이었던지는, 김부식이 인종에게 사뢴 글이 잘 보여 줍니다.

서경은 저절로 이루어진 각다분한 곳이라 쳐들어가 무너뜨리기가 쉽지 않은 데다가 성 안에는 차려 놓은 쇠물레가 많으며 막아 지키는 것이 매서워 언제나 장사(토벌군)들이 앞다투어 나가 간신히 성벽 아래 이르더라도 성가퀴를 넘어서는 자가 없으며 구름사다리 수레와 성벽 깨뜨리는 수레도 쓸 데가 없습니다. 어린아이들과 부녀자들이 벽돌과 기왓장을 던져 이들까지 사나운 맞잡이로 되니 설사 5군(토벌군)이 한꺼번에 성벽에 다붙어서 쳐들어가더라도 며칠 못 가서 다 죽을 것입니다. 역적(천 견충의군)들은 우리 힘이 꺾인 것을 알고 북을 치면서 때리고 나오니 그들 칼끝은 당해 낼 수가 없나이다.

우리 겨레 역사에 적바림된 반란 사건 가운데 가장 오래 끌었던 것이 서경전역입니다. 열석 달 동안 이어졌으니 서경 인민들 앙버티는 힘이 얼마나 거세찼던 것인지 알 수 있는 일이지요. 김부식이 사로잡아 죽인 서경 사람이 1천 200여 명이라고 하는데, '비공식'으로 죽인 사람은 적어도 그 세 배는 넘을 것입니다. 어쩌면 서경사람 얼추를 죽여 버렸을지도 모르지요. '진실화해위원회'라는 데서 "군경에 학살된 보도연맹원이 4천 934명"이라고 널리 알렸지만 참으로는 그 오륙십 배 위인 것을 보면 알 수 있는 일이지요. 끝까지 앙버티던 서경 인민 가운데 일급자는 낯가죽에 '서경 역적'이라는 글자를 먹으로 떠넣어 멀고 사막한 섬으로 귀양 보내고, 이급자는 '서경'이라고 떠넣어 깊고 외진 산골로 보내었습니다. 그리고 목대잡이들 처자식과 식구들을 노비로 만들어 함경도 쪽 여러 마을(관청)로 보냈지요. 묘청을 배신 때린 조광은 토벌대한테 사로잡히게 되자 제 식구들과 함께 불타는 집들 속으로 뛰어들어 이뉘를 떠났구요.

서경전역에서 야릇한 것이 두길보기하던 윤언이 살매입니다. 윤관 넷째 아들로 '서경 트로이카'와 함께 건원칭제론자였던 그는 정지상·백수한·김안이 선참후계당하는 것을 보고, 선언문부터 읽어 버려 혁명 동지들을 죽을고에 빠뜨린 묘청과 척을 지게 된 것으로 보이는데, 전역이 끝난 다음 그 삶은 스산한 것이었습니다. 김부식은 윤언이를 정지상과 가까운 사이라 하여 같은 후릿그물에 떠 죽이려 하였고, 끝내 6년 동안 귀양살이를 하게 됩니다. 아버지가 지은 대각국사大覺國師 의천義天 빗돌글을 김부식이 멋대로 고친 것을 벼르던 윤언이는 김부식이 임금 앞에서 하는 주역풀이에 살박는 것으로 앙갚음한 바 있으니, 가히와 잔나비 사이였지요. 귀양이 풀린 다음 불문에 기대어 관승觀乘이라는 선승과 벗하다가 이런 종명시終命詩를 남겼다네요.

봄은 다시 가을로 바뀌고
꽃이 피자 잎은 떨어지누나.
동녘이 다시 서녘이 되니
조물주를 잘 받들어 모시누나.
오늘도 길을 걸어가면서
이 몸을 돌이켜보노라.
만리나 되는 긴 하늘에
한 조각 뜬구름이로다.

김부필金富弼 · 김부일金富佾 · 김부식金富軾 · 김부철金富轍 또는 부의富儀 네 동기는 빨랫줄 같은 권세자루 휘두르며 문명文名 또한 후꾼하였는데, 부식 · 부철 동기가 가장 우러러 받들었던 글지가 북송 소동파蘇東坡였습니다. 소동파 이름 식軾에서 따온 것이 부식이고, 동파 아우 철轍에서 따온 것이 부철이었지요. '억세고 거쿨진 시'를 썼다는 김부식이 읊은 〈군막우음軍幕偶吟〉입니다.

누가 조정에서 군사 쓰기 좋아한다고 하는가
다만 신하가 승냥이로 바뀐 탓이로다.

온갖 생각에 마음은 장 얼음과 소태요

복대기는 시름에 머리털은 죄 눈과 서리로세.

김부식 아들 김돈중金敦中은 과거에서 2등이었으나 인종이 아비 낯을 보아 장원으로 뽑아 주었다네요. 인종 아들 의종 밑에서 벼슬살이하던 그는, 궁궐 모꼬지 자리에서 무장 정중부鄭仲夫 수염을 촛불로 끄슬리는 사나운 짓을 하였고, 그것이 무신란을 불러오게 된 한 실마리가 되었다지요.

애잡짤하기 짝이 없는 정지상 죽음입니다. 가슴이 미어지게 안타까운 인민들 마음은 이런 이야기를 만들어 냈습니다. "푸른 버들은 천 가닥으로 늘어졌고 복사꽃은 만 점이나 붉게 피었구나." 김부식이 봄 경치를 읊는데, 귀신이 된 정지상이 나타나 김부식 뺨을 갈기며 꾸짖기를—

"천 가닥 버들과 만 점 복사꽃은 누가 세어 본 것이냐? 어째서 이렇게 읊지 못하느냐?"하고 읊기를—

"버들 빛은 갈래갈래 푸르고

복사꽃은 방울방울 붉도다."

아무 말도 못하던 김부식이 어떤 절에 가서 뒤를 보려고 정랑淨廊에 들어갔는데, 정지상 귀신이 뒤에서 불알을 움켜잡고 묻기를,

"너는 곡차도 마시지 않았으면서 어째서 얼굴이 그렇게 빨
가냐?"

'큰 기에 엄장 큰 체수에다 검은 낯빛이며 눈이 툭 튀어나온' 김
부식이 천천히 말하기를,

"건너편 언덕 단풍이 얼굴이 비치어 붉으니라."

정지상이 불알을 잡은 손에 바짝 힘을 주며,

"이게 무슨 가죽 주머니냐?"

김부식은 낯빛이 조금도 바뀌지 않으면서 대꾸하기를,

"네 아비 불알은 쇠주머니냐?"

정지상이 불알 잡은 손에 더욱 힘을 주었고, 김부식은 그렇게
절 뒷간에서 올림대를 놓았다네요.

그때에 잘나가는 절에서는 산과 내로 살피를 삼았을 만큼 엄청
나게 넓은 논밭을 아람치고 그 아람치땅을 가꾸기 위한 수많은 노
비를 거느리고 있었습니다. 그런 절에 사는 중들은 번쩍이는 금
물 들인 비단 가사 걸치고 곡식과 베로 돈놀이를 하였는데, 가난
한 농군들에게 논밭을 빌려 주고 비싼 배메깃돈을 홀태질하였습
니다. 그런데도 절에서 지닌 논밭은 임금한테 받은 사패지賜牌地
였으므로 구실 한 푼 내지 않았지요. 달러 이자인 장리 빚을 갚지
못하는 농군과 그 자식들은 노비로 삼아 천량을 늘려 나갔으니,
중은 옹글게 권세자루 잡은 벼슬아치요, 절은 또 대지주였지요.

절에서 어떻게 돈벌이를 하였는가 하면, 절에다가 '보寶'라고
하는 요즈막 재벌들이 즐겨 쓰는 재산 은닉 수단인 '문화재단' 같
은 것을 세워 고리대금업과 전당포를 차렸고, 벌을 쳐 꿀을 따고

바닷물 막아 소금을 구워 팔았으며, 요·금·송나라와 국제무역을 하여 '외화벌이'도 하였지요. 지어 계율로 못 먹게 하는 오신채五辛菜인 파·마늘·달래·무릇·부추를 심어 팔고, 차나무를 가꾸어 그 열매를 따 팔았으며, 또 기와를 구워 팔았는데, 그 바대와 빛깔이 중국 강남고장 장사치들이 하는 것보다 동뜨게 빼어난 것이었다네요. 어떤 비구니比丘尼가 충렬왕비인 제국대장 공주한테 흰 모시를 바쳤는데, 꽃무늬 아롱진 모시올 가늘기가 매암이 날개 같았답니다, 그 모시는 물론 여승 계집종이 짠 것이었지요. 벌 나비가 날아들 것 같은 그 매암이 날개 같은 꽃무늬 아롱거리는 모시에 반한 몽골 공주는 모시를 짠 계집종을 달라고 하였고, 비구니는 속이 쓰렸지만 바칠 수밖에 없었지요. 뿐만 아니라 절에다 술도가를 차려 놓고 술장사를 하고 술집을 차려 색시 장사까지 하는 판이었으니, 몰리고 쏠려 혈수할수없게 된 농군들은 다투어 절로 들어가 중이 되는 이들이 많았답니다.

이들은 꾀까드런 문자로 된 불경을 읽고 참선과 주력을 하며 권문세족들 부귀공명·만수무강을 빌어 주는 쯩 지닌 고급 중들과 다른 지체였으니, 수원승도였습니다. 권문세족과 절에 논밭전지를 빼앗긴 채 남부여대 떠돌며 비럭질을 하거나 구메도적질로 목숨줄 이어가던 그들은 절에 딸린 논밭에서 일을 하며 힘부림 후꾼한 중님들 손발이 되어 온갖 궂은일을 다하였지요. 여기에 머리는 깎았으나 계율은 지키지 않는 저잣사람으로 살면서 짱짱한 무장력 갖춘 싸울아비들인 재가화상이라는 반승반속半僧半俗 무리가 있었습니다. 고려 사람이 된 여진족과 이지가지 법그물에 걸려 때살이하던 죄수 출신들로 이루어졌는데, 무신정권이 세워지면서 따논자리를 잃게 된 불교세력 쪽에서 여러 차례 일으켰던 반무신 쿠데타 무장력이 바로 이들이었지요.

권문세족들은 부처님 앞에 짙은천량 바치는 모양새로 구실 한 푼 내지 않으니, 절이야말로 백성들한테서 갈퀴질한 알천을 짱박아두기 딱 좋은 남다른 돈궤였지요. 이자겸 아들이 '기획 출가'하여 의장義莊이라는 중이 되었는데, 현화사玄化寺라는 절을 줌안에 넣어 아비가 긁어모은 더러운 천량을 짱박아 두는 곳간으로 삼았던 것이 대표적이지요.

현화사는 8대 임금 현종이 1018년 황도 개경을 둘러싼 밧잣인 나성羅城 밖 영취산 아래 세운 법상종 고갱이절이었습니다. 현종은 딱하게 돌아간 제 부모를 위하여 절에서 부릴 노비 100여 구口를 내려 주었는데, 온갖 막일을 하는 노비와 행자에 수원승도까지 머리 깎고 먹물옷 걸친 무리들이 1천여 명이 넘는 큰절이었습니다. 화엄종 줏대절인 흥왕사가 2천 800칸에 이르렀다니, 이자겸을 우두머리로 하는 인주 이씨仁州李氏 알과녘절 현화사 또한 비슷한 크기였다고 봐야겠지요. 이자겸이 임금이 되고자 난을 일으켰을 때 의장이 끌고 와 아비를 거들었던 현화사 중이 300여 명이었고, 이의민이 권세자루 잡았을 때 덤벼들었던 중들은 2천여 명이었습니다. 가장 크게 붙었던 것은 최충헌이 권세자루 잡았을 때였지요. 개경 안팎에 있는 여러 절 중들이 불교가 누리던 따논 자리를 알아 주지 않는 최충헌을 죽여 없애고자 일떠섰는데,《고려사》 열전 '최충헌' 대목입니다.

홍왕사興王寺·홍원사弘圓寺·경복사景福寺·왕륜사王輪寺·안양사安養寺·수리사修理寺 등 중으로 종군한 자들이 충헌을 죽이고자 꾀하여 거짓으로 싸움에 져 달아나는 것처럼 하여 새벽녘에 선의문宣義門에 이르러 급하게 외치기를 "거란병대가 이미 들어왔다." 그러나 문을 지키는 군사가 막고 들여보내지 않자 중들이 북을 치고 소리지르며 문 지키는 군사 대여섯 명을 죽이고 성 안으로 들어갔다. 중들은 나랏일이라며 때없이 못을 파고 강물을 막아 방죽을 쌓고 집채를 부수고 지으며 절집 천량을 빼앗아가는 충헌 아랫도리사람인 낭장郎將 김덕명金德明 집을 결딴내고 충헌 집으로 가던 저잣거리에서 순검군巡檢軍에게 쫓겨 신창관新昌館에 이르렀다. 이때 충헌이 보낸 가병家兵과 싸움이 벌어져 승군을 이끌던 채잡이중이 화살에 맞아 거꾸러지자 나머지 무리는 달아나 선의문까지 갔으나 문이 닫혀 나가지 못하고 뿔뿔이 흩어졌다. 충헌 군사가 쫓아가 300여 명 중들을 죽이고 그 무리를 사로잡아 족대기질을 하였다. 이튿날 충헌이 성문을 닫고 달아난 중들을 찾아내어 모두 죽였다. 때마침 큰비가 내려 흐르는 피가 내를 이루었고, 개국사開國寺에 딸린 남계원南溪院 냇가에서도 중 300여 명을 죽이니, 앞뒤로 거의 800여 명을 죽였으므로 쌓인 주검이 묏등과 같아 몇 달 동안 사람들이 지나가지 못하였다.

그때에 중들이 꾸는 꿈은 부처가 되어 중생들을 깨달음의 저 언덕으로 이끌어 주려는 것보다, 먼저 국사가 되고 왕사가 되는 것이었습니다. 유가 먹물들 못지않게 '권력의지'가 억센 불가 먹물옷들이었지요. 그것은 고려왕조가 끝장날 때까지 질기굳게 이

151

어져 내려갔으니, 공민왕이 쫑 있는 중인 태고 보우太古普雨를 내치고 떠돌뱅이 무쯩 중인 변조 신돈遍照辛旽한테 권세자루 맡겼던 까닭이었습니다.

중들이 꿈꾸는 '권력의지'라는 것은 그러나 개경을 사북으로 하여 이름난 중들이 근터구 삼는 유명짜한 절들 경우였고, 이름 없는 외방절에 사는 중들은 스스로 농사를 지으며 베를 짜 팔거나 잣단 장사를 하고 동냥을 하여 목숨줄을 이어나갔습니다. 이들이 바로 서경전역을 일으킨 외방중들이었고, 이들 도꼭지가 바로 묘청이었던 것이지요.

152

묘청이 세상에 이름을 드러냈을 때 고려 모둠살이 사상철학 동네를 쥐락펴락하던 불교 두럭은 선종·화엄종·법상종·천태종이었습니다. 그런데 묘청은 이 가운데 어떤 두럭에도 달려 있지 않았습니다. 지배계급을 정신적으로 안받침하여 주기 위한 사상철학을 만들어 주는 이른바 정통불교쪽 중이 아니라 떠돌뱅이 '무쯩 중'으로 보는 까닭이지요. 200여 년 앞 전배 중이었던 궁예와 마찬가지로 수원승도였을 것이구요. 제 땅에서 쫓겨나 떠돌다가 밥이나 먹으려고 이름난 중들 심부름꾼으로 들어간 농군들이었다고 보는 것입니다. 그들이 내세웠던 깃발 또한 지옥인 오늘 여기를 그대로 뒤집어 극락세계로 만들자는 미륵사상이었을 것이지요. 혁명승려 동아리인 그들이 낭가 쪽 사람들과 손잡아 일으킨 것이 서경전역이었던 것입니다.

황제 나라인 대위제국을 세웠으나 묘청은 황제 자리에 오르지도 않고 무슨 벼슬자리를 목에 걸지도 않습니다. 선언문부터 읽은 판이었으므로 그럴 겨를이 없기도 하고 나랏몸 틀거리를 밑뿌리에서부터 바꾸자는 데서 비롯된 개국이기도 하였지만, 처음부터 권세자루를 잡아 보겠다는 뜻이 없었던 것으로 봐야겠지요. 그리고 인종한테서 삼중대통 지루각원사라는 벼슬자리 받은 미륵승 묘청이 목대잡는 서경전역에서 중들 이름은 하나도 보이지 않습니다. 참으로는 미좇는 중들이 없어서가 아니라 그 이름자마저 변변하지 않은 허접한 수원승도, 곧 '무쯩 중들'이었기 때문이지요. 이렇게 읽어 내야만 비로소 서경전역 참모습이 보인다는 생각이니, 짜장 무엇을 일러 역사라고 부를 것인가?

묘청을 홀된 중이 아니라 중 겉껍대기 쓴 낭가 쪽 사람이었을 것이라고 말하였는데, 종교사를 들여다보면 정치사가 또렷이 보인다는 생각입니다. 우리 겨레가 지나온 자취는 선불유독 仙佛儒督 쟁투사이니, 뒷물결이 앞물결을 밀어내는 역사였던 것입니다. 불가 佛家에서 선가 仙家를 밀어냈고, 유가 儒家에서 불가를 밀어냈는데, 유가는 이제 독가 督家한테 밀려나고 있습니다. 어떤 종교가 다시 독가를 밀어낼 것인지?

제대로 된 우리 겨레 참역사를 알고자 하는 이라면 눈여겨보아야 할 곳이 절집마다 있는 대웅전입니다. 어느 절에서나 가장 큼지막하고 드레진 집채가 대웅전이지요. 절에 다니는 청신사 淸信士·청신녀 淸信女 는 물론하고 스님네들까지도 부처님 모신 데가 대웅전이라고 알고 있습니다. 고통바다에 빠져 허우적대는 중생들을 깨달음의 저 언덕으로 이끌어 주시는 '큰 영웅'이 부처님이므로 '대웅전'이라고 이름 단 것으로 말이지요.

그런데 환인桓因 자손 환웅桓雄을 모셨던 데가 대웅전이라고 하면 놀랄 사람들이 많겠지만, 이것은 진짜입니다. 환웅 이름인 '굳셀 환桓' 자를 '큰 대'자로 바꾸었던 것이니, 선가와 불가가 '윈윈'을 하였던 것이지요. '이차돈 죽음'에서도 알 수 있듯이 뒤에 굴러 들어온 돌로 이미 있어 왔던 박힌 돌인 선가한테 따돌림당하던 끝에 안방 차지를 하게 된 불가에서 선가를 끌어안았던 것이고, 선가 또한 국가 이데올로기가 되어 버린 불가 속으로 스며들 수밖에 없었던 것입니다.

처음에는 대웅전 수미단須彌壇 위에 석가모니 부처님과 쌍노라니 앉아 중생들이 올리는 마지밥 받아 저쑵던 환웅님이었는데, 불교 쪽 힘이 세어지면서 시나브로 밀려나기 비롯해서 마침내 대웅전 뒤란 후미진 산속으로 쫓겨나게 되었으니, 산신각山神閣이 된 것이었습니다. 허연 수염발 휘날리며 호랑이 잔등 쓰다듬고 계신 산신님이 바로 환웅님인 것입니다. 묘청 스님이 맨 먼저 달려가 오체투지五體投地 큰절 저쑵는 것으로 천개라는 연호 세운 대위제국 일으켰음을 사뢰었던 곳은 환웅 천황님 모신 산신각이었을 것입니다.

환인은 한님이니, 곧 하느님을 진서로 쓴 것이지요. 하늘 → 하느 → 한이 된 것입니다. 하느님 명 받아 무리 삼 천을 이끌고 태백산太白山 꼭대기 신단수神檀樹 밑으로 내려와 신시개천神市開

天한 이가 환웅이니, 또한 하느님이시지요. 환웅이 아니라 한님으로 읽어야 하는 까닭이올시다. 대전大田을 전에는 태전太田이라고 불렀습니다. 이것은 한밭이라는 우리말을 진서로 바꾼 것으로 대천大川이 한내인 것과 마찬가지니, 대웅전은 본디 한울림집 → 하느님집인 것입니다. 수미단 위에 좌정하고 계신 석가모니 부처님과 이만치 떨어진 옆댕이 신중단神衆壇이란 데서 부릅뜬 고리눈으로 금강저金剛杵 울러메고 있는 신장神將님도 환웅님 또는 환웅님 자손인 치우천황님인 것입니다. 1960년대 끝 무렵 산문山門에 있을 때 망백望百도 훨씬 넘는 극로비구極老比丘들한테 들었던 이야기입니다. 산신각이나 신중단만이 아니라 이제도 절집에서 칠성님이니 용왕님이니 조왕님이니 하고 뫼시는 이른바 '무속 신앙'들이 죄 환웅님, 곧 하느님 그림자인 것입니다. 똑같이 불교를 받든다지만 이런 것들은 우리나라에만 있지요. 중국이나 일본 또는 동남아시아 절에 '대웅전'과 '산신각'·'칠성각'은 없습니다.

3천 501년 동안 이어졌던 하느님 나라 뒤를 이은 하느님들이 다스리던 신시개천시대는 열여덟 분 하느님이 1천 565년 동안 다스리다가 단제 임금한테 그 나라를 물려주었다고 하니, 《한단고기》라는 책에 나옵니다. 그 15세 하느님이 유명한 치우천황이시지요. 이른바 왜식사관 이어받은 강단 사학자들은 한 눈길도 주지 않지만, 우리 겨레 참역사가 오롯이 담겨 있는 《한단고기》에 따르면 우리 겨레 역사는 오늘(2010년) 9천 409년째가 되네요.

여기서 한 가지 짚어 둘 것이 있으니, '신시'라는 말입니다. 이

환인桓因 자손 환웅桓雄을 모셨던 데가 대웅·전이라고 하면 놀랄 사람들이 많 겠지만, 이것은 진짜이다. 환웅 이름인 '굳셀 환桓' 자를 '큰 대'자로 바꾸었던 것이니, 선가와 불가가 '원원'을 하였던 것이다. 대웅전은 본디 한울림집 → 하 느님집인 것이다.

많이 모자라는 중생 또한 귀에 익은 대로 '신시神市'라고 하였습니 다만, 참으로는 '검불[神市]'로 읽어야 한다는 생각입니다. '저자 시市'자가 아니라 '슬갑 불[市]'자로 읽어야 되니, 토박이말로 하 면 '검불'이 되는 것이지요. '슬갑 불市'자는 '수건 건巾' 부수에 1획 이고, '저자 시市' 자는 2획입니다.

'슬갑膝甲'이라는 것은 예전 사람들이 추위를 막고자 바지 위에 덧입던 것으로, 허리에 끈을 매어 무릎까지 내려오게 걸치던 덧 옷을 말합니다. 앞치마라고 불렸으므로 '슬갑 불'자는 '앞치마 불' 자로도 읽습니다. 아울러 '사람 이름 불'자도 되니, 중국 진시황 때

불로초를 구하러 우리나라 삼신산三神山으로 왔다는 '서불徐市'이 있지요. '신神'은 '검님'이니 '신시'는 그러므로 '검불'이 되며, 하느님이 허리 아래 두르고 계신 '앞치마'가 되는 것입니다. 하느님께서 펼쳐놓으신 앞치마 아래 모여 살아가기 비롯한 것이 우리 겨레 옛할아버지들이었다는 말이지요.

이렇게 읽어 내야만 하느님 자손인 우리 겨레 샘자리가 밝혀집니다. 신단수, 곧 무슨 신령스러운 박달나무가 있는 태백산, 곧 백두산 더기에 모여 신령스러운 장바닥을 열었다는 식으로 읽어 내서는 안되지요. 그렇게 되면 끝내 사람무리 발자취에서 맨 처음 '자본주의 시장경제'를 열었던 것이 우리 겨레 첫 한아비들이었다는 말밖에 더 되나요?

천년을 두고 더 위 가는 것 없다는 정지상이 읊은 이별 노래입니다. 〈송인送人〉.

옷비 걷힌 긴 언덕에는 풀빛이 푸른데,
남포에서 그대 보내며 슬픈 노래로 울먹이네.
대동강물은 어느 때에야 죄 없어질 것인지,
헤어지는 눈물 해마다 푸른 물결에 덧보태지니.

157

마하 신돈보살 마하살

돈은 눈으로 글을 알지 못하였으나 늘 서울에 두루 다니며 불도에 인연 맺기를 권하며 여러 과부를 꾀어 보쟁이었는데, 왕을 뵌 뒤로는 거짓 꾸미기에 힘써 그 겉모습을 마른 나무같이 하여 비록 무더운 여름이나 추운 겨울이라도 늘 한가지 찢어진 장삼을 입으니 왕이 이를 더욱 대수롭게 여겨 모든 입성과 차반을 보내되 반드시 말쑥하게 하여 버선까지도 반드시 이마에 받들어 모시어 보내는지라 이승경李承慶이 이를 보고 말하기를 "나라를 어지럽힐 자는 반드시 이 중이리라." 하였고, 정세운鄭世雲은 요승妖僧이라 여겨 죽이고자 하니 왕이 몰래 숨게 하였다. 승경과 세운이 죽으매 머리를 깎고 두타頭陀가 되었다가 다시 와서 왕을 뵈웁고 새로 궁궐에 들어와 일을 하매 청한거사淸閑居士라는 호를 내리고 사부師傅라 부르며 나랏일을 물어보니 좇지 않음이 없으므로 사람들이 많이 이에 붙고 사대부 아내가 신승神僧이라 여겨 설법을 듣고 복을 구하고자 오면 돈이 문득 이를 보쟁이었다.

처음에 기현奇顯 뒷마누라가 홀어미로 있었더니 돈이 중이 되어 이를 보쟁이고 현 마누라한테 먹을거리를 맡게 하였다.

아낙네로, 분하고 답답한 일을 겪어 찾아오는데 생김새가 아름다우면 돈이 겉으로는 슬프고 안타까워하며 그 집에 끌어들여 문득 보쟁이고……

넓고 밝으며 깊숙하여 조용한 작은방을 짓고 밝은 창과 깨끗한 책상에 향을 피우고 홀로 앉았으니 게염이 없는 사람 같았다. 분하고 답답한 일을 겪는 이나 벼슬을 구하는 사람들 마누라나 시앗이 "별실이 심히 좁으므로 겉옷을 입을 수 없고 또 아랫것들을 데리고 들어갈 수 없다."는 기현 마누라 말 좇아 짧은 옷을 입고 인정을 싸가지고 혼자 들어가 하고자 함을 말하고 돈이 홀로 맞으니 더러운 소리가 흘러나왔다. 돈은 마음씨가 사냥개를 두려워하므로 사냥을 싫어하였으며 또 계집질을 주제넘게 하여 늘 검정닭과 흰말을 죽여 써 양도陽道를 돋우므로 사람들이 말하기를 돈은 늙은 여우 넋이라 하였다.

한마디로 줄여 색 밝히고 게염 많으며 그리고 얄망궂은 까막눈이 가짜 중으로 알려져 온 것이 신돈辛旽(?~1371)을 바라보는 질기군은 믿음인데, 참으로 그러한가?

《삼국사기》가 김부식金富軾으로 대표되는 고려 가운데 때 권문 지배계급이 삼국시대를 바라보는 속셈을 비추어 낸 것이라면, 신돈을 색이나 밝히고 게염 많은 못된 중으로 되풀이하여 꼬집어

뜯고 있는 《고려사》와 《고려사절요》는 조선왕조 처음 때 집권 사대부계급이 고려를 바라보는 속셈을 간추려 보인 것으로 됩니다. 다시 말하면 이성계李成桂로 대표되는 신흥 무장세력과 정치·경제적 속셈을 함께하는 신진 사대부 동아리가 일으킨 역성易姓 쿠데타를 마땅한 것으로 만드는 일인 것이지요. 이른바 역사의 이름을 빌어 저희들이 저지른 군사반란 짓거리가 민족사적·도덕적으로 올바른 것이었다고 내대는 것이니, 이렇게 마음 다진 이데올로기를 바탕으로 해서 써진 역사책이 《고려사》요, 《고려사절요》라고 보면 되는 것입니다. 무릇 정사正史라는 것은 당대 왕조, 곧 그때 권세자루 잡은 동아리들이 민족사적 법통을 이어받았다는 것을 안받침하기 위한 것이기 때문이지요.

조선왕조 첫 때 권세자루 잡은 동아리들이 고려왕조를 받아들이는 속셈 밑바닥에는 무엇보다도 먼저 주자 이데올로기에 바탕을 둔 이른바 '도덕적 합리주의 사관'이 가로놓여 있습니다. 이것은 묘청妙淸과 신돈을 '반역 열전'에 넣은 것말고도 승려들 '전기傳記'를 모두 빼 버렸고, 고려라는 새 나라를 세우는 데 받침돌 구실을 하였던 불교에 관한 '지志'를 만들지 않은 것에서도 알 수 있습니다. 엮어 낸 사람들이 고려사를 보는 눈길은 오로지 조선왕조를 새로 세우는 것이 역사적으로 올바르다는 터무니를 마련하자는 데 있었던 것이지요. 이것은 고려 태조 왕건王建 핏줄인 우왕禑王과 창왕昌王을 신돈 얼자孽子, 곧 숨긴아이로 몰아 여러 대 왕들 발자취를 적바림한 '세가世家'가 아닌 '열전列傳'에, 그것도 '반역 열전'에 집어넣은 데서 또렷하게 드러납니다. 신돈과 반야般若라는 아낙 사이에 태어난 무니노牟尼奴라는 아이가 우왕이라는 말인데, 정말 그러한 것일까요?

고려왕조 제31대 공민왕恭愍王과 왕비인 노국공주魯國公主 사이에는 자식이 없었습니다. 공민왕은 신돈이 지내는 곳을 자주 찾았습니다. 나라 살림을 맡아 어지러운 사바 중생을 구해 달라고 공민왕이 조르자 신돈이 다짐을 두었습니다. "일찌기 듣자오니 왕과 대신이 많이 하리놀고 쐐기질함을 믿는다 하오니 바라옵건대 이같이 하지 않으신다면 마땅히 누리 가운데 복되고 이롭게 하겠나이다."

공민왕이 다짐 두었습니다.

"스승은 나를 구하고 나는 스승을 구하여 죽고 살고 사이에 이 것으로 하여 사람들 말에 헛갈림이 없을 것을 부처님과 하느님은 밝혀 주시리라."

공민왕은 신돈에게 영도첨의領都僉議라는 수상首相 윗자리를 주면서 경호부대 200여 명을 붙여 주고 옷차림이나 의전儀典에서도 왕과 비슷하게 우러러 모시었습니다. 왕한테 몸 받은 이 또는 나뉜 몸이 되어 '권왕權王' 소리를 들었지요. 종요로운 일은 왕한테 아뢰어 다스렸으나 모든 신하들은 신돈이 머무는 곳에 나아가 모든 일을 아뢰고 생각을 나누었습니다. 공민왕은 신돈과 나란히 걸상에 걸터앉아 허물없는 벗처럼 이야기를 나누었습니다. 그러면서 걸어다닐 수 있을 만큼 왕궁과 아주 가까운 곳에 공관을 지어 주고 때 없이 오가며 외교·국방에 대한 가르침을 받았습니다. 그러던 가운데 첨의 비서실에 있던 반야라는 아낙과 아랑곳을 맺게 되었던 것이지요. '타고나기를 색을 즐겨하지 않았고 또 시러금 아름챘으므로 공주가 살아 있을 적에도 안방을 찾는 일이 드물었던' 공민왕이라고 하지만 이드거니 있을 수 있는 일이니, 왕씨 핏줄을 이어가는 것이 무엇보다도 가장 먼저였던 까닭에서였습니다. 그리고 그때는 노국공주가 이뉘를 떠난 지 3년 뒤였구요.

그렇게 해서 낳은 게 무니노였습니다. 후궁도 아닌 첩의 여비서와 아랑곳 맺어 낳은 아이였으므로 아직 남모르게 덮어 두었습니다. 왕 자리 이어 갈 아이를 낳았으므로 왕비로 들어앉혀야겠는데 그 차례가 여간 꾀까드런 일이 아니었습니다. 아무리 큰 권세자루 휘두르는 왕이라고 하지만 깐깐하고 대찬 마음씨 지닌 모후도 계시고 왕비 자리를 노리고 있는 후궁들도 즐비하며 목대 센 신하들도 많은 판에서 권문세가 따님도 아닌 밭집아낙을 왕비로 들여앉힌다는 것은 쉬운 일이 아니었지요.

"비로소 신돈의 첩 반야에게 쌀을 달마다 30석씩 내려 주었다."는《고려사절요》공민왕 17년 9월 기사가 이것을 밝혀 줍니다. 그 기사 앞뒤로는 아무런 이야기도 없습니다. 문득 딱 한 줄만 나옵니다. 재를 올리는 해자로 쓰라고 절에 쌀을 내려 준다든지 공 세운 신하들에게 쌀을 주었다는 적바림은 있지만 밑절미도 모르는 아낙한테 쌀을 그것도 달마다 30석씩 주었다는 적바림은 반야라는 아낙 오직 하나뿐이니, 무니노가 공민왕 아들인 까닭이지요.

이것이 역사에 있던 참일인 것을 '색이나 밝히는 얄망궂은 엉터리 중놈'인 신돈이 제 여비서와 아랑곳 맺어 나은 속곳속아이로 만들어 버린 것이지요. 고려 왕조 474년에서 가장 큰 '미스테리'가 바로 이 대목에서부터 비롯되니, 씻을 수 없는 겨레 역사 생채기로 됩니다. 하늘을 뚫고 올라갈 만한 한을 품고 망나니 칼날 아래 사라진 변조대사遍照大師 신돈을 올바르게 되살려 내고자 하는 까닭이 참으로 여기에 있음이니, 올바르게 역사를 읽어 내지 않고서는 올바른 후제 역사를 만들어 낼 수 없는 까닭에서이지요.

그때에 고려 모둠살이를 움직이고 있던 힘두럭은 크게 세 갈래로 나눌 수 있으니, 정계와 군부와 종교계가 그것입니다. 정계는 친원파親元派와 친명파親明派로 나뉘는데, 친원파는 권문세족이고 친명파는 새롭게 일어서는 사대부계급이었지요. 군부 쪽도 마찬가지여서 최영崔瑩으로 대표되는 기성 무장세력은 친원파이고, 이성계로 대표되는 신흥 무장세력은 친명파였습니다. 종교계는 곧 국교였던 불교인데, 무신정권이 가림천을 내리면서 선종禪宗은 힘을 잃고 교종敎宗 혼자 이미 따논자리를 지켜 내려는 주먹셈을 가로맡아 나서고 있었지요.

권문세족들은 온갖 구실을 붙여 백성들 논밭을 빼앗아 가지고 있었습니다. 그들은 쥐고 있는 권세자루 크기에 따라 논밭을 아람치고 있었는데, 그 크기가 "산과 들로써 살피를 삼았다."고 하였으니, 얼마나 엄청나게 크고 넓은 논밭을 힘없는 풀잎사람들한테 빼앗아 차지하고 있었는지 짐작할 수 있지요. 좋은 논밭을 가진 백성이 있으면 사나운 들때밑들 풀어서 몽둥이로 후려갈기며 모두 빼앗았습니다. 그 주인이 비록 떳떳한 땅문서를 가지고 있다 하더라도 두려움 없이 옳고 그름을 따지지 못하였습니다.

그때에 사람들은 이를 일러 '수정목공문水精木公文'이라고 하였지요. 수정목은 물푸레나무입니다. 나무 가운데서도 가장 단단한 나무가 물푸레나무인데 그것을 물에 담그면 더욱 단단해지지요. 그런 다음 몽둥이로 만들면 쇠파이프보다 더 돈바른 잠개가 됩니다. 그것으로 마구 두들겨 패는 데는 이겨 낼 장사가 없지요. 농군들이 가장 두려워한 것이 마을 분부, 곧 공문서였으니, 물푸레나무로 만든 마을(관청) 문서라는 뜻에서 '수정목공문'이라며 떨었던 것이지요.

농사짓는 것을 오직 하나뿐인 바탕 업주가리로 하였던 그때에 논밭과 일품은 모든 부의 밑바탕이었습니다. 부는 또 힘부림 크기를 넓혀 자꾸자꾸 퍼져나가게 하는 밑바탕이 되었으므로 권세자루 쥔 무리들은 다투어 논밭과 일품을 차지하고자 피눈이 되었던 것이지요. 뿐만 아니라 힘부리는 무리들은 돈놀이꾼이 되어 논밭과 일품을 늘려나가기도 하였으니, 농군들이 제때에 빚을 갚지 못하였을 때는 그들이 대를 물려 갈아먹던 논밭을 빼앗았고 그 식구들을 노비로 만들었습니다. 또한 빚도 지지 않은 멀쩡한 양인良人까지 힘부림으로 빼앗아 노비를 만들기도 하였지요. 충렬왕비忠烈王妃 오라비 되는 자가 중으로 동화사桐華寺에 있으면서 수많은 양인을 노비로 만들었다는 적바림이 나옵니다. 이처럼 왕실 떨거지들은 물론이고 친원·부원 권문세족과 크고 작은 공다리들이며 밑바닥 심부름꾼들까지가 농군들을 벗겨먹었던 것입니다. 삼별초三別抄 맞싸움으로 대표되는 대몽 전쟁과 제물언걸 그리고 공다리들이 마구 쥐어짜 벗겨먹는 것에 시달리다 못한 농군들은 떠돌뱅이가 되어 비럭질이나 할 수밖에 없었지요.

그때에 농군들 사이에 널리 퍼졌던 말 가운데 하나가 '십실구공十室九空'이니, 농촌에 있는 열 집 가운데 아홉 집은 빈집이라는 뜻입니다. 이러한 일됨새에서 나오게 되는 것이 '가왜假倭'였지요. 왜구倭寇 차림새로 꾸미고 부잣집에 쳐들어가 관군들 골탕먹이는 무리가 있었으니, 이들이 바로 떠돌뱅이 백성들이었습니다. 바탕자리를 이루고 있는 농군이 뜯어헤쳐지는 판이었던 것입니다. 농군들이 떠돌다가 바치쟁이나 장사치같은 그때에는 가장 푸대접 받던 이른바 '말업末業'으로 벌잇줄을 옮기거나, 절간으로 숨어들어 이름 있는 중 밑에 달린 수원승도隨院僧徒가 되거나, 배메기 농사꾼 아니면 머슴이 되거나 노비로 굴러떨어졌고, 핏종발이나 있는 이들은 초적草賊이 되었구요.

이때에 나라 밖 터수는 대원제국 힘이 떨어지고 한족漢族인 명나라가 새롭게 일어나는 일됨새였으니, 원명元明이 바뀌는 판이었습니다. 힘저울대 따라 고구려 옛땅이었던 만주 얼안이 텅 비어 있었습니다. 힘이 떨어졌다고는 하지만 원제국이 쫄딱 무너진 것도 아니고 새롭게 일떠섰다고 하지만 명제국이 오롯한 틀을 갖춘 것도 아닌 그런 일됨새였지요. 대원제국 식민지로 끙끙거리던 원제 백년 끝 무렵이었던 것입니다. 이러한 판에서 붉은 흙먼지 흩날리는 저잣거리에 그 몸을 드러낸 이가 신돈이었으니, 더러운 땅을 뒤집어 깨끗한 땅으로 만들자는 어머니 고임처럼 슬픈 바람에서였고, 그것을 안받침한 철학은 '미륵사상'이었습니다.

여기서 눈여겨봐야 할 것이 '왜구'입니다. 여말 선초에 걸쳐 대마도에 본바닥을 두고 끈덕지게 우리나라를 괴롭혀 온 바다도둑 무리를 가리켜 '왜구'라고 일컫는 것으로 알고 있는데, 참말 그러한가?

우리는 이 '왜구' 참모습에 대하여 날카로우면서 골똘한 헤아림이 있어야 합니다. 고려 제10대 충정왕忠正王 2년(1350)부터 조선 제2대 정종定宗 원년(1399)까지를 가리켜 '경인왜구庚寅倭寇 50년'이라고 부릅니다. 이 50년 동안 왜구가 쳐들어 온 것이 369차례이고, 나타난 곳은 606군데에 이릅니다. 100척 위 큰 배 떼가 쳐들어 온 것만 11차례이고, 그 배 숫자는 무려 1천 613척에 이르구요.

바다 기슭에 올라와 먹을거리와 살림살이를 빼앗은 다음 바다로 빠져나가는, 이른바 치고빠지는 소드락질이 해적 무리 본바탕입니다. 그런데 재미있는 것은 '왜구'들이 고려 조정의 물리치는 힘이 세질수록 바닷가로 물러가는 것이 아니라 뭍 안으로 밀고 들어왔다는 것입니다. 서울인 개경 얼안에 계엄령이 내려지고 사람들이 난피를 나선 게 여섯 차례였고, 이제 함경도인 동북면 두메산골까지 왜구가 들어가는 판이었지요. 참으로 온나라 땅이 싸움마당이었습니다.

그런데 왜구들이 개경으로 바로 쳐들어 온 것은 오직 한 차례도 없었으며, 고려 조정도 왜구가 물러가면 그것으로 흐지부지 끝나 버리고 왕이 서울을 떠나는 따위는 통 헤아려지지 않았습니다. 한 마디로 그때 고려 조정에서는 경인왜구에 숨막혀 하지 않았다는 이야기가 됩니다. 왜 그랬을까요? 마무리부터 말하자면 산동반도를 한바닥으로 한 중국 바닷가로 나아가 우람찬 해양세력을 이루고 있던 백제 남은백성들이 바로 '왜구'였던 것이지요. 동남아시아와 필리핀·인도네시아까지 뻗어나갔던 백제 남은백성들이 농본주의를 국시로 한 명 태조 주원장朱元璋 해금海禁정책에 앙버티던 끝에 제 나라로 되돌아가고자 하는 '보트피플'이었다는 이야기입니다.(김성호金聖昊가 펴낸 《중국 진출 백제인의 해상활동 천오백 년》 비춰볼 것).

백발백중하는 명궁名弓을 엄지 재주로 하는 무장 이성계의 명장 데뷔전이라고 할 수 있는 '황산대첩' 때 이성계 명궁에 죽은 '아기 발도' '아기'는 우리말입니다. '발도'는 장수니 '아기장수'가 되지요. 그런데 아기 장수를 잃은 '왜구'들은 타고 온 배가 있는 바닷가로 가지 않고 지리산 천왕봉에 올라 고려 태조 왕건 어머니인 위덕황후상에 칼질로 분풀이를 한 다음 멧발 타고 광주 무등산 주봉사主奉寺 바위 벼랑 이에짬에 '아지트'를 쌓고 나서 한 해 동안 날치싸움을 벌이니, 이른바 '빨치산싸움' 첫고등이 됩니다.

우왕 14년(1388) 3월

8도 정병精兵을 징집하고 (중략) 5부 정부丁夫를 징발하여 군사를 삼아 명목은 서로 해주 백사정에 사냥 간다 하였으나 실은 요遼를 치고자 함이었다. 4월 우가 황해도 봉산에 이르러 최영과 더불어 요동 치기를 결책하였고 (중략) 평양에 이르러 제도 군사를 독려하여 부교를 압록강에 가설하는데 (하략)

《고려사》에 나오는 기사입니다. 그런데 전쟁에 끌어들인 병력이 정규군이 아니라 '5부의 정부'였다는 것이 야릇합니다. 공민왕 3년 7월부터 여러 도에서 나누어 맡고 있던 왜구들을 고려인으로 받아들인 것으로써, 이들이 바로 이성계와 조민수曺敏修가 거느렸던 3만 8천 830명 싸울아비들이었던 것입니다. 이들은 반원·반명 싸움으로 닦달된 '역전의 용사들'이었으므로 따로 몸닦달 받지 않아도 되었으니, 요동 정벌을 흰소리쳤던 최영 장군 싸울꾀 터무니였습니다. 요동 정벌을 밀고 나갔던 5월까지 왜구가 쳐들어 온 것은 딱 한 차례밖에 없었습니다. 더욱이 80여 척 큰배 떼가

서천 앞바다까지 왔지만 거의 움직임이 없었지요. 그러나 위화도에서 군사를 돌린 6월 다음부터는 왜구가 물너울처럼 덮쳐오니, 9차례에 걸쳐 17군데로 퍼져나갑니다. 제 나라 고려 사람 자리에서 명태조 주원장을 죽여 한풀이 하겠다는 벼름이 꺾인 데서 오는 마땅한 뒤끝이었던 것이지요. 신돈이 권세자루를 빼앗기고 죽임당한 공민왕 20년(1371) 7월, 왜구는 개경 목젖인 예성강까지 쳐들어 와 고려 싸움배 40여 척을 불사르는데, 많은 것을 생각하게 하여 줍니다. 이른바 '정사'에는 보이지 않지만, 신돈과 왜구 사이에 어떤 뜻맞춤과 짬짜미가 있었다고 보여지는 것이지요.

신돈은 영산靈山 사람으로 어미는 계성현桂城縣 옥천사玉川寺 종이다. 어려서 중이 되어 이름은 변조遍照 자字는 요공耀空이라 하였는데 어미가 구접스러우므로 그 무리에 섞여들지 못하고 늘 절방에서 지내었다.

신돈이 영산 사람이라는 것은 아버지 고향이 영산이었다는 말입니다. 이제도 마찬가지지만 아버지 고향을 따라가게 마련인데 어머니 고향은 계성이었지요. 영산과 계성은 모두 이제 경상남도 창녕군에 딸린 면들입니다. 역사적 뿌리를 찾기로 하면 유명한 진흥왕 순수비眞興王巡狩碑가 있는 곳이고, 요동 정벌을 떠났다가 위화도에서 이성계李成桂와 함께 회군하였으나 자신의 따논 자리를 내놓아야 되는 토지개혁에 반대하다가 무너져 버린 좌군 도통사 조민수 장군 고향이기도 하구요. 여기는 또 지공指空·무학無學과 함께 고려 끝 무렵 3대 고승이었던 나옹懶翁 화상의 외가이기도 하니, 고려와 조선왕조 때 사람들은 얼추 외가에서 태어나고 자랐으므로 나옹의 고향으로 볼 수 있습니다. 그런데 똑같이 공민왕 때에 죽임당한 창녕이 낳은 두 고승이었지요.

공민왕의 꿈에 사람이 칼을 빼어 자기를 찌르는데 어떤 중이 이를 구하여 면함을 얻었음으로 이튿날 이것을 태후에게 고하였는데 마침 김원명金元命이 돈旽을 보이는지라 그 용모가 매우 닮았으므로 왕이 크게 이상히 여겨 더불어 말하니 총혜聰慧하고 능변能辯하여 스스로 도를 얻었다 하며 괴이하게 대언大言함이 문득 왕의 뜻에 맞았다. 왕이 평소에 부처를 믿고 또 꿈에 느낀지라 이로 말미암아 자주 비밀히 궁중에 불러들여 그로 더불어 공리公理(불도)를 담론하였다.

이제 경남 창녕군에 있던 옥천사에서 절에 매인 계집종 아들로 태어난 변조비구遍照比丘 요공 스님은 팔만대장경을 두루 익힌 다음 참선을 닦아 제 본디 마음바탕을 본 선승禪僧이었습니다. 견성見性을 하여 죽살이를 뛰어넘었으나 얼굴도 모르는 아비에 대한 목타는 그리움으로 온나라를 떠돌며 죽지 못해 살아가는 중생들과 그 아픔을 함께합니다. 백성을 다스리는 자리에 있다는 지배계급한테 사상철학을 만들어 주면서 그들 주먹셈을 맡아 말해 주는 귀족불교 테 밖을 떠돌며 밑바닥 중생들과 슬픔을 함께 하던 그가 마음속으로 모신 두 전배 스님이 있었으니, 선종善宗과 정심淨心이었지요. 곧 궁예弓裔와 묘청妙淸으로, 그들이 이뤄내고자 하였던 미륵세상을 이제 여기에서 속속들이 이뤄 내자는 것이었지요. 그러던 가운데 공민왕 몸받은 김원명 눈에 띄면서 산을 내려오게 됩니다. 공민왕 사부로 일곱 달쯤 있으면서 공민왕 개혁정치를 얽이잡고 목대잡아 주다가 드디어 수상 윗자리인 영도첨의에 오르게 됩니다. 이원집정부제에서 내각 수반과 같은 것이었지요.

"왕이 즉위하기 이전에 총명하고 인후仁厚하여 민망民望이 모두 돌아갔다."라는 적발이가 있다고해서만이 아니라, 공민왕은 아주 명민한 사람이었습니다. 보수대연합의 되치기에 밀려 신돈과 다짐을 깨게 되기 전까지는 뛰어난 정치 역량과 함께 높은 인격적 품성을 지녔던 인물이었습니다. 고려 역대 왕 34명 가운데 가장 뛰어난 인물이었지요.

12살 어린 나이에 원제국 서울인 연경燕京으로 볼모잡혀 갔다가 왕이 되어 돌아온 것이 22살 때이니 꼭 10년만이네요. 볼모생활 10년 동안 그는 실쌈스럽게 앞날을 미리 채비하였으니, '준비

된 왕'이었습니다. 원제국 어린 황제인 순제順帝를 둘러싸고 있는 칼자루 쥔 곁붙이들한테 깊은 인상을 심어 주려 애썼고, 고국에서 온 유학생을 비롯하여 승려 · 국제 무역상 · 정치인 · 학자 · 관광객 같은 수많은 사람들과 만나며 등극한 다음을 미리 채비하는 얽어짜기를 하였습니다. 그때 이제 북경인 연경에 눌러 있던 고려 사람이 2만 명이었답니다. 나중에는 그들이 지니고 있는 뿌리 깊은 친원 · 부원적 숭원사대주의와 숭원굴종주의에 질려 내치고 걸러 내기는 하지만 그 때 사귀어 둔 인물들이 첫때 왕권을 다지는 데 큰 힘이 되었던 것입니다.

왕이 된 다음 했던 맨 첫 번째 일이 반원反元 노선의 선언이었습니다. 먼저 무신정권의 찌꺼기인 '정방政房'을 없애 버리고 '지정至正'이라는 원 연호를 버린 다음, 원제국 때 정치기구와 관제를 고려 본디 것으로 바꾸었으며, 인민들 옷차림과 변발 같은 몽고식 생활 풍습들도 우리 것으로 되돌려놓았으니, 훌륭한 민족자주 · 민족자존 선언이었지요. 그 다음 순제 처남 기철奇轍로 대표되는 친원 · 부원 분자들을 벼락같이 다스리면서, 원제 식민기구였던 '행성行省'을 없애 버립니다. 그리고나서 원이 강점하고 있던 서북면 · 동북면을 되찾고 서경에 세워진 원제국 직할기구 동령부東寧府를 두 번에 걸쳐 쳐부수기에 이르니, 고구려 옛땅을 되찾아 냄으로써 나라 이름에 값하겠다는 세찬 민족의식이 낳은 것이었습니다. 그리고 신돈의 사룀을 받아들여 서울을 평양으로 옮기기로 합니다.

이처럼 세찬 의지로 민족자주정책을 펼쳐 나가는데 홍건군紅

巾軍과 왜구가 쳐들어 오고, 친원·부원세력의 저항인 '김용金鏞의 난'과 '흥왕사興王寺의 난' 같은 것들이 잇따라 일어나는데, 나라 살림살이는 망그러집니다. 권문세족과 교종 불교세력의 대토지 겸병은 갈수록 늘어나서 관리들한테 녹봉마저 줄 수 없는 셈평에 이릅니다. 인민대중들한테 미륵불로 우러름받던 변조 스님을 뽑아쓰게 되는 뒷그림이지요.

이러한 안팎 정세 아래서 고구려 옛땅을 되찾아 내겠다는 커다란 뜻을 품은 공민왕은 먼저 국내 정치를 개혁하여 인민들 마음을 한곳으로 모으기 위하여 기성 정계와는 아무런 이음성도 없으면서 종교적 권위와 덕망이 높던 초야 인물 신돈을 뽑아올려 나라 살림을 맡겼던 것입니다.

그러나 기득권층 곧 보수대연합세력 받아치기를 막아 내지 못하여 신돈을 쫓아내고 죽여 버리게 되니, 공민왕 테두리였습니다. 여기에는 조직적이지 못하고 끈질기지 못한 그의 예술가적 기질과 함께 노국공주에 대한 밑모를 사랑이 자리잡고 있습니다. 새로운 그림을 그리거나 노랫가락을 타게 되면 가장 먼저 노국공주한테 보여 주고 들려 주어 그 여자의 흐뭇해 하는 웃음에 함께 웃는 사내였던 것입니다. 신돈이 죽고 노국공주 그림자 그림을 지닌 반야가 사라진 다음 자폭적 허무주의에 빠져 자해공갈단적 음주와 유흥의 바다에 잠겨 있던 그가 암살을 당하게 되는 것은 그러므로 마침내 그렇게 될 수밖에 없는 것으로 됩니다. '자제위子弟衛'와 '두루속고치'에 딸린 미소년들과 비역을 즐기다가 우습게도 사랑 싸움을 벌이던 최만생崔萬生한테 죽임당하는 것으로 이른바 '정사'에는 나와 있는데, 이성계를 우두머리로 한 신군부일파의 빈틈없는 '정치 프로그램'이었다는 게 이 중생 생각입니다.

6년 동안 이어진 신돈개혁 고갱이는 평등과 자유였습니다. 미륵세상을 만들기 위한 앞길닦기로 먼저 정계와 군부를 다시 짜고 나서 세운 것이 '전민변정도감田民辨正都監'이니 뒤틀린 논밭차지와 사람자리 골칫거리를 바로잡자는 것이었습니다. 낫과 삽 든 사람이 논밭을 갈아먹게 하야 된다는 한울 법칙 따라 권문세족들이 빼앗아 지니고 있던 논밭을 무상몰수해서 일할 수 있는 힘에 맞게 농군들에게 무상분배하여 준 것이었습니다. 그리고 노비를 해방시켰습니다. 낫과 곡괭이를 쥔 농군에게 논밭을 골고루 나눠줘서 똑고르게 살게 하고 노비들 쇠사슬을 풀어 주어 제물로 살아가게 함으로써 마침내 인간 해방의 저 언덕에 이르게 하자는 것이었지요. 그때에 개경 하늘이 몇 달 동안 자욱한 티끌안개로 뒤덮였으니, 난생 처음 내 땅을 갖게 된 농투산이들과 종이라는 쇠사슬에서 벗어나게 된 사람들이 발을 굴러 뛰어오르고 손뼉 쳐울며 입을 모아 부르짖었습니다.

"성인이 나오셨다!"

"미륵부처님이 내려오셨다!"

그러나 힘부림이 나오게 되는 물적 토대, 곧 밥그릇을 빼앗기게 된 권문세족들은 원제국에 등을 기대며 정파가 다름을 떠나 보수대연합을 이뤄 되받아쳐오니, 급진 개혁주의자 신돈 꿈은 물거품이 되고 맙니다. 궁예와 묘청에 이은 세 번째 꺾어짐이지요. 그리고 고려왕조는 가림천을 내립니다.

수원에 유배되어 있던 신돈은 품속 깊이 간직하고 있던 쪽종이를 꺼냅니다. "스승께서 제 자리만 넘보지 않는다면 무슨 일을 해도 좋다."고 공민왕이 써준 질서疾書였지요. 개경 쪽에서 말 한 마리가 달려오고, 신돈은 공민왕이 써 준 질서를 보며 눈물 짓는데, 말에서 내린 왕 심부름꾼 말은 이러하였습니다.

"아직도 참형을 하지 않았는가?"

충북 영동永同에 가면 영국사寧國寺라는 옛절이 있습니다. 영국사 뒷산이 천태산天台山인데, 그때에는 지륵산智勒山이라고 하였지요. 슬기로운 미륵뫼였던 것입니다. 이곳은 변조 미륵을 미좇던 미륵패 승려들 제바닥으로 변조 미륵을 구하려는 몇 차례 움직임이 있었고, 그래서 서둘러 목을 잘라 버렸던 것이지요. 그들은 모두 몰사주검 당하였는데 뒤따르는 미륵패들이 세웠을 것으로 짐작되는 '백비白碑'가 그 미륵뫼 자락에 세워져 있습니다.

이성계 역성 쿠데타가 열매를 맺으면서 주자 이데올로기에 쫓긴 불교는 저자를 떠나 깊은 산속으로 숨어들게 되는데, 이때부터 '당취黨聚'라는 불교 비밀결사체가 움직이기 비롯합니다. 지륵산 미륵패가 땡추 첫한아비이고, 그 목대잡이가 바로 신돈이었구요.

신돈 첩 반야가 밤에 가만히 태후궁에 들어가서 울부짖으며 아뢰기를 "내가 참으로 주상을 낳았는데, 어째서 한씨를 어머니로 하나요?" 하였다. 태후가 쫓아 내니 인임이 반야를 옥에 가두었다.

《고려사절요》신우辛禑 2년치에 나오는 기사입니다. 왕이 된 아들을 만나기 위하여 노국공주 그림자 그림을 지니고 있는 그 여자는 갖은 애를 다 써 보지만 우왕은 이미 그 여자 아들이 아니었습니다.

"천하에 그 아버지를 가려내지 못하는 일은 어쩌다가 있을 수 있지마는, 어머니를 가려내지 못하는 일은 나는 듣지 못하였다."

김속명金續命이라는 벼슬아치가 한숨 쉬며 한 말입니다. 김속명을 귀양 보낸 다음 반야를 다스리는데, 반야가 새로 세운 중문을 가리키며 부르짖어 말하였습니다.

"하늘이 만일 내 원통함을 아신다면 저 문이 반드시 무너질 것이다."

허시許時라는 이가 문에 들어서자마자 문이 저절로 무너져서 허시가 겨우 죽음을 면하니, 사람들이 매우 야릇하게 여기었습니다. "마침내 반야를 임진강에 던지고 그 푸네기인 강거실姜居實을 베었다."고《고려사절요》에는 적바림되어 있습니다.

신돈은 '서경 천도'를 힘주어 말하였고, 태고보우太古普愚는 '한양 천도'를 내대었습니다. 이성계가 한양으로 서울을 옮긴 것에는 태고보우로 대표되는 교종불교 이데올로기가 있었던 것이며, 신돈 죽음과 함께 서경 천도로 상징되는 고구려 옛땅을 되찾겠다는 겨레꿈인 '다물얼'은 역사 뒤안으로 사라지고, 우리 겨레 나라살피는 압록·두만강 아랫녘 반섬으로 오그라들어 오늘에 이르고 있네요. 그나마 허리는 동강난 채로 말입니다.

대금제국 황제
이징옥 장군

이징옥李澄玉은 양산梁山 사람이다. 무용武勇이 남보다 뛰어났다. 처음 부거책富居柵(목책을 성처럼 두른 것)을 지킬 적에 여러 번 싸워 공을 세우고, 위엄과 명성이 크게 떨치어 오랑캐들이 두려워하였다. 오진五鎭을 설치하는 데 큰 공이 있었으므로 김종서金宗瑞가 매우 중히 여기었다. 종서가 사임하고 돌아오려 할 때에 세종이 그 후임을 어렵게 생각하여 "누가 경을 대신할 만한 자인가?" 하고 물으니, 종서는 징옥을 천거하여 드디어 함길도 절제사咸吉道 節制使로 삼았다. 이때에 이르러 김종서 등이 모두 세조에게 죽자, 세조는 그 소식을 숨기고 가만히 박호문朴好問을 보내어 날랜 말로 빨리 달려가서 징옥을 대신하게 하고 징옥을 서울로 불러올렸다. 징옥이 박호문에게 교대하여 주고 오다가 하루만에 문득 생각하기를 '절제사는 중한 책임인데 호문이 가만히 와서 교대하는 것은 웬일인가, 조정에서 전일에 큰일이 없으면 나를 부르지 아니하겠다는 말씀이 있었는데 지금 일도 없이 나를 교대시킴은 반드시 까닭이 있을 것이라.' 하고 옷 속에 갑옷을 입고 도로 호문의 영문에 가서 의논할 일이 있으니 나오라 하여 호문이 나오자 쳐죽이고 군사를 호령하여 거느리고 남으로 서울로 쳐들어가려 하다가 다시 말하기를 "나의 위엄과 신의가 드러났으니, 나는 이제 장차 강을 건너리라." 하고 야인野人에게 글을 보내어 대금황제大金皇帝라 자칭하고 장차 오국성五國城으로 도읍을 옮기겠다 하니, 야인들이 모두 복종하였다.

조선왕조 선조 때 문장가로 이름 높은 차천로車天輅가 우리나라 역사 가운데 뜻있는 것들을 골라 모은 《오산설림초고五山說林草藁》에 나오는 대문입니다. 《동국여지승람東國輿地勝覽》 '이징옥의 란'에는 이런 대목이 있습니다.

징옥이 장차 강을 건너 금나라의 옛 도읍을 점거하려 하였는데, 경성도진무鏡城都鎭撫 이행검李行儉이 꾀를 써서 징옥을 종성에 머물게 하여 죽이고 그 공으로 특별히 첨지중추부사僉知中樞府使에 승진되었다.

서거정徐居正이 엮었다는 《태평한화太平閑話》에는 이런 말도 있습니다.

이날 저녁에 징옥이 사랑하는 기생이 잠깐 밖에 나가는데 징옥의 아들이 말하기를 "황후의 행동을 살피지 않을 수 없습니다." 하니, 듣는 사람이 웃었다.

　이징옥과 이징옥 아들을 한껏 엉구럭부리고 있는데, 놀라운 것은 '황제'와 '황후'라는 말입니다. 어찌 주제넘게 황제는 그만두고 왕이라는 말도 쓸 수 없으며 왕 이름자도 쓰거나 입에 올릴 수 없는 대명제국 똘마니 나라에서 스스로 황제라고 하였다니, 갑자을 축이 거꾸로 서지 않고서는 있을 수 없는 일이지요. 이성계가 쿠데타를 일으켜 조선왕조를 세운 다음 시애施愛의 란, 몽학夢學의 란, 인거仁居의 란, 괄련适璉의 란, 희량希亮의 란, 인좌麟佐의 란, 경래景來의 란 그리고 갑오란甲午亂이 있었지만, 스스로 왕을 일컬었던 사람은 하나도 없습니다. 조선왕조가 끝장에 다다랐을 때 마침내 일떠섰던 갑오농민전쟁마저도 이씨왕조를 뒤집어엎는 것은 그만두고 왕의 밝은 눈길을 흐리게 하는 간신 무리들이나 쫓아내야 한다는 데 머물렀으니, 다른 반란 사건들은 말할 것도 없지요. 서울을 두려뺐던 오직 하나의 반란이었던 '괄련의 란' 때도 인조 킬카리 되는 왕족을 임금 자리에 앉혔지 이괄李适이나 한명련韓明璉 스스로가 왕 자리에 오르지는 않았습니다. 이런 내림줄기 지닌 조선에서 스스로 황제를 일컬었다는 것은 그야말로 하늘이 놀라고 땅이 움직이는 엄청난 사달이 아닐 수 없지요. 그런데 이때는 이른바 주자 이데올로기에 녹아들어 중국보다 더 중국 같은 소중화小中華로 굴러 떨어지기 전이었습니다. 조선왕조가 세워진 지 60여 년밖에 안된 때인, 아직 고구려 한풀 이어받은 고려 꿈이 남아 있을 때였지요. 서울인 개경을 황도皇都라고 불렀던 데서 알 수 있듯이 고려는 황제 나라였거든요. 그 푸른 서슬을 이어받은 이가 이징옥이라고 보는 것입니다.

이징옥은 '아기장수' 소리를 듣던 사람이었습니다. 열 살 전에 한 손으로 노둣돌 뽑아들고 열 두서너 살이면 두 손에 나눠진 쌀섬을 어깨너머로 짚단처럼 집어던질 만큼 악 소리 나게 동뜬 힘을 보여 주는 사람들인데, 그들 겨드랑이에는 비늘이 돋쳐 있었다네요. 아기장수들이 용마 타고 날아다니며 세상을 바로잡을 거라고 사람들은 굳게 믿고 있었습니다. 썩은 세상을 둘러엎고 새 세상을 활짝 열어젖혀 주기를 바라는 풀잎사람들 슬픈 꿈이 담겨 있는 이야기인데, 비늘 돋친 아이가 태어나면 그 부모들은 소리 죽여 울면서 비늘을 뜯어 냈다지요. 세상를 둘러엎는다는 것은 곧 역적질을 한다는 말이니, 멸문지화 당할 싹을 미리 잘라 버렸던 것이지요.

"멧도야지를 산 채로 잡아 가지고 올 수 있겠느냐?"

이징석李澄石·이징옥 동기를 보고 어머니가 말하였습니다. 동기는 어머니 꿈을 이뤄 드리기 위하여 산으로 올라갔으니, 징석은 17살이고 징옥은 14살 때였습니다. 남달리 효심 깊었던 두 동기는 짐승 붙기 좋은 산잘림과 지레목이며 우금을 더투었지만 멧도야지를 잡을 수 없었습니다. 멧도야지는 보이는데 산 채로 붙잡기가 여간 어려운 것이 아니었지요. 아니, 어려운 만큼이 아니라 거의 될 수 없는 일이었습니다. 생각다 못한 징석은 연장을 써서 멧도야지 한 마리를 잡아가지고 집으로 갔습니다. 그런데 징옥이 돌아오지 않는 것이었습니다. 어머니와 징석이 한걱정을 하고 있는데 사흘째 되는 날 징옥이 돌아왔습니다. 그런데 날탕이었습니다.

"멧도야지는 못 몰고 왔어도 몸 성히 왔으니 다행이다. 세상에서는 네가 언니보다 용력이 더 장하다고 하는데, 빈손으로 왔구나."

어머니가 말하는데 징옥이 사립 밖을 가리켰습니다.

"어머니, 이리 나와 보시우."

어머니가 사립 밖으로 나가보니 중소만이나 하게 큰 멧도야지 한 마리가 엎드려 쉭쉭 가쁜 숨을 몰아쉬고 있었습니다. 산 멧도야지를 보고 싶다는 어머니 말씀 좇아 맨손으로 멧도야지를 몰고 오느라 이틀 밤낮이 걸렸던 것이었지요.

경상도 태안 명산대천을 찾아다니며 무예 몸닦달을 하던 이징옥이 김해땅에 갔을 때였습니다. 말 타고 활 멘 아기장수 이징옥이 어떤 잿마루를 넘어가는데, 웬 젊은 아낙이 잿마루 중턱에 주저앉아 피에 우는 것이었습니다. 왜 그리 슬피 우느냐고 물어보니 방금 전 호랑이가 남편을 물고 산으로 들어갔다고 하였습니다. 우거진 솔수펑이 헤치고 산속으로 들어가 보니 집채만한 호랑이 한 마리가 사람을 잡아먹고 있는 것이었습니다. 징옥이 번개같이 달려들어 호랑이 앞다리를 두 손으로 움켜잡고 "으윽" 힘을 쓰자 "어홍" 소리 한 마디와 함께 너덜거리는 두 다리였습니다. 호랑이 뒤쪽으로 가서 꼬리를 휘감아 쥔 징옥이 몇 바퀴 휘술레를 시킨 다음 땅바닥에 패대기치니, 묽은 똥을 갈기며 뻗어 버리는 호랑이였습니다. 허리에 지르고 있던 짜른 환도로 호랑이 배를 가른 징옥은 뱃속에 든 사람 뼈다귀를 꺼내어 아낙에게 주었습니다.

이징옥이 이제 함경도인 함길도 두만강 가까운 데 있는 영북진寧北鎭 절제사로 간 것은 세종 13년(1433) 11월이었습니다. 한 달 뒤 김종서가 함길도 관찰사로 왔는데, 두 사람은 무장과 문신이라는 지체와 벼슬자리 높낮이를 떠나 이와 입술 사이가 됩니다.

삭풍朔風은 나무 끝에 불고 명월明月은 눈 속에 찬데
만리변성萬里邊城에 일장검一長劍 짚고 서서
긴 파람 큰 한소리에 거칠 것이 없어라
장백산에 기를 꽂고 두만강에 말씻기니
썩은 저 선비야 우리 아니 사나이냐
어떻다 능연각상凌煙閣上에 뉘 얼골을 그릴고

함길도 관찰사가 다스리는 바오달 있는 길주吉州에서 김종서가 읊은 시조인데, 푸른 서슬 피끓는 한풀이 눈에 보이는 듯합니다. 어쑵한 무장 흐름새가 풍겨나는 이 시조를 읊은 김종서는 그러나 문인이었습니다. 문신의 꽃이라는 이조정랑吏曹正郎과 정삼품 당상관인 우승지右承旨를 지내다가 세종 임금한테서 활과 화살을 받고 함길도 관찰사로 내려온 대추씨처럼 뺏뺏한 선비였지요. 세종이 김종서를 길주로 내려보낸 데는 까닭이 있으니, 압록강 윗녘에 사군四郡을 세우고 두만강 언저리에 육진六鎭을 일궈 여진족 남침을 막아 내자는 것이었습니다. 이에 김종서는 7년 동안 함길도에 머물며 4군 6진을 열어젖히니, 이때부터 작은 체수로 시문에 밝은 문신 김종서는 '대호大虎'라는 딴이름을 얻게 됩니다. 김종서가 '장군'과 함께 '대호'소리를 듣게 된 데에는 손아래 장수로 오른팔이었던 이징옥 장군 날랜 무예가 안받침된 것이었으니, 고려 때 윤관尹瓘이 두만강 너머 700리 위쪽 길림성에 있는 선춘령先春嶺 밑에 '여기까지가 고려 땅이다.'라는 빗돌 세운 구성九城까지 다시 손아귀에 넣었던 것이지요.

함길도 도절제사가 되었다는 박호문이 길주로 온 것은 단종이 막 임금이 되었을 때였습니다. 그때 이징옥은 우의정을 맡아 서울로 올라간 김종서 뒤를 이어 함길도 도절제사를 맡고 있었는데, 두만강과 압록강 넘나들며 만주와 함길도·평안도에 사는 여진족을 줌 안에 넣고 있었으니, 세종실록 31년 8월 24일치 기사가 웅변하여 줍니다.

징옥이 무예가 있어 양계를 진압하기를 20여 년이나 되었는데 야인이 두려워하여 굽실거렸다.

도절제사를 바꾼다는 임금 교지를 본 이징옥은 두말없이 자리를 내어 주고 길주를 떠났습니다. 그리고 서울이 있는 남쪽으로 한 60리쯤 가다가 야릇한 일이라는 생각이 들었으니, 조정에 큰일이 있지 않으면 자신을 부르지 않겠다던 세종 임금 언약이 떠올랐던 때문이었지요. 세종 대받은 문종대왕이 이태만에 승하하고 그 외아드님 되는 12살 어린아이가 임금자리에 앉았다더니…… 무슨 대수로운 일이 일어났는지도 모르겠구나. 더구나 박호문이란 자는 김종서 대감을 죽을고에 빠뜨렸던 갈가위 같은 자가 아닌가. 길주 바오달로 말을 돌린 이징옥은 박호문을 죽인 다음 그 아들 박평손朴平孫한테서 수양대군이 쿠데타를 일으킨 것을 알게 됩니다. 김종서와 황보인을 비롯한 세종·문종 고명받은 충신들을 마구 죽여 없앴다는 만고역적 수양대군을 처없애기로 작정한 이징옥은 우선 두만강을 넘어가 여진족 채잡이들을 만납니다. 처음에는 여진족 힘을 빌려 수양을 치고자 하였는데 곧 생각을 바꿉니다.

이 땅은 대금 황제가 일어난 땅이다. 때에는 고금古今이 있으니 영웅도 다름이 없다. 내가 지금 큰 계책을 정하고자 하니, 너는 조서詔書를 초안하라.

《노산군일기》 원년 10월 25일치 기사로, 종성교도鐘城教道 이선문李善門한테 받아쓰게 한 대금황제 이징옥 조서입니다.

대금 뒤로 바른 몸가짐이 끊어져서 여러 갈래 야인들이 죄없는 사람을 죽이고, 또는 부모를 죽이어 따뜻한 기운을 상하게 하므로, 하늘이 헤아려 다스리라고 가르치시었다. 덕이 부족한 짐으로서 하늘이 가르치시는 대로 한다고 뒷다짐하기는 어려우나, 주제넘게 스스로 마지못하여 그 자리에 오른 지가 한 해가 넘었다. 이제 하늘이 다시 가르치시니, 내가 두려움 없이 하늘이 분부하심을 막지 못하여 아무 해 월 일 새벽녘에 황제 자리에 올랐으니, 테안 크고 작은 벼슬아치와 백성들은 그리 알라.

이징옥은 함길도와 만주에 있는 여진족 목대잡이들에게 알롱 보내어 군마를 거느리고 오게 하며 종성 절제사 정종鄭種에게 논공행상을 하기 위한 곡식과 비단이 얼마나 되는지를 묻고 있으니, 대금황제 다스림이 비롯된 것입니다. 이 대목을 두고 어떤 역사학자는 "즉위 조서의 즉위 날짜도 정확히 적지 못한 것은 이 조서 자체가 조작되었을 가능성이 높다는 것을 보여 주는 것"이라며, 이징옥이 "대금황제 운운하는 정변으로 꾸며 명나라로 번지는 것을 막으려 한 것"이라고 말하기도 합니다. 그러면서 채제공蔡濟恭이 《번암집樊巖集》에 "단종 복위를 위한 것이었지 대금황제가 되려는 것이 아니었다."고 쓴 것 들어 이징옥이 새운 대금제국을 왼고개 치고 있는데, 짜장 그러한 것일는지? 이른바 '중화질서' 아래 놓여 있던 동북 아시아 제후국에서 황제를 일컬었다는 것은 그야말로 '하늘의 가르침'을 거스르는 것으로 있을 수 없는 일이지요. 비록 성공한 쿠데타를 일으킨 수양대군 똘마니들이 적바림한 《노산군일기》라지만, 중국인보다 더 중국인 같은 수많은 새끼 중국인들을 거느리고 있는 중화주의자들이 그 적바림을 몰랐을 리 없으니, 상전 나라 심기를 달래고자 뇌물 보따리 싸든 진사 사절을 보내는 등 법석을 떨었겠지요. 비록 한마당 봄꿈에 지나지 않았지만, 이징옥 장군이 대금제국 세워 황제가 되었던가 수양대군 동아리가 꾸며낸 '정치 드라마'였던가는 아주 대모한 '역사 드라마'가 되니, 겨레 역사 법통을 어디에 둘 것인가 하는 골칫거리로 이어지기 때문이지요. 민족 주체세력 쪽을 한 그물로 떠서 없애 버리고 힘부림을 오로지 하고 있는 친일친미 매국역적들

세상이 되어 버린 오늘이기 때문에 더구나 그러하지요.

만주대륙에 금나라가 세워진 것은 서력 기원 1115년입니다. 아골타라는 빼어난 목대잡이가 만주와 시베리아 그리고 함경도에 흩어져 살던 여진족 힘을 모아 몽골 갈래인 거란족이 세웠던 요나라를 무너뜨리고 세웠던 금나라는, 고려 고종 21년(1234)에 세워진 원나라에 무너질 때까지 120년 동안 이어졌는데, 아골타가 신라 사람이라는 것입니다. 신라 마지막 임금이었던 경순왕 김부 자손들 가운데 마의태자가 이끄는 한 패는 금강산과 강원도 철원으로 들어가고 한 패는 장백산을 두리로 한 만주땅으로 올라갔다는 이야기가 전해져 오지요. 그냥 전해지는 이야기만이 아니라 참으로 있었던 '역사적 사실'이라는 것이《흠정만주원류고欽定滿洲源流考》라는 책에 나옵니다.

금나라 시조 이름은 합부哈富(예전에 함보로 썼다)인데 처음 고려로부터 왔다.

삼가 생각하건대 금나라 시조는 원래 신라로부터 왔고, 완안씨完顔氏라고 하였으며, 다스리는 부를 완안부完顔部라고 하였다. 신라 왕은 김씨 성인즉 금나라는 신라의 먼 친척이다. 사는 곳에 백산·흑수白山黑水가 있고, 남북 지경이 2천 리나 되면서 멀리 떨어져 있으며, 본디 본조의 처음 일어난 땅 면적이 이와 서로 같다.《대금국기大金國記》에는 금나라의 원래 이름은 주리진珠里眞이라고 하였던 바, 본조의 구칭인 만주滿洲에 속한 것을 주신珠申이라고 했던 것과 서로 비슷하며, 실은 바로 숙신肅愼의 음이 변한 것으로서 오대五代 이후에 모두 말갈의 이전 부를 모두 차지하게 되면서 여진女眞 이름이 비로소 나타나게 된 것이다.

경순왕 자손인 경주 김씨 김함보金函普가 장백산을 사북으로 하여 대금제국을 세웠다는 말인데, 완안씨는 중국말로 '왕'을 가리킨다고 합니다. 대청제국 건륭황제가 1778년 황명 내려 펴낸 《흠정만주원류고》는 대금제국을 이어받은 대청제국 뿌리인 동북아시아 역사를 적바림한 귀한 책인데 부여, 고구려, 백제, 신라, 발해만이 아니라 흉노, 숙신, 읍루, 동호, 북위, 예맥, 말갈, 선비, 거란, 몽골, 여진이 모두 한 할아버지 자손임을 밝혀 주고 있습니다. 금태조 김함보 말씀입니다.

요나라는 쇠를 나라 이름으로 삼았다. 가장 단단한 것이 쇠이기 때문이다. 그러나 쇠는 세월이 흐르면 삭아질 수밖에 없다. 세상에서 오직 아이신〔金〕만은 변하지도 않고 빛도 밝다. 우리는 밝은 빛〔白〕을 우러러 받드는 겨레이다. 그래서 우리는 나라 이름을 아이신〔金〕이라고 한다.

길이길이 사라지지 않을 나라를 세우겠다는 꿈으로 드러난 것이 금나라였던 것이지요. 금나라는 그러나 120년 만에 몽골에게 망하고 누루하치가 청나라를 세우는 1616년까지 400년 가까이 여러 갈래로 찢겨진 채 만주와 시베리아 벌판을 떠돌게 됩니다. 그 가운데서도 이제 연변 조선족 자치주인 길림성 테두리에 살던 건주 여진建州女眞이 가장 굳세었지요. 한족이 세운 명나라를 없애 버리고 대청제국을 세운 누루하치는 아이신자오 누르하치[愛新覺羅奴兒哈赤, 1559~1626]인데, "사랑하는 신라를 잊지 말자"
는 뜻에서 '애신각라愛新覺羅'라고 지었던 것입니다. 신라를 세운
경주 김씨 첫한아비인 김알지 자손이라는 말이지요. 중앙아시아
알타이 멧발에서 일어난 흉노족이 몽골과 만주를 거쳐 이제 경상
도까지 내려왔다는 말인데,《흠정만주원류고》에는 이밖에도 놀
라운 이야기들이 많습니다. 우리가 교과서를 비롯한 이른바 여러
역사책에서 배운 것처럼 신라·백제가 아리수 아랫녘에만 있었
던 것이 아니라, 이제 동북 삼성과 산동반도에서 상해까지에 자
리잡고 있었다는 것이지요. 경주에 있었던 신라 서울 서라벌 곧
계림鷄林은 제2수도이고 원 서울은 길림성 연길延吉이라네요. 중
국대륙 요서 지역에 있던 대륙백제에서 대원제국에 사신을 보냈
다는 것이니, 놀라지 않을 수 없지요.

이징옥 장군이 눈길을 주었던 것은 만주였습니다. 한 뿌리 한
겨레인 만주 여진과 손잡고 세우게 된 것이 대금제국이었던 것입
니다. "장차 오국성으로 도읍을 옮기겠다고 하니, 야인들이 모두
복종하였다."는 오국성은 이제 연변 조선족 자치주 서울인 연길
입니다. '옮기겠다'는 말로 보아 대금제국을 세우고 서울로 삼은
것은 우선 길주였겠지요. 그러니까 서울을 연길로 옮긴 다음 제
격에 맞게 대금제국을 펼쳐 나가려는 생각이었던 것이지요.

징옥이 관속을 배치하고 장차 강을 건느려 종성에 이르자, 마침 날이 저
물었다. 종성판관 정종鄭悰이 밤을 타서 도모하려 하여 징옥에게 말하
기를, "어두운 밤에 행군하면 부대와 항오行伍를 서로 잃어 버리게 되니

새벽을 기다리는 것만 못하다." 하였다. 징옥이 그렇게 생각하여 믿고 의자에 기대어 졸고 있었다. 징옥의 아들이 의자 밑에 엎드려 있다가 홀연히 징옥에게 고하기를 "꿈에 아버지 해골 피가 의자 다리로 흘러내렸다." 하였다. 징옥이 중얼거리며 말하기를 길한 징조라 하였다. 그 말이 끝나자마자 정종이 용사를 몰아 돌입하였다. 징옥이 높은 담을 뛰어 넘어서 민가에 숨었는데 정종이 추격하여 죽였다. 이는 아마 징옥의 방비 없음을 틈타서 엄습한 것이었다.

대금제국 황제 이징옥 장군 마지막을 보여 주는 《오산설림초고》입니다.

그때에 정종鄭悰이 집 판자 위에 사람을 숨겨두었다가 이 밤에 역사力士 세 사람이 긴 칼을 가지고 집 판자 위로부터 밧줄을 타고 내려와서 징옥이 깊이 잠든 틈을 타서 그 오른편 팔을 찍었다. 징옥이 놀라 일어나 그 칼을 빼앗아 찍으며 알몸으로 뛰어나와 좌우 손으로 쳐서 죽인 것이 수백 명이나 되었다. 필경, 쏟아지는 화살에 죽었을 것이다.

이징옥 장군 이야기는 이른바 정사正史라는 《노산군일기》와 여러 군데 야사野史에 토막토막 나옵니다. 대금제국 황제폐하를 올가미질하여 시해한 것이 이행검인지, 정종鄭種인지, 정종鄭悰인지도 또렷하지 않고, 시해당한 때가 24살 때였다는 말도 있고, "늙은 놈이 감히 미쳐서 반역을 하니, 그 휘하가 이미 사로잡아 죽였을 것이다. 아니라면 내가 마땅히 군사 수십 명을 끌고 가서 그

머리를 베어 대궐 아래에 바칠 것이다."고 수양대군이 웃으며 말하였다는 둥 종잡을 수 없지만, 한 가지 또렷한 것은 죽었다는 것이지요. 조선왕조 518년 동안 처음이자 마지막으로 황제가 되었던 아기장수 출신 이징옥 장군이 그 우람찬 꿈을 채 펼쳐 보지도 못한 채 열반하였다는 것이지요. 수양대군 쿠데타를 얽이잡아 치르었던 팔삭동이 한명회韓明澮 살생부에 올랐던 이징옥이니, 이징옥 살매였습니다. 연좌율連坐律에 걸려 죽을고에 빠졌던 언니 이징석은 아우가 죽은 15년 뒤 회령부사를 지낸 길주사람 이시애李施愛·이시합李施合 동기가 일으킨 반란을 잠재운 공으로 녹훈되었다네요. "금태조金太祖 선계先系는 이징옥 옛살라비인 양산 사람이고, 원세조元世祖 쿠빌라이는 그 후예로서 평산平山에서 태어났다. 그의 기記가 있었다."는 적바림이 있습니다. 다음은 함길도 관찰사 성봉조成奉組가 치계馳啓한 것으로, 《노산군일기》권8(1453년) 10월치에 실려 있습니다.

"회령 절제사 남우량南祐良이 올린 정문呈文안에, '갑사甲士 최득저崔得渚를 경원부慶源府로 보내고, 최분崔汾을 온성부穩城府로 보내어, 날을 약조하여 군사를 일으켜 종성鐘城에 모이게 하고, 당직當職은 10월 20일에 군사를 거느리고 먼저 종성에 나아가니 종성의 군사들이 이미 19일 밤에 계교로써 이징옥과 그 아들 세 사람을 사로잡아 죽였다.'하였습니다."

하였다. 이징옥이 밤낮으로 항상 정종·이행검을 곁에 있게 하고, 조금만 동정이 있으면 반드시 심복으로 하여금 엿보게 하니, 두 사람이 죽이

189

대마체루 황제 이정옥 장군

기를 꾀하였으나 틈을 얻지 못하였다. 정종이 읍졸邑卒과 언약하기를,

"너희들은 내가 돌아보는 것을 보고 일시에 공격하라."

하니, 모두 말하기를

"명령대로 하겠습니다."

하였다. 이징옥이 스스로 일이 틀렸음을 알고, 사람이 자기를 모해謀害
할 것을 두려워하여 활과 칼이 몸에서 떠나지 않고, 등불을 켜서 밤을 세
우며 조금도 자지 않고, 뜰에는 작도斫刀를 벌려 놓아 군사들 중에 명령
을 따르지 않는 자를 두렵게 하였다. 정종이 나와서 말하기를,

"오늘은 몹시 추우니, 군사에게 술을 먹이기를 청합니다."

하니, 이징옥이 말하기를 "좋다."하였다.

이에 하나의 작은 소반을 차려가지고 정종이 잔을 들어 올리니, 이징옥
이 마시려고 하였다. 정종이 곧 돌아보니 읍졸이 일시에 북을 치고 떠들
면서 어지럽게 활을 쏘았다. 이징옥이 화살을 맞고 주사廚舍로 달려들
어가니, 읍졸이 쫓아가 죽였다. 이징옥이 처음에 종성에 이르렀을 때에,
사랑하는 기생 정비鄭非가 방 밖에 나와 서니, 이징옥의 아들이 나와 말
하기를,

"어머니는 지금 황후가 되었으니, 이제는 외간外間 사람이 아닙니다. 근
신하여 얼굴을 드러내어 사람을 대하지 마소서."하였다. 처음에 이징옥
이 반역하였다는 소문이 이르니 중외中外가 흉흉하여 말하기를,

"이징옥이 5진의 정병을 거느리고 야인과 연결하니 그 형세가 제어하기
어려울 것이다."

하였다. 세조가 웃으며 말하기를,

"늙은 놈이 감히 미쳐서 반역을 하니 그 휘하가 이미 사로잡아 죽였을

것이다. 아니라면 내가 마땅히 군사 수십 명을 끌고 가서 그 머리를 베어 대궐 아래에 바칠 것이다."

하였는데, 얼마 아니되어 관찰사가 이징옥이 이미 복주伏誅하였다고 보고하였다.

이징석과 아들 이팔동李八仝을 석방하였다. 이징옥이 평소에 그 형 이징석과 불화하는 것을 온 나라가 알기 때문에 석방한 것이다. 함길도 선위별감宣慰別監 박대손朴大孫이 가지고 가는 사목事目은 이러하였다.

'이징옥을 거열車裂(형벌의 한 가지로서 죄인의 다리를 두 개의 수레에 각각 묶어 수레가 움직이게 하여 몸을 찢어죽이던 것을 말함)하여 3일 동안을 효수梟首한 뒤에 그 수급首級을 한양으로 보낼것.'

같은 해 11월 의금부에서 아뢰기를 "이징옥의 아들로서 나이 16세 이하 그 어미·딸·처첩·할아비·손자·형제·자매와, 그리고 아들의 처첩·백숙부, 형제의 아들을 모두 율문律文에 의혀 시행하소서."

"연좌緣坐된 사람은 황보인皇甫仁 등의 예에 의하여 시행하고, 이징석·이징규李澄珪 부자는 논하지 말라."

하였다. 의금부에서 또 아뢰기를,

"이징옥의 사위는 황보인 등의 사위의 예에 의하여 극변에 안치하소서."

하니, 그대로 따랐다.

정언正言 이계손李繼孫이 아뢰기를,

"이징옥은 '짐朕'이라 칭하고 '칙勅'이라 칭하여 참람하게 황제에 비겼으니, 우리나라의 죄인일 뿐만 아니라 천하의 대역입니다. 그런데, 그 형 이징석이 연좌된 지친으로서 도진무都鎭撫의 직임만 면하였으니, 국가에 무슨 공로가 있기에 그의 죽음을 아끼십니까?"

단종을 다시 제자리에 앉히려던 '상왕 복위기도 사건' 곧 '사육신사건'이 일어난 석 달 뒤 세조는 의금부에 전지를 내리니, 그 사건에 얽혀 죽임당한 이들 부녀자들을 자기를 붙좇는 충성스러운 가히들에게 나누어 주었습니다. 남편과 아들이 단종 복위를 꾀했다는 것으로 대갓집 부녀에서 관노로 떨어졌다가 이번에는 더하여 세조 앞방석·곁방석들 노리갯감으로 떨어져 버린 것입니다. 세조가 내린 이른바 전지傳旨에 적바림 된 충건들만 모두 62명인데, 눈에 익은 사람들만 들어 보겠습니다.

박팽년朴彭年 아내 옥금玉今, 김승규金承珪(김종서 아들) 아내 내은비內隱非·딸 내은금內隱今·첩 딸 한금閑今은 영의정 정인지鄭麟趾에게 주고, 성삼문成三問 아내 차산次山·딸 효옥孝玉, 이승로李承老 누이 작은아기者斤阿只는 박종우朴從愚에게 주고, 이유기李裕基 아내 설비雪非·딸 가구지加仇之·말비末非·막금莫今, 성삼고成三顧 아내 사금四今 및 한 살 된 딸은 우찬성 정창손鄭昌孫에게 주고, 최면崔沔 누이 선비善非, 조완규趙完圭 아내 조이召吏·딸 요문要文은 병조판서 신숙주申叔舟에게 주고, 김문기金文起 딸 종산終山, 최득지崔得池 첩 지장비地莊非는 대사헌 최항崔恒에게 주고, 성삼성成三省 아내 명수命守, 정효강鄭孝康 아내 효도孝道·딸 산비山非는 병조참판 홍달손洪達孫에게 주고, 이의영李義英 아내 효생孝生, 조극관趙克寬 아내 현이現伊는 도절제사 양정楊汀에게 주고, 박순朴詢 아내 옥덕玉德, 박헌朴

憲 아내 경비敬非, 김문기 아내 봉비奉非는 도절제사 류수柳洙에게 주고, 박대년朴大年 아내 정수貞守, 송석동宋石同 아내 조이召史는 동지중추원사 봉석주奉石柱에게 주고, 김승규 딸 숙희叔熙, 권저權著 어미 보음미甫音未는 동지중추원사 강곤康袞에게 주고, 박계우朴季愚 아내 소비小非, 김승벽金承璧(김종서 아들) 아내 효의孝義는 예조참판 홍윤성洪允成에게 주고, 류성원柳誠源 아내 미치未致·딸 백대百代, 이명민李命敏 아내 맹비孟非는 좌승지 한명회에게 주고, 민보흥閔甫興 아내 석비石非, 이윤원李潤源 아내 대비大非는 판군기감사 김질金礩에게 주고, 대정大丁 아내 자근者斤, 하위지河緯地 아내 귀금貴金·딸 목금木今은 지병조사 권언權躽에게 주고, 식배植培 딸 귀비貴非·귀장貴莊·귀금貴今·소근비小斤非, 유응부兪應孚 아내 약비若非는 예빈시윤 권반權攀에게 주고……

사육신 사건만이 아니라 계유정란 쿠데타 때 수양대군 반대편에 섰던 이들 부인과 딸이며 아들들까지 수양대군 똘마니들 노리개로 주어지고 있는데, 눈길 끄는 것이 권람權擥입니다. 이우직李友直 딸 무심無心을 권람에게 주고 있는데, 이우직은 세조의 아우 안평대군 아들이니, 조카 며느리 딸 곧 종손녀를 노리개로 삼으라는 것이었습니다. 더욱 놀라운 것은 이윤원李潤源 첩 분비粉非와 이경유 아내 효생孝生을 판중추원사 이징석에게 주고 있다는 것입니다. 이징옥 장군이 황제가 된 다음부터 수양정권에 들어가 떡고물을 주워먹던 정치 장사꾼들은 끈덕지게 이징석을 연좌율

올가미에 걸어 넣으려고 하였으나 들은 척도 하지 않은 세조였습니다. 한어머니 자식이지만 그만큼 이징옥·이징석 동기는 팔팔결로 다른 것이었지요.

이징옥은 다만 꺽짓손 세고 횟손 좋은 무장인 것만이 아니었습니다. 속정 깊게 사람들 마음 잘 살펴 어루만지는 습습한 인금이었으니, 여진족들이 "징옥을 두려워하되 또한 사랑하여, 먼 곳 사람까지 그리워하여 돌아왔다."는 적바림이 웅변하여 줍니다. 조선사람이 되겠다는 여진족을 농사짓고 살게 하면서 날랜 이로 뽑아 만든 날카로운 병정이 3천이었답니다. "강을 지나 열흘 길을 가도록 되놈의 자취가 하나도 없게 되었다."고 하니, 이제 길림성 언저리를 모두 줌안에 넣었던 것으로 봐야겠네요. 그런 바탕에서 연길로 서울을 옮기고자 하였던 것이었지요.

모택동 정권이 세워졌을 때 펴낸 중화인민공화국 지도를 보면 조선반도 아리수 이북까지가 모두 중국 땅으로 되어 있습니다. 다만 앞으로 되찾아 내야 할 중국 땅이라는 뜻에서 압록·두만강에서부터 아리수까지가 다른 색깔로 칠해져 있지요. 동북 아시아에서 중국 영토 아닌 곳은 남조선과 일본열도밖에 없습니다.

서남공정·서북공정에 동북공정까지 끝낸 지 오래인 한족입니다. 아리수 이북까지 한족 땅으로 집어 넣는 '그랜드 프로젝트'를 착착 꾸려 나가고 있는 일됨새이지요. 진짜 적이 누구인지도 모른 채 같은 겨레끼리 죽이고 죽는 끔찍한 역사를 되풀이하여 온 동이족입니다. 동북 아시아 역사는 동이족인 주신 곧 조선민족과 한족 사이 맞겨룸 역사였으니, 대금제국 황제 이징옥 장군을 떠올려보는 마음 스산하고녀.

"오국성으로 도읍을 옮기고 개원改元을 하려 하였다"니, 연호를 바꾸겠다는 말이지요. 그야말로 '칭제 건원'을 하였던 것으로, 묘청의 꿈이 꺾여진 지 꼭 318년 만이네요. 사바하.

덩거칠고 쓸쓸한 것이었습니다.

쥐 파먹은 자리처럼 여기저기 파헤쳐져 터전돌만 희뜩거리는 활찐 절터에서 눈 아프게 찔러오는 거북 머리통이었습니다. 거북 등딱지에 지고 있는 것은 끔찍하게 깨어져 밑둥만 남은 탑빗돌이었습니다. 불상 없는 석불좌였습니다. 저만치 자드락길 위로 보이는 국보 제4호 고달사지 부도 위를 소소리쳐 날아오르는 갈가마귀였습니다.

경기도 여주군 북내면 상교리 혜목산慧目山 자락 고달사高達寺 터무니. 신라 경덕왕 23년(764년) 처음 세워져 고려 광종 때부터 큰 가람으로 이름을 떨쳤는데, 절이 없어진 것은 언제인지 모른다고 합니다. 양평 서종면 노문리에 살던 큰선비 이항로 선생이 늘그막까지 자주 머물며 성리학을 갈닦았다는 적바림이 있는 것을 보면 적어도 140년 전까지는 절이 말짱하였던 것이지요. 그렇다면 언제 그리고 짜장 어떤 하늘 밑에 벌레들이 없애 버렸다는 말인가?

사노비·백장·무당·광대·상여꾼·기생·공장바치와 함께 팔천八賤 가운데 하나로 떠다박질려진 스님네가 수행하는 도량인 절을 모질고 사납게 짓밟은 것은 양반 지배계급이었습니다. 하늘을 우러러볼 수 없는 죄인이므로 세細대삿갓이나 송낙으로 낯을 가리게 하고 서울 출입을 못하게 하면서 온갖 종이와 그릇을 만들고 갖은 기름을 짜 바치며 나무를 길러 바치게 하고 또 이지가지 나랏일과 마을 일을 시키면서 산 좋고 물 좋은 명당자리에 있는 가람을 불지르고 뜯어 없앤 다음, 제 집안 할아비들 무덤자리로 만들기도 하였지요. 그러나 이름 없는 작은 절 경우였지 이름 높은 큰 가람을 그렇게까지는 하지 못하였고, 더구나 이항로 같은 큰선비가 주자철학을 갈닦던 데를 그렇게 할 수는 없는 일이었지요. 그렇다면 누가 왜 그랬다는 말인가?

고달사는 돌고도는 산 구비 안침 너른 함지땅에 없는 듯 자리잡은 절입니다. 양평과 여주 살피에 있는 이곳은 이 깊은 산모롱이 속에 이런 큰 절이 있었을까 싶게 깊숙이 파묻힌 곳입니다. 세상을 등지고 사는 사람들이 납죽 엎드려 힘을 기르기 딱 좋은 긴한목인 것입니다. 마땅히 새 세상을 그리워하였던 사람들이 모여 아름다운 꿈을 꾸던 둥지였습니다.

김헌창金憲昌이라는 사람이 있었습니다. 신라 헌덕왕 때(822년) 반란을 일으켜 나라 이름을 '장안長安'이라 하고 연호를 '경운慶雲'이라 하였으니, 국체國體를 바꾼 것이었지요. 새로운 나라 이름을 정하고 연호를 만들었다는 것은, 외간것인 당제국을 끌어들여 어거지 삼국 통합을 한 다음 스스로 쓰던 연호를 버리고 당제국 연호를 쓰며 당제국 제도와 문물을 본받던 신라의 부끄럽기 짝이 없는 사대굴종주의를 싫어하고 떳떳한 자주국가를 원했던 그때 인민대중들이 지녔던 민족자주 의지를 가로맡아 나섰던 것으로 봐야 합니다.

　김헌창이 관군과 싸우다 죽은 3년 뒤였습니다. 그 아들 범문梵文이 수신壽神이 거느리던 농민군과 손잡고 아버지가 세웠다가 239명과 함께 죽임당한 '장안국' 뜻을 세우고자 하였던 곳이 바로 고달사 자리였습니다. "헌창 아들 범문이 고달산 도적 수신 등 100여 인과 함께 모반하여 이제 북한산주 곁인 남평양에 도읍을 정하려 하여 북한산성을 치매, 도독 총명聰明이 군사를 이끌고 그를 잡아 죽였다."고《삼국사기》에 적바림되어 있는데, 이것은 지배계급이 보는 눈길입니다. 북한산성과 같은 그때 신라 서북쪽 긴한목을 들이치는 데 100여 명 가지고는 택도 없는 소리지요. 고갱이를 이루는 수신 무장부대는 100여 명이었을지 모르지만 그들을 따르는 무장 성원이 적어도 수천 명은 되었을 것으로 봐야지요. 총명이라는 북한산성 사령관이 거느리는 상비군과 싸우려면 상비군보다 더 많은 병력이 있어야 합니다. 서력 기원 825년 신라 왕조를 무너뜨리고 새로운 민족 자주국가를 세우고자 일떠섰던 무장대오는 그리고 고달산 농민군이었습니다.

양평은 의병들 옛살라비입니다. 13도 창의군이 모여 두 차례나 서울해방 작전을 벌였던 곳이지요. 원주·홍천·여주·이천·용인·장호원·제천·충주가 다 양평의진 작전권이었구요. 양평삼사인 천년 고찰 용문사·상원사·사나사가 왜병한테 불태워진 것이 1907년인데, 고달사 또한 그 어름에 불태워진 것으로 보입니다. 1천 년 전 범문과 수신이 근터구 삼았던 긴한목인 고달사에는 마땅히 의병들이 머물렀을 것이고, 왜병들과 세차게 싸웠을 것 아닌가. 더구나 그 의병장들은 모두 이항로 선생 제자들이었으니, 고달사를 의병들 머물 자리로 삼았을 것 또한 너무도 마땅한 일로 됩니다. 고달사에는 그리고 서산·사명의 대자대비 얼이어받은 승병들도 있었던 것입니다. 어쩌면 양평삼사에서 왜병들한테 쫓겨난 의병과 승병들이 고달사로 몰려들었다고 봐야 합니다. 두물머리 건너고 임진나루 건너 황해도·평안도 쪽으로 올라간 의병들도 많았지만 여주·장호원 거쳐 제천·충주 쪽으로 내려간 의병들 또한 많았기 때문이지요. 소설하는 중생의 문학적 상상력에 지나지 않는다고 웃지 말기 바랍니다. 역사를 생각하는 이들의 깊은 눈길과 날카로운 역사적 상상력 그리고 끈덕진 갈닦음이 있기를 바라는 마음 스산하고녀.

숨이 찹니다.

푸유우― 푸푸유우우우― 호요바람 소리 나는 외자욱 산길 극

터듬어 오르니, 아이오 이마를 때리는 잣터입니다. 세 바퀴차 네 바퀴차가 다니게끔 편편하게 다져 놓은 탐방로 마다하고 푸나무 내음 코시린 옛 돌사닥다리 자귀짚어 올라간 것이 잘못이었습니다. 가람 언저리 긴 활찐 벌판 가운데 고깔꼴로 비쭉 솟은 230미터쯤 되는 독메라고 문문히 보았던 것이 잘못이었으니, 이른바 멧잣이 있는 데 아닌가.

사적 제 251호 바사성婆娑城이 있는 바사산婆娑山. 알림판이나 좀책 그리고 말광에도 죄 '파사산'·'파사성'이라고 나와 있지만, '바사산'. '바사성'이 맞는 말입니다. 모든 불경에도 적기는 '파라밀婆羅蜜'이라고 적지만 읽을 때는 '바라밀'이라고 읽습니다. '바사'라는 말은 산스크리트 말을 진서음眞書音으로 나타낸 것인데, "모든 슬기가 뚜렷이 나타난다."는 뜻이지요. 신라 제5대 왕인 바사이사금 때 성을 쌓았으므로 '바사성'이라 하고 산 이름 또한 마찬가지라고 합니다. '바사국'이라는 옛 나라가 있었다는 말도 있지만 모두가 입에서 입으로 이어져 내려오는 이야기일 뿐이지요.

임진왜란 때는 승군총섭僧軍總攝 의암義巖 스님이 승군을 모아 둘레 길이 1천 100보 되는 산성을 다시 쌓았다는 적바림이 있습니다. 여주군 대신면 천서리에 있는데, 천서리 쪽으로 낸 동문터가 있고, 양평군 개군면 상자포리 쪽으로 남문 터무니가 남아 있지요. 돌성 한켠은 남한강 언저리까지 이어져 있어 남한강 위아래를 한눈에 살펴볼 수 있습니다. 산머리에서는 네둘레가 죄 내려다보이고, 서울 쪽과 여주 쪽에서 올라오고 내려오는 배들이 죄 보이며, 저만치 경기도에서 가장 큰 용문산龍門山이 보이니,

긴한 목입니다. 길목막이성인 것이지요.

바사성에 머무르며 옛살라비를 지켜 내고자 애태웠던 사람들이 있습니다. 싸움배 7백여 척에 나누어 탄 왜적 20만 명이 부산 앞바다에 이른 것은 1592년 4월 13일 하오 5시쯤이었지요. 왜적들은 9번대番隊로 나누어 한양까지 밀고 올라왔는데, 소서행장小西行長이 이끄는 1번대 1만 8천700명 왜적이 바사성 건너 강나루에 이른 것은 4월 27, 28일쯤이었습니다. 나룻배 거룻배며 주낙배까지 죄 돌멩이 달아 물속에 가라앉히고 바사성으로 들어간 것은 승병들이었습니다. 멀리 떨어진 산속에서 나무를 베어 오고 또 여염집 대문짝까지 뜯어다가 뗏목을 만든 왜병들이 강을 건너기까지는 꼬박 사흘이 걸렸습니다. 그리고 바사성을 에워쌌는데, 하루도 버틸 수 없는 기백 명 승병들이었지요. 신립申砬 장군이 거느리는 8천 조선군을 탄금대 물속으로 밀어 넣은 다음 처음으로 막아서는 조선 승병이었습니다. 그때 몰사주검한 승군들 한맺힌 중음신이련가. '문허진 성터' 위로 소소리쳐 날아오르는 멧새 나랫짓에 뵤— 뵤— 물고개치는 하늘입니다.

당최 허청거리기만 하는 하산길이었습니다. 임진왜란 때 승병들도 그렇고 '남돌석 북백선'으로 왜병들 간 떨어지게 하던 김백선金伯善 장군과 그리고 김 장군과 하냥 용문산 범 잡던 4백 명 멧총댕이들은 또 죄 어디로 갔단 말가. 저 병인양요 때 법국 육전대 무찌른 백발백중 산포수들이라지만 단목에 40방씩 나가는 크루프 기관포 긁어 대는 왜병을 무슨 수로 막아 낸단 말가. 아흐, 꽃다발도 다라니 입염불 한 자락도 없이 산벚꽃처럼 떨어져 버리는 의병들인 것이었으니, 어이할거나. 역사를 잃어 버린 겨레는 마침내 결딴날 수밖에 없다는 것이 사람이라는 하늘 밑에 벌레들이 지나온 발자취인 것을. 고려 때 오목 새기어졌다는 마애불 앞에 합장삼배하고 영험 없는 장엄염불이나 읊조리며 내려오는 하산길은 아아, 그리고 또 염불처럼 서럽기만 한 것이었지요.

어지럽습니다.

이항로李恒老 선생이 태어나신 곳까지 가는데, 눈 둘 데가 없는 것이었습니다. 밥집, 횟집, 불고기집, 카페, 카페, 모텔, 모텔, 호텔 같은 모텔, 펜션, 펜션…… 하늘 밑에 벌레들이 오로지 먹고 마시고 쏟아 내는 곳만 즐비한 좌우 산잘림 사이로 뚫린 골짜기인데, 굽이굽이 물 마른 우금 끼고 구불텅거리는 우렁 속처럼 깊은 좌우로 수박씨처럼 박혀 있는 무국적 보금자리들은 벽계구곡蘗溪九曲까지 끊어지지 않는 것이었습니다.

선생이 태어나서 자랐다는 집을 바라보는 기분은 영 거시기한 것이었습니다. 으리으리한 현대식 기와집이 떡 버티고 서 있는데 '내부 수리중'이어서 안으로 들어가 볼 수는 없다고 하였습니다. 끼니나 거르지 않을 만한 살림으로 일흔일곱 한뉘를 대추씨처럼 뿟뿟하게 살다 가신 큰선비 댁이 왜 이렇게 엄청나다는 말인가. 기념관 같은 것이야 요즘식으로 짓는다고 하더라도 생가만큼은 본디 모습을 되살려 놓아야 하지 않겠는지요. 양평문화원에서 펴

화서 이항로 선생 영정과 경기도 양평군 서종면 노문리에 있는 이항로 선생 생가. 조선 말 주리철학 대가로 지조 있는 선비 삶을 산 학자 생가라고 믿기지 않을 만큼 크다. 〈사진출처 : 한국학중앙연구원〉

낸《향맥鄕脈》에 보이던 생가 모습은 여간 툭박지게 숫진 것이 아니었습니다.

당최 받아들이기 어려웠던 것은 전라남도 강진 땅에 있는 '다산초당'에 갔을 때였습니다. '초당艸堂'이라는 말은 초가집이라는 말입니다. 귀양 간 선비가 머무는 집이라면 초가집이 맞지 무슨 으리으리한 기와집이라는 말인지요. 그런데 이름은 초당이라 해놓고 고대광실 같은 기와집을 앉혀 놓았으니, 말이 안 되는 것이지요. 어찌 또 다산과 이항로 선생 옛집뿐이겠는지요. 이른바 '문화재'를 다룬다는 이들의 보는 눈 없음과 배운 것 없음을 말해 봐야 또 무엇하겠는지요. 나랏사람들 눈대중 낮은 역사의식과 막돼먹은 문화의식이 함께 가는 것이니, 골칫거리는 '교육'일 것입니다. 우리 아이들을 어떻게 가르칠 것인가?

자는 이술而述이고 호는 화서華西이니, 마을 뒤 청화산靑華山에서 빌려온 것이었습니다. 청화산 서쪽에 사는 사람이라는 뜻이지요. 세 살 때《천자문》을 떼고 여섯 살 때《십팔사략十八史略》을 읽었으며 열두살 때《서전書傳》을 배웠습니다. 열일곱 살 때 한성초시漢城初試에 입격하였는데, 어느 고관대작이 화서 두름성을 높이 사 제자식과 가깝게 지낼 것을 부추기자 과거를 동댕이치고 옛살라비 벽계로 내려왔습니다. 쌍계사 · 고달사 같은 외딸진 절에서《사서》와《주자대전朱子大全》을 깊게 살펴 읽었습니다. 위정척사론자로 이름 높은 최익현崔益鉉 같은 이들이 화서에게 배웠고 의병장 류인석柳麟錫 선생은 화서와 류중교柳重敎 선생 연원淵源 받은 유장儒將이었지요. 병인양요 때 강계 포수와 용문산 포수들 이끌고 로오즈 제독이 거느리는 법국 육전대 침략군을 물리친 양헌수梁憲洙 장군 또한 화서 제자였구요. 영남 한주寒洲 이진상李震相, 호남 노사蘆沙 기정진奇正鎭과 함께 조선왕조 끝 무렵 주리主理철학 3대가로 꼽히우는 선생입니다. 선생은 우주만물을 목대잡는 것이 '이理'이므로 "이는 명령을 내리고 기氣는 명령에 따르니, 이는 주인이 되고 기는 나그네가 된다."고 보아 "만일 기가 주인이 된다면 강한 기 밑에 이는 모습을 감추게 되어 질서를 잃게 된다."고 하였으니, 화서 주리설主理說 고갱이지요.

> 마음이란 사람을 움직이게 하는 신명神明인 바, 이理와 기氣를 합하고 동動과 정靜을 뭉뚱그려 모든 것을 맡아 다스리는 것이다. 성性이란 마음의 본디꼴로서 모든 갈피를 갖추어 고요히 머물러 있고 마음을 일어나게 하는 정은 느끼는 바에 따라 움직여 쓰여지는 것이다.

화서가 한뉘를 두고 우러러 받들었던 이는 주자朱子와 송자宋子로, "임금 사랑하기를 아버지처럼 하고, 나라 걱정하기를 내 집처럼 한다."는 빈틈없는 주자주의자였습니다. 화서 제자들 가운데 많은 의병장이 나왔고, 구한말에는 애국계몽 운동으로 이어졌으며 일제 침탈기에는 항왜운동을 펼친 민족주의 사상 뿌리가 되어 오늘까지 이어지는 보수민족 진영의 사상철학적 연원이 되고 있습니다. 동부승지를 거쳐 공조참판에 제수되었으나 대원군 정책에 거스르는 상소를 올렸다가 벼슬을 빼앗기고 벽계 옛살라비로 내려와 후학들을 가르쳤습니다. 향수享壽 77.

황현黃玹이 쓴《매천야록》에 보면 이항로 이야기가 여러 번 나
옵니다. '갑오이전甲午以前'에

광해조 때 이이첨李爾瞻이 용사하여 정인홍鄭仁弘을 삼공三公의 서열
에 두고 큰일이 있으면 언제나 서로 화응하여 유현儒賢의 여론을 빙자
하면서 자기들의 사욕을 이행하였다. 이로부터 당국자들도 덩달아 그
들을 본받으므로 조정의 판세는 하루아침에 변하여, 산림처사 한 사람
을 추대할 때 반드시 영수領袖로 칭하고 비록 어질고 간사한 것이 다르
더라도 산림처사라는 구실을 붙이지 않는 사람이 없었다. 그러나 대원
군은 이를 부끄럽게 생각하였으므로 대원군 때에는 이런 일이 없었다.
이때 벽계檗溪 이항로와 노사 기정진은 양요洋擾로 인하여 사교를 배
척하자고 항의하였다. 벽계는 더욱 강력히 저항하였으므로 이때 사람
들은 그를 100년 이후 제일가는 명류名流라고 하였다. 이항로와 기정
진은 모두 아경亞卿까지 발탁되었으니 이 두 사람의 학술과 문장은 많
은 사람을 압도하였다. 그들의 입신 처세도 본말이 있기 때문에 지난날
사환仕宦을 첩경으로 삼아 권문權門에게 머리를 굽힌 사람과는 완연히
달랐다.

김평묵金平默과 류중교는, 세상에서 벽계 이항로 문하의 쌍벽으로 추대하
였다. 김평묵은 재주가 류중교보다 더 낫고, 류중교는 덕망이 김평묵보다
더 나았다. 그들은 나이도 서로 비슷하였다.
그러나 이항로가 작고할 때 류중교에게 부탁하기를, 자기를 섬기는 것
처럼 김평묵을 섬기라고 하였다. 그후 류중교는 자기 문인들을 거느리

고 김평묵을 섬겨 시종 사이가 벌어지지 않자, 사람들은 그렇게 하기가 매우 어려운 일이라고 하였다.

이항로 문하에 최익현, 김평묵, 홍재학洪在鶴, 류인석 들이 앞뒤로 기절氣節을 드러내고 명분과 의리를 부식하므로, 세상 사람들은 학문하는 집안에서 빛을 낸다고 하였다.

김평묵(1819~1888)의 호는 중암重庵으로 강개한 기개가 있었고 문장에 능하였다. 그는 평생 동안 임헌회任憲晦(1811~1876)에게 불만을 갖고 있다가 그가 작고하자 제문에다가 그를 풍자하고, 간재艮齋 전우田愚(1841~1922)와 교우한 뒤에는 매산梅山 홍직필洪直弼(1776~1852)과 벽계 이항로를 싫어하여 문호를 달리하였다.

그는 전감역前監役으로 가평加平 산중에 살고 있으면서 문생들을 받아들여 세상을 꾸짖고 공경公卿들을 놀리는 말을 함으로 사람들은 두려워하면서도 미워하였다. 그는 그리고 홍재학(1848~1881)이 상소하고자 한성으로 갈 때 눈물을 흘리며 전송하고 그 뒤 소청疏廳으로 서신을 보내 진동陳東(중국 송나라 사람으로 고등과 같이 6적을 베라는 상소를 하였음)과 고등高登의 일을 열거하여 그를 격려하였다. 홍재학을 치죄하고 있을 때 어떤 사람이 그를 당로자에게 모함하여 홍재학의 상소문을 김평묵이 지었다고 하였다. 그는 결국 심문을 받고 지도智島로 유배되었다. 그는 적소謫所에 있을 때 식량도 끼니를 이을 수 없었으나 조금도 꺾어지지 않고 나라와 임금을 사모하여 때없이 눈물을 흘렸다. 임오군란이 일어난 뒤 석방되었으나, 겨우 집에 이르렀을 무렵 다시 배소配所로 끌려갔다가 갑신년(1884) 뒤에 석방되었다.

그는 늙으면서 가세가 더욱 애옥하여 거의 굶어죽을 지경에까지 놓이게 되었다. 상국相國 김병덕金炳德(1825~1892)이 귀향한 뒤 그와 가깝게 살고 있으므로 그것을 민망히 여겨, 자기 마을에 집을 마련해 놓고 그를 맞이하였다. 그는 그곳에서 평생을 마쳤다.

융희隆熙 2년 무신(1908)

가평군수 이승조李承祖는 고 참판 이항로 손자로, 그는 시국에 아부하여 삭발을 하고 군수로 나갔으며, 또 군민에게 단발을 강요하여 일본인보다 더 심한 행패를 부렸고, 진선進善 이상수李象秀(1820~1882)의 손자 □夏가 그곳으로 토벌대를 투입하여 어린 호랑이처럼 횡포를 자행하였다.
이에 사람들은 "그 두 집안은 손자다운 손자도 두지 못하고 선비들만 먼저 작고하였다."고 하였다.

선생이 주자와 함께 성인으로 받들었던 송자 송시열宋時烈은 빈틈없는 관념론자였습니다. 송시열에 따르면 '이'는 모든 사물과 현상을 맡아 다스리며 '기'는 다만 '이'를 받쳐 주는 그릇에 지나지 않는다는 것이었습니다. 공자·주자가 하고 쓴 말과 글을 다만 한 마디 다만 한 줄도 의심하지 않으면서 조금이라도 공·주자를 반대하거나 꼬집어 따지는 사람은 '사문난적'으로 몰았습니다. 주자학 바깥 모든 학문을 '이단'으로 몰아 내쳤습니다. 진짜 북벌론자였던 남인 백호白湖 윤휴尹鑴를 "주자를 업신여기었다."는 죄목으로 죽여 버린 서인 노론정권 우두머리가 바로 가짜 북벌론자였던 우암 송시열이었지요. 사대부 계급 가운데서도 노론과 남성들 잇속만을 지켜 내는 데 목숨을 걸었던 우암尤庵과 그 뒷사람들은 조선왕조가 끝장날 때까지 권세자루를 오로지 하였는 바, 여기에 화서 주리철학이 지니고 있는 어둠점이 있다는 생각입니다. 사람 마음이라는 것은 그 어떤 초인간적이고 초자연적인 것에서 찾을 것이 아니라 사람이 알몸뚱이로 타고난 바탕에서 찾아야 옳다고 본 백호였지요.

> 심성이란 것은 사람의 육체적인 기의 작용에 불과하다. 기가 사람의 형체를 통하여 이룩된 것이 마음이며, 감정이란 것도 마음이 사물과 부닥쳐서 이루어진 것이다.

이른바 기일원론氣一元論적 철학사상입니다.

임병양란을 겪으면서부터 무너져 내리기 비롯하는 사대부 지배체제였습니다. 만백성을 다스리는 자리에 있다는 양반 지배계급들이 양란 때 보여 준 물렁물렁한 짓거리들에 그들 참모습을 보게 된 백성들은 나라를 다스리는 짜임새 자체가 바뀌어야 한다고 보았으니, 두 가지였습니다. 본디 뜻에서 벗어난 성리학 곧 주자학이라는 유일사상 체계를 내다 버려야 한다는 것과, 양반은 대를 물려 양반이 되고 상놈은 대를 물려 상놈이 되어야 하는 신분제를 하루아침에 내다버리지는 못하더라도 우선 누그러뜨려야 한다는 것이 그것입니다. 이러한 바람과 내댐에 사대부 계급 반

웅은 두 갈래로 나뉘니, 주자 이데올로기를 더욱 튼튼하게 다질러야 된다는 복고주의와 지배계급 잇속이나 맡아 보는 주자학을 버리고 백성들 살림살이를 펴줄 수 있는 실사구시적 학문을 해야 된다는 것이 그것이지요. 그래서 나오게 된 것이 백호와 우암이 벌인 철학 싸움입니다.

기가 처음 생기는 것을 태극太極이라 하고 음양이 나뉘는 것을 양의兩儀라 하며, 기가 모여 모양새를 이루는 것을 사상四象이라 한다. 태극이 생기면 음양과 하늘·땅 양의를 맡아 보고, 나뉘면 태양太陽·소음小陰·소양小陽·태음太陰이라는 사상이 된다. 사상이 모아지면 음양이 되고 여기서 본바탕과 쓰임새 곧 체용體用이 나오게 되니, 태극은 곧 기인 것이다.

우주를 이루는 밑바탕 원소 또는 사물과 현상이 이루어지는 바탕인 '태극'을 가리켜 '기'라 한 백호 글은 주자성리학에 맞바로 덤벼드는 것이었습니다. 백호는 태극에 대한 생각부터 주자성리학자들과는 다른 사상가였지요.

태극에 대한 우암 생각입니다.

일찍이 주자는 '태극이 움직여 양을 낳고 고요히 머물러 음을 낳는다.' 하셨다. 태극이라는 것은 본디 그대로 묘妙요, 동정動靜은 이 묘에 탄 기機다. 묘라는 것은 이理요 기機라는 것은 기氣이다.

한마디로 태극이라는 것은 '이理라는 것이었습니다. 우주를 이루는 밑바탕 원소가 물질이 아니라 정신이라고 굳게 믿는 우암은 양란 뒤 흐트러진 조선사회를 바로잡기 위해서는 더욱 굳건히 주자학을 받들어야 된다고 보았습니다. 보다 또렷하게 말하면 주자학이라는 철학사상보다 주자라는 인물을 받들어 모셔야 한다는 것이었으니, 우암한테 주자는 틀림없는 옹근이었습니다. 여러 가지 사상철학 가운데 한 가지로 주자학을 받아들이는 것이 아니라 종교로 받아들인 우암이었습니다. 우암에게 주자는 하나의 사상철학자가 아니라 주자학이라는 종교를 세운 교조요 성인이었지요. 성인의 거룩한 말씀에 딴죽을 걸고 들어오는 백호는 그러므로 우암에게 사문난적斯文亂賊일 수밖에 없었지요. 효종 9년 12월 14일치 실록을 보면 백호를 끓는 사관 글이 있습니다. 그때 주자주의자들이 백호를 바라보는 눈길입니다.

윤휴는 소싯적부터 글을 읽어 시명時名이 있었는데, 논변이 있을 때면 반드시 제가 생각한 바를 옳게 여기었다. 그리고 그 학문은 거지반 정주程朱 주장과 맞서는 것이었으며, 재주가 조금 있어 늘 경륜을 지녔다고 스스로 믿었는데, 그 무리들이 서로 받들어 추어 주었으므로 식자들이 걱정하였다.

사관이 말하는 식자識者, 곧 먹물 든 사람들이란 우암으로 대표되는 으뜸줄기 주자주의자들을 가리킵니다. 우암이 성인 가르침으로 받들었던 유가 경전은 어맹학용語孟學庸 같은 책이 아니었습니다. 어맹학용이 아니라 어맹학용에 주희朱熹가 풀어 놓은 《논어집주》,《맹자집주》,《대학집주》,《중용집주》였지요. 백호는 주희가 풀어 놓은 '집주集注'가 잘못 되었으므로 자신이 깨달은 생각대로 어맹학용에 주를 내겠다고 합니다.

진실로 올바른 이치라면 천하 사람이 다 알 수 있어야 한다. 천하 이치를 어찌 주자만 알고 나는 모른다는 말인가. 이제 주자는 그만 덮어 두고 오로지 참된 본바탕 이치를 갈닦아야 한다. 주자가 다시 살아온다면 내 학설은 받아들이지 않겠지만 공자가 살아온다면 내 학설이 옳다고 할 것이다.

그때 으뜸 줄기를 이루고 있던 주자주의자들이 백호를 바라보는 눈길입니다. 숙종 3년 1월 17일치 실록에 나옵니다.

윤휴는 주자에 대해서 생각을 달리하고 거슬러서 장구章句를 마구 뜯어 고쳤으며,《중용》에 이르러 주를 고친 것이 더욱 많았다. 그리고는 스스로 말하기를 '자사子思 뜻을 주자가 혼자 알았는데, 내가 혼자 모르겠는가?' 하였으니, 이는 참으로 사문의 난적이며…… 나라 일이 이 지경에 이르렀으니 그 또한 한심하다.

현종 15년(1674년) 7월 1일 백호는 비밀 상소를 올렸는데, 북벌北伐을 하자는 것이었습니다. 효종이 부르짖었던 북벌계획은 죽어도 헛된 꿈만은 아니었습니다. "날카로운 포병 10만을 기른 다음 때를 봐서 곧장 쳐들어가면 중원에 있는 의사와 호걸 가운데 어찌 맞장구치는 이가 없겠는가."라며 북벌할 뜻을 키우던 효종이 죽은 15년 뒤였는데, 효종이 말한 그때가 온 것이었습니다. '삼번三藩의 난'으로 불리우는 '오삼계吳三桂 난'이 일어나면서 황하 아랫녘이 죄 전쟁터가 되었던 것이고, 백호는 하늘이 주신 이때를 놓치지 말자는 것이었지요. "병정 1만 대隊를 뽑아 북경으로 나아가면서 청나라 등을 치고 목을 조이는 한편, 대만에서 일떠선 정경鄭經과 조선 수군이 힘을 모아 북경으로 밀고 올라오게 하자."는 아주 구체적인 싸울꾀였지요. 그러나 주자주의자들인 서인 정권에서는 백호가 올린 상소문을 받아들이지 말자고 하니, 우암이 내세웠다는 이른바 '북벌론'이 얼마나 입에 발린 정치적 눈비음이었는지 드러납니다.

그런데 요즈막 국사 교과서에는 송시열이 마치 북벌대의에 몸을 던졌던 충의열사로 그려지고 윤휴가 부르짖었던 진짜 북벌론은 그림자도 비치지 않습니다. 양반들도 군포軍布를 내야 한다는 그야말로 혁명적 주장을 하던 윤휴가 사약을 받게 되는 것은 숙종 6년인 1680년입니다. 농민들에게만 물리는 군포 같은 이지가지 구실을 양반들도 똑같이 내어 농군들 아픔을 덜어 주려 하였던 유물론 철학자며 참 북벌론자였던 64살 윤휴가 사약을 앞에 놓고 했다는 말입니다.

"나라에서 어찌하여 선비를 죽이는가?"

송시열 또한 83살 때 사약을 받게 되는데, 노론老論 쪽에서 쓴 것과 소론少論 쪽에서 쓴 글이 팔팔결로 다릅니다. 노론 쪽에서 쓴 것입니다.

우암 송시열은 직령의直領衣를 입은 다음 사약을 마시고 죽었다. 그 전 날 밤 흰 기운이 하늘에 뻗치더니 이날 밤 한 규성奎星이 땅에 떨어지고 붉은 빛이 우암이 죽은 지붕 위에 뻗쳤다.

윤선거尹宣擧(1610~1669) 아들 명재明齋 윤증尹拯(1629~1714)은 소론으로 갈라져 나갔는데, 우암과 세계관을 달리하였던 소론 쪽 에서 쓴 글입니다.

정읍에서 사약을 받던 날 금부도사 앞에 꿇어앉아 말하기를, "이것은 효종 과 명성왕후 어찰인데 감히 우러러 바칩니다." 도사가 "나는 사사賜死하라 는 명만 받았으니 어찌 갖다드리겠소." 하고 뿌리치고 서리書吏에게 그 어 찰을 빼앗게 하여 그 자손에게 주었다. 송시열은 계교가 궁하자 다리를 뻗 고 바로 드러누웠다. 도사가 재촉하였으나 끝내 마시지 않으므로 약을 든 사람이 손으로 입을 벌리고 약을 부었는데 한 그릇 반이 지나지 못하여 죽 었다.

《매천야록》 갑오 이전치에 나오는 적바림입니다.

현종과 숙종 때 서인들이 송우암을 대로大老로 추대하였는데, 대원군도 이를 자호로 하여 "나도 대로이다."라고 하면서 우암을 조롱하였다.

계유년(1874)에 최익현이 상소한 후 태학생太學生 이세우李世愚가 대원군을 대로로 높이자고 간청하자, 고종은 이를 극히 가하다고 하면서 겉으로 우대하는 뜻을 보였다. 이것은 이세우가 고종의 뜻을 헤아려 본 것이다.

선비로는 우암 송시열을 추대하고 충훈忠勳으로는 충무공 이순신李舜臣을 추대하였으므로, 조가朝家에서는 그들의 후손들을 후하게 대우하여 다른 명신가名臣家의 자손과 비교할 수도 없었다. 그러나 그 두 집안 후손들은 관직에 있으면서 재물을 탐하였으므로, 청렴결백하다는 소문을 들은 사람이 없었다.

정조는 송시열을 극히 추앙하여 그의 문집을 〈송자대전宋子大全〉이라고 하고 또 〈양현전심록兩賢傳心錄〉으로 지정하므로, 이를 논평한 사람들은 너무 과하다고 하였다.

그러나 그 책명을 더 높이려고 하더라도 다시 무슨 말을 사용할 수 없었다. 이에 송근수宋近洙(1818~1903)는 그 전집 중에서 말 한마디와 사실 한 건이라도 더 모은 뒤 이를 〈송자언행록〉이라 하고, 또 이승우李勝愚와 그에 대한 논란을 주고받으면서 〈송서백선宋書百選〉을 만들어 정조가 만든 〈주서백선朱書百選〉처럼 만들려고 하였다. 우암 송시열과 회옹晦翁 주희朱熹가 이와 같이 동일할 수 있을지는 모를 일이다.

그러나 어떤 사람들은 그의 자손들의 성의에 의하여 만들어진 것이라고 변명을 한다. 만일 다른 사람이 그 일을 하였다면 그것은 자기 당을 옹호하는데 불과할 뿐이다.

융희隆熙 2년 무신(1908)

의병장 민긍호閔肯鎬가 패전 후 사망하였다. 이때 어떤 사람들은 항복병
의 속임수에 넘어갔다고 하고 혹은 창상創傷을 앓고 있다가 피랍되었다
고 하였다. 그러나 일병들은 그를 결박하여 길을 가다가 의병들에게 빼
앗길까 봐 결국 살해하였다. 이때 그들은 그를 매우 의롭게 여겨 관에다
가 그를 염해 주고 후한 장례를 치러 그의 묘소에 표하기를 '義兵大將閔肯
鎬之墓'라고 하였다.

이때 민긍호는 동해안의 산골짜기를 왕래하면서 백성들에게 밥만 달라
고 하였고 다른 수색을 하지 않았다. 그의 부하들은 겨울철에 솜옷도 입
지 못하여 많은 병정들의 손가락이 떨어져 나갔으며, 그가 사망한 뒤에
는 백성들이 그를 추모하여 가련하게 여기었다.

그리고 송지헌宋之憲은 송시열의 후손으로, 그는 이때 내부內部의 서기
관으로 있으면서 일본인 학강鶴岡을 대하여 민긍호의 사망을 축하하자
학강은 정색을 하며 "민긍호는 옳은 사람입니다. 그리고 당신은 의병이
일어난 이유를 알고 계십니까?'라고 하였다. 송지헌은 매우 부끄러워하
며 어찌할 바를 몰랐다. 송지헌은 먼저 삭발을 하여 자칭 개화를 주장한
다고 하였으며, 그가 집으로 돌아가자 그의 아내도 그를 거절하여 보려
고 하지 않았다.

융희 3년 기유(1909)

우암 송시열 문집을 옛날부터 〈송자대전〉이라고 칭하였다. 그 판본은

216

청주 화양동華陽洞에 있는 송시열의 서원에 소장하고 있었으나 정미년 (1907) 가을에 일본인들이 소각하였다. 이에 호남 유생들은 내각과 중추원에 서장을 올려 사방에서 찬조금을 받아 내어 판본을 복간하고자 하자 이용원李容元, 김종한金宗漢 등이 호응하였다.

망나니, 철갈구리, 금송아지, 그리고 농투산이

① 이 몸은 입에 풀칠을 할 수 없을 만큼 집안이 애옥하여 굶어죽고 얼어 죽을 지경에 이르렀으므로 열두 살 먹은 여식 분절粉節이를 죽전동竹前 洞 사는 김귀일金貴一에게 고공비雇工婢로 넘겨 주니, 살년에 아이를 내 다버리는 보기에 따라 분절이가 나중에 낳게 되는 아이들까지 길이길이 고공노비로 삼도록 다짐을 두노라.

② 이 몸은 부모와 더불어 상전댁 윗대부터 내려오는 종이다. 이 몸 부모 와 숙모가 계유년(1813년)에 살년을 맞아 비렁뱅이로 떠돌다가 헐수할 수없어 상전댁에 몸을 팔았다. 그런데 회동댁晦洞宅 비자婢子로 있는 어 미 금분衿分이 죽어 방에 누워 있으나 장사지낼 해자가 없다. 그래서 이 몸 처인 업이業伊와 업이가 낳게 될 아이들을 팔고자 하노라.

③ 이 몸은 일흔 살 먹은 늙은 아비가 얼어죽을 지경에 이르렀으나 공사채

를 막론하고 돈을 변통할 길이 없으므로 처와 여식 하나와 그들이 앞으로
낳게 될 아이들까지 종으로 팔고자 하노라.

④ 이 몸은 먹고 살 길이 없어 이 몸과 처, 두 입과 앞으로 태어날 아이들
까지 종으로 팔고자 하노라.

⑤ 이 몸은 살년을 당하여 살아갈 길이 없으므로 이 몸과 여식을 종으로
팔고자 하노라.

⑥ 이 몸은 살년을 당하여 살아갈 길이 없으므로 처와 자녀를 연기댁燕
岐宅 이생원에게 넘기기로 하노라.

①에서 ⑥까지는 살년殺年이라고 불리우는 흉년을 맞거나 늙

은 부모를 봉양할 길이 없거나 부모가 돌아가셨으나 장례 치를
돈이 없는 밑바닥 농군들이, 저 자신과 식구들에 앞으로 낳게 될
아이들이며 딸내미가 낳게 될 아이들까지 노비로 팔겠다는 문서
입니다. 조선왕조가 끝무렵에 접어들면서 흔하게 볼 수 있는 '자
매문기自賣文記'이지요.

'자매문기'라는 것은 자기자신이나 처자식 몸을 노비로 파는 계
약서를 말합니다. '항것'이라고 불리우던 상전한테 토지나 전문錢
文 같은 옳을 바치고 노비奴婢, 곧 사내종과 계집종 자리에서 풀
려나는 경우도 있고, 항것인 양반 사대부집이 살림살이가 어려워
은자銀子 50냥이나 논 아홉 마지기를 받고 종 신분에서 풀어 양
민이 되게 하거나, 대를 물려가며 지극정성으로 충성스럽게 항것
섬긴 공을 높이 사 종 신분에서 풀어 주는 속량贖良·속신贖身도
이따금 있었지만, 똥구녁이 찢어지는 찰가난으로 빚까지 걸머지

게 된 농군들은 은자 몇 냥에 자기 자신과 처자식을 노비로 파는 경우가 훨씬 더 많았습니다.

그때에 떠돌았던 넉자배기가 있었으니, 십실구공十室九空이지요. 열 집 가운데 아홉 집은 비었다는 말로, 게딱지같은 오막살이를 버려 둔 채 앵두장수가 되었던 것입니다. 지아비는 이부자리와 솥부둥갱이 얹은 바지게 위에 늙으신 부모님 앉히고, 헌털뱅이 옷가지와 바가지쪽 머리에 인 지어미는 핏덩어리 등에 메고 아이들 손잡은 채 밤도망을 쳤던 것이지요. 같잖은 애옥살이나마 살림 명색이 아주 뽕빠져 헐수할수없게 된 경우에는 "입이나 덜고자" 돈 한 푼 받지 않고 온 식구를 죄 노비로 넘기는 농군들이 많았습니다. 핏종발이나 있는 젊은 뼈다귀들은 산으로 올라가 초적草賊이 되었구요. 밥이나 얻어먹으려고 중이 되기도 하였으나 무너진 법당 앞에 막풀만 우거진 절들이 많았지요.

①은 영조 7년(1731년) 정월 23일 한영韓永이라는 사람이 김귀일이라는 양반에게 만들어준 불망기不忘記로, 요즈막 계약서와 같은 것입니다. 열두 살 난 딸따니 분절이를 돈을 받고 넘겨 준 것이 아니라 그냥 넘겨준 것이므로, "하나라도 입이나 줄이자."는 것이었습니다.

②는 순조 32년(1832년) 9월 양반댁 세습노 정정옥鄭正玉이라는 이가 서른 살 된 아내 업이와 전후 소생을 껴서 돈 8냥과 벼 1섬을 받고 홍주서洪注書댁에 팔아넘기는 자매문기입니다. '주서'라는 것은 사람 이름이 아니라 벼슬 이름을 말하니, 이제 대통령

비서실 턱인 승정원承政院에 딸린 정7품 벼슬자리이지요. 어머니 장례 치를 돈을 마련하고자 아내와 아내가 이미 낳았거나 앞으로 낳게 될 아이들까지 종으로 팔아먹고 있습니다. 농군들 삶 바탕자리가 무너지면서 한 가족이 죄 노비로 굴러 떨어지는 끔찍한 모습을 보여 주고 있네요.

③은 철종 2년(1851년) 11월 4일 박재천朴載千이라는 이가 흉년을 맞아 칠십 먹은 늙은 아버지가 거의 얼어 죽을 지경에 이르렀으나 돈을 마련할 길이 없어 처와 딸따니를 이선달李先達이라는 양반댁에 40냥 받고 넘기는 문기입니다.

④는 철종 13년(1862년) 정월 심성옥沈聖玉(31살)이라는 이가 자신과 처 복례福禮(33살)와 앞으로 나을 아이들까지 껴서 50냥 받고 원진사元進士라는 양반댁에 팔아넘기고 있습니다.

⑤는 고종 6년(1869년) 12월 20일 이미봉李米捧이라는 이가 흉년을 맞아 살아갈 길이 막막하자 자신과 열한 살 난 딸따니 순이順伊를 엽전 15냥을 받고 김아산金牙山댁에 팔아넘기고 있습니다. 여기서 '아산' 또한 이름이 아니라 아산 현감을 지낸 양반댁을 이르는 말이지요.

⑥은 고종 13년(1876년) 11월 12일 오운용吳云用이라는 이가 흉년을 맞아 살아갈 길이 없어 서른여섯 살 된 아내와 아홉 살 난 딸과 네 살 난 아들을 이생원李生員이라는 양반댁에 "입농사나 지으라고" 아무런 삯도 받지 않고 노비로 넘기고 있습니다.

나라살림 업주가리가 뜯어 헤쳐지면서 그 기둥이었던 농군들 삶이 결딴나고 모둠살이 틀거리가 뿌리째 뽑혀 나가는 모습이 눈에 보이는 듯한데, 양반 명색들은 그 이름이 없습니다. 농군들을 노비로 사들이거나 밥이나 먹여 주겠다는 다짐으로 노비를 만들면서도 아예 이름을 밝히지 않습니다. 기껏 벼슬 이름을 내세운 '홍주서댁', '김아산댁' 아니면 '이선달댁', '원진사댁', '이생원댁'입니다. 그리고 노비를 사들이는 사람이 '홍주서', '김아산', '이선달', '원진사', '이생원'이 아니고 '홍주서댁 종 대선大善', '이선달댁 종 돌덕乭德', '원진사댁 종 명손明遜', '김아산댁 종 용손龍孫'이며, 이제 '싸인' 턱인 수결手決을 지르는 증인이나 문기를 만드는 이도 죄 양반댁 종 아니면 평민들이지요.

'자매문기'만이 아니라 조선왕조 때 이루어진 모든 매매관계 문기나 소송관계 문기에는 죄 종 이름으로 되어 있습니다. 돈을 주고받거나 소송을 거는 구접스런 문서에 제 이름을 적는 것을 커다란 부끄러움으로 알았던 '양반 나으리들'이었습니다. 문기에 적는 것이 아니라도 서로 이름자를 부르는 것을 몹시 꺼려 해서 이름 대신 지은 자字나 별호로 불렀지요. 농사나 장사 또는 수공업은 지체 낮은 '상것들'이나 하는 것이라며 헐벗고 굶주리면서도 노동을 하지 않는 옹고집 양반을 가리키는 '옹반', 쥐고 흔들 권세 자루도 없으면서 깡다구만 남은 깡고집 양반을 가리키는 '깡반', 굶어죽지 않으려고 농사일이나 장사를 하면서도 나무장사를 나선 양반한테, "이 나무 얼마요?"하고 나무 값을 물어보면, "남 받는 대로 받지."하고 돈 말을 입에 올리지 않는 숫고집 양반을 가리키는 '숫반'으로 살면서도 이름자만은 악착같이 꼭 끌어안고 살던 양반들이었지요. 셈을 세는 일이나 셈을 나타내는 숫자까지 입에

올리지 않았고, 더구나 《천자문》을 가르치다가도 제 이름자나 윗
대 어른들 이름자와 같은 글자가 나오면 무슨 글자라고 입에 올
리지 않고 넘어갔습니다. 이러한 사람들이 다스리는 나라에서 피
땀 흘려 일하며 살아가는 농군들만 죽어나는 것이었지요. 임술봉
기와 갑오농민혁명이 일어나게 되는 뒷그림인데, 이것은 그러나
두루 알려진 이야기에 지나지 않습니다. 윗자리에서 권세자루 잡
고 백성들을 다스린다는 물건들 가운데는 이런 인두겁을 쓴 두억
시니들 꼴도 있습니다. 깡반이었던 매천梅泉 황현黃玹이 쓴《오
하기문梧下記聞》에 나옵니다.

민씨들 가운데 도둑으로 지목되는 세 사람이 있었다. 서울 도둑은 민
영주閔泳柱, 관동 도둑은 민두호閔斗鎬, 영남 도둑은 민형식閔炯植이었
다. 두호는 영준泳駿 아비이고, 영주는 영준에게 종형이 되며, 형식은 영
위泳緯 서자이다.

영주는 유생 시절부터 서울 및 오강五江 부자와 거상들 재물을 갈취할 적에
몸을 묶어 거꾸로 매다는 따위 갖은 악형을 가하여 날마다 천금을 거두어들
였고, 제 몸을 임금처럼 위하는 자였다. 벼슬길에 나온 지 4, 5년 만에 참판까
지 뛰어올랐지만 거칠고 악독하기는 예전이나 다를 바 없었으므로 사람들
은 그를 '민 망나니'라고 불렀다. 우리 속담에 사형수 목을 자르는 사람을 망
나니라고 하는데, 대개 극악스럽고 대단히 천함을 나타내는 말이다.

영준은 춘천에 유수留守 자리를 새로 만들고 행궁行宮을 세워 뒷날 임금
이 피란할 경우 머물 곳으로 준비한 뒤 제 아비를 춘천 유수로 임명하였
다. 두호는 사람됨이 어리석고 비루한 데다 독기가 있었으며 탐욕은 끝

이 없었다. 유수로 도임한 지 몇 해 만에 강원도 백성들이 줄을 이어 떠났다. 백성들은 그를 '민 철갈구리'라고 불렀다.

형식은 응식應植과 사촌 사이로 지난날 임오병변 때 중궁中宮이 머물렀던 집 주인이다. 이 때문에 무과에 출신하여 파격적으로 발탁되었는데 나이가 서른도 안 되어 땅불쑥하게 통제사가 되었다. 그가 병영에 도임한 지 한 해도 안 되어 군교들이 사방으로 나가 부유한 백성들을 억누르고 잡아들였으므로 밭 네다섯 마지기만 있어도 잡혀오지 않는 사람이 없었다. 잡아서 옥에 가두는 것이 섬과 뭍에서 끊어지지 않았다. 그리하여 원망하고 호소하는 소리가 길거리에 넘쳤지만 영남에서 호남까지 재물이 있는 자를 뒤져서 잡아내는 일이 끊이지 않아 긁어모은 돈꾸러미가 작은 산을 이루었지만 날마다 오히려 부족하게만 여겼다. 대개 성이 민 씨인 사람들은 하나같이 탐욕스러웠고 온 나라 큰 고을은 거지반 민 씨들이 수령 자리를 차지하였고, 평안감사와 통제사는 민 씨가 아니면 할 수 없게 된 지가 이미 10년이나 되었다. 그런데 저 형식과 같은 놈은 고금에서도 처음 있을 정도였다. 백성들은 그를 '악귀惡鬼'라고 하였으며 때로는 '광호狂虎'라고도 하였는데, 이는 그가 능히 산 채로 사람을 씹었기 때문이었다. 이에 온 나라가 시끄러웠고 동요가 분분하게 떠돌았는데, 거의 다 "난리가 왜 일어나지 않느냐?"는 것이었으며, 더러는 "무슨 좋은 팔자라고 난리를 볼 수 있겠느냐?"고 장탄식을 하기도 하였다.

황매천이 침 뱉는 '민 철갈구리' 맏아들로 1852년 서울에서 태어난 민영준은 '금송아지 대감' 소리를 듣던 사람입니다. 여흥 민씨 푸네기떼 우두머리 노릇을 하며 온갖 몹쓸 짓을 저질렀던 민영준은 영휘泳徽로 이름을 고치는데, 평안감사를 지낼 때 갖은 홀 태질 덧거리질로 빼앗아들인 평안도 인민들 재물로 금송아지를 만들어 고종과 민 중전에게 바치고 냅다몰아친 까닭에 붙여지게 된 별호였지요. 금송아지 뒤에는 그리고 온갖 치렛거리로 꾸민 금수레가 달려 있었구요. 1877년 문과 급제한 다음 임오병변 때 집이 부서지기도 하였으나 김옥균金玉均등이 일으킨 갑신정변을 무너뜨린 사대당 내각에 들어가 도승지, 주차 일본 관리공사, 강 화유수, 형조·예조·공조판서, 한성부 판윤, 경리사, 이조판서, 내무부 독판, 통영사, 선혜아문 당상, 친군 경리사 같은 높은 벼슬 자리를 독판쳤으니, 그야말로 냅다몰아친 것이었습니다. 갑오왜 란 때 탐관오리로 찍혀 임자도로 귀양갔으나 도망쳐 중국으로 갔 습니다. 이듬해 왜인들 입김으로 대사령을 받아 돌아와 두 팔 걷 어붙이고 왜노倭奴 앞잡이 노릇을 하게 되니, 중추원 의장·시종 원경·헌병대사령관·표훈원 총재를 지내었습니다. 그리고 대 한제국이 일제에 집어삼켜지면서 일본 천황한테 훈일등팔괘장과 함께 자작 작위를 받았으니, 이완용李完用에 버금가는 우두머리 매국노였지요.

　농군들이 일떠섰던 갑오년 때 일입니다. 개남장開南將이 이끄 는 농민 혁명군이 서울로 짓쳐들어와 권세자루 쥔 탐관오리들을 죄 죽여 없애려 한다는 소문 들은 민 금송아지가 기급 단 벙거지 꼴로 달려간 곳은 제 집 곳간이었습니다. 둥덩산처럼 쌓아놓은 금덩이 은덩이며 이지가지 값나가는 보물들을 쓰다듬는 것이었 습니다. 아무래도 마음이 놓이지 않은 그는 서쪽 곳간에 있던 은

금보화를 동쪽 곳간으로 옮겼다가 다시 서쪽 곳간으로 옮기다가는 서둘러 또 다른 보물과 토지문권 같은 온갖 재물 문서 보따리가 감춰져 있는 골방으로 들어가는 것이었습니다. 바깥사랑에는 벼슬자리 사려 몰려든 썩은 선비들이 우글거렸지만 민 금송아지 낯을 볼 수 없었습니다. 금송아지와 철갈구리 부자는 같은 집에 살았으나 돈과 곡식이며 은금보화를 감춰 두는 곳간을 따로 가지고 있었습니다. 풀방구리 쥐 나들 듯 제 재물 감춰 두는 곳간을 들락거린 것은 부자가 한가지로 똑같았으니, 재물 앞에는 부자유친이라는 삼강오륜도 없는 것이었지요. 개남장 농군 부대가 쳐들어온다는 무서운 소문에 술렁술렁하는 '아랫것들' 움직임에 아이오 불안해진 민 금송아지는 쌀과 엽전을 코딱지만큼만 덜어 냈습니다. 그리고 짐짓 고임 넘치는 목소리로 '아랫것들'을 불렀습니다. 그러면서 내려 주는 행하行下라는 이름의 '팁'은 노비 한입마다 쌀 닷 말과 당오전當五錢 한 꿰미씩이었습니다.

"너희들이 내 집에서 일을 도와준 지 오래되었건만 그 노고에 보답한 적이 없었으니 지극히 미안하구나. 내 마음에 없었던 것은 아니로되 지중한 국사에 바빠 그리되었으니 서운한 마음을 먹지 말거라."

민영준이가 평안도 백성들 등골 뽑은 돈으로 금송아지를 만들어 양전兩殿께 바치자 고종 임금은 그를 충성스러운 신하로 여겨 나라살림을 맡겼습니다. 이리하여 나라에서 거두어들이는 일에 말미암는 것은 모두 민 금송아지가 목대잡게 되었지요. 임오병변과 갑신정변을 겪은 다음부터 부쩍 조심성이 많아진 중궁이었습니다. 그래서 매일 밤 경복궁 안에 전기등 수십 개를 밤새도록 켜 놓았습니다. "전기등 하나 켜는 데 엽전 3천 꿰미가 들었다니 그 나머지 자질구레한 허비는 이루 다 적을 수조차 없다."고 한숨 쉬 는 황매천입니다.

나라살림이 이미 거덜이 나 걸맞게 손쓸 수 없었으므로 벼슬자 리를 팔아 채우는 것으로도 못 미쳐 크고 작은 과거까지 팔았으 며, 더하여 물 좋은 아전자리까지 팔았습니다. 또 광산을 열어 석 탄과 구리와 무쇠를 캐고 생선과 소금까지 도차지하였으며, 장시 에서 사고파는 모든 물건치고 구실을 받지 않는 것이 없었습니 다. 거기에 홍삼을 도차지하여 민영익閔泳翊으로 하여금 청국에 다 팔게 하였고, 그래도 못 미쳐 서양과 왜국에서 나라빚까지 얻 어왔는데, 그 돈 머릿수가 억만 냥에 이르렀습니다. 대컨 재물을 만들어 내자면 저마다 맡아 보는 이가 있어야 하니 위로는 공경 대부에서부터 아래로는 종이나 장사치에 이르기까지 끌어들이지 않은 사람이 없었지요. 이들은 거의 다 '별입시別入侍'라고 하였 는데, 그 수가 4, 5백 명에 이르렀으나 끝내 나랏곳간은 채울 수가 없었습니다. 민 금송아지가 임금 마음을 짐작으로 헤아려 이런 모든 일들을 목대잡아 나가는데, 모든 간사위와 꾀를 끌어다가 가 살스럽게 차지하고 어거지로 빼앗기를 못하는 짓이 없었지요.

'민씨가 골육상쟁의 이면'이라는 이름 아래 씌어진 글이 있습니 다. 댕돌같은 주의자 이강국李康國이 1938년 펴낸 〈비판〉이라는 잡지 10월호에 실린 '일기자'가 쓴 기사인데, 부제가 '1천만 원 소 송의 전주곡'입니다.

이조의 벼슬을 골고루 다하고 이조 말년의 고관대작을 수없이 내었으며 왕비마저 내었고 잘 모았든 못 모았든 1천만 원의 재산을 가진 조선의 명문 민 씨 집안 민영휘가 죽은 지 얼마 안 되어 그 유서 깊은 경운동 60번지 저택이 6만 2천 원에 경매가 되었다는 소식이 전해져서 세상이 놀란 것은 바로 얼마 전 일이다. 그 많은 돈을 다 없애 버리고 6만 2천 원이라는 돈에, 그것도 경매로 남의 손에 넘겨 버렸을까 의문은 첩첩이 쌓였다. 이 기억이 채 사라지기 전에 이번에는 또 골육이 서로 다투는 아름답지 못한 꼴을 세상에 내놓았다. 세상사 변하는 게 상궤라, 성하고 망함이 뜻같지 않고 날이 바뀌고 해가 바뀌면 아름다운 것과 추함이 그 자리를 바꿈 또한 예사나, 아직껏 골육상쟁을 아름답다고 하는 이야기를 듣지 못하였더니 이 명문거족에 이 무슨 일인가?

하늘과 사람이 한가지로 성낼 매국역적 집안을 가리켜 자꾸 명문거족이라고 하는 것은, 그야말로 개발에 편자요 돼지우리에 주석 자물쇠를 다는 격이라 입이 쓰지만, 민영휘가 나라에서도 첫째가는 부자였던 것만은 틀림없습니다. 요즈막 말로 하면 대재벌이었지요. 재물 덩치가 어느 만큼이었느냐 하면, 이른바 십만석군이었습니다. 갑오·을미년 사이에 거두어 들인 곡식이 13만 석쯤이었다니 해마다 들어오는 거둠새를 10만 석으로만 치더라도 그때 돈으로 해마다 50만 원이 넘습니다. 그렇게 어처구니없는 거둠새가 올림대 놓는 1935년까지 이어졌으니, 적게 잡아도 2천만 원이 넘습니다. 이제 돈으로 쳐도 해마다 5백억 원이 넘는 거둠새이지요. 한때 4천만 원이 넘기도 하였다니 몇 조 원대 재벌이

금송아지 대감으로 불린 탐관오리의 상징 민영준. 후에 이름을 영휘로 바꾸었는데, 한일병합 이후 일본 천황한테 훈일등팔괘장과 함께 자작 작위를 받았다. 그후 상업은행의 전신인 천일은행과 휘문학교(현재 휘문고등학교)를 세웠다. 아래 사진은 휘문의숙 시절의 모습.

네요. 그때 사람들은 왜국 재벌인 스미모토, 미쓰비시, 미쓰이에
는 못 미친다 하더라도 그에 버금가는 재벌로 꼽았답니다. 1936
년 이제 민영휘 재산은 4천만 원(현재 시가로 4조 8천억 원) 크기였
다지요. 민영휘는 본마누라한테서 자식을 보지 못합니다. 그래서
눈엣가시를 보아 아들 삼형제를 두었는데, 본마누라 앞으로 들어
앉힌 양아들과 시앗한테서 본 자식들 사이에 제 살 뜯기 개싸움
이 벌어지게 됩니다. 잡지에서는 4쪽에 걸쳐 시시콜콜 지저분한
개싸움 속내를 적어 놓고 있는데, 민 금송아지가 무슨 짓을 해서
재벌이 되었는지는 밝히지 않습니다.

민 금송아지가 쌓은 재물은 농군들한테 홀태질한 배메깃돈만
이 아니었습니다. 왜국에 나라를 판 삯으로 '대일본제국 천황폐
하'한테서 받은 합방유공자 은사금만 십 수만 원이었고, 경성 시
내에 백만 원 위 가는 부동산과 이제 인사동에 아방궁을 짓고 4대
문 밖에 으리으리한 별저를 가졌으며, 또 이제 전 한일은행인 대
한천일은행을 세우는 데 백만 원을 던지고 있습니다. 1906년에는
제 이름자를 딴 휘문의숙徽文義塾을 세워 이른바 애국계몽운동을
하는 듯한 잔뇌를 굴리기도 하지요.

여든 살이 되는 1931년에 풍을 맞아 올림대를 놓게 되는 1935
년 12월 31일까지 자리 보전하고 끙끙거리게 되는 민 금송아지
는 대단한 가린주머니였습니다. 민 철갈구리 대받은 맏자식답게
큰물지고 돌림병 돌아 수많은 인민들이 죽어 나갈 때도 구린돈
한 닢 적선하는 일이 없었지요. 을사늑약을 당하여 나라 안이 오
통 물 끓듯 할 때였습니다. 스스로 목숨을 끊는 자진自盡으로 늑

약에 앙버티는 사람들이 나오고 유생들이 모여 늑약 반대 상소를 할 때였습니다. 벼슬 자리가 높은 민영휘를 소수疏首 삼고자 그 이름만 빌려 주기를 바랐으나 한마디로 왼고개치는 민영휘였고, 소수로 이름 올린 영자 돌림 한 항렬 민영환閔泳煥은 자진으로 그 이름을 죽백竹帛에 올립니다. 그때에 세상 사람들이 일컫던 세도 사민勢道四閔은 일준一駿(민영준), 이달二達(민영달), 삼환三煥(민영환), 사소四詔(민영소)였지요. 을사늑약으로 나라를 빼앗은 일제는 통감부 밑에 재판소를 세웁니다. 재판소라는 것은 일제에 앙버티는 조선 인민들 입을 막고 팔다리를 묶어 두자는 데 그 본디 뜻이 있는 것이었지만, 분하고 답답한 일을 당한 사람들은 재판소로 몰려갔습니다. 민영휘가 억만장자가 된 것은 그가 오로지 권세자루 휘둘러 힘없는 백성들 등골을 뽑아낸 것이므로 돌려받아야 된다는 것이었지요. 그러자 민영휘는 변호사에게 많은 돈을 주며 저한테 들어오는 소송을 맡지 말도록 하였고 또한 신문사를 찾아다니며 제가 저지른 온갖 못된 짓거리들을 기사로 싣지 말아 달라고 비라리치면서 돈으로 막아 보려고 하였습니다. 그때만 해도 신문사라는 데가 뜨거운 핏종발이나 있는 이들이 있었던지 민영휘가 제가 한 못된 짓거리들을 숨겨 달라고 했다는 말까지 기사로 써 버리니, 더운 죽에 혀 대기가 된 민영휘는 제 식구를 죄다 데리고 중국 상해로 도망치려고까지 하였습니다.

민영휘한테 양자 간 적장자 민형식閔衡植은 민 철갈구리나 민 금송아지와 팔팔결로, 올바르게 살고자 하는 끼끗한 선비얼을 지니고 있는 이였습니다. 을사오적 암살 계획에 군자금을 대기도 하고, 재정난에 허덕이던 그때 민족지 〈조선일보〉에 밑돈을 대었다가 파산 선고를 당하기도 합니다. 양아버지인 민 금송아지는 죽을구멍에 빠진 양아들 민형식한테 고린전 한 닢도 도와주지 않습니다. 민 금송아지가 시앗 봐서 낳은 세 아들 가운데 맏이인 민 대식閔大植은 할아비와 아비 의발衣鉢 대받아 할아비 아비 못지않은 친일 우두머리로 나서게 됩니다. 김연수金季洙 · 박흥식朴興植과 함께 일제 끝무렵을 비다듬은 친일 3거두 가운데 하나였으니, 대를 이어 친일 주구 노릇을 하게 된 것이었지요.

얼마 전 항왜 독립운동가 뒷자손들 삶과 친왜 매국노 뒷자손들 삶을 견주어 보여 주는 텔레비전 「시사다큐」에 민영휘 이름자와 얼굴 모습이 나온 적 있습니다. 민 철갈구리 · 민 금송아지 뒷자손들이 청주 상당산성 안에 수십만 평 땅을 갖고 있다는 것이었습니다. 민 철갈구리 · 민 금송아지가 남겨 준 엄청난 크기 금싸라기 부동산과 이른바 교육기관에 또 어떤 섬 모두를 위락단지로 만들어 굴리는 그들은 유명짜한 재벌 버금가는 호화주택에서 호의호식하며 '즐겁고 행복한 인생'을 노래하고 있었습니다. 그런데 내남적 없이 똑고르게 살 수 있는 새 세상을 열어젖히고자 일떠섰다가 꽃다발도 무덤도 없이 스러져 간 농투산이 뒷자손들은 월세 10만 원짜리 옥탑방에서 라면 쪼가리로 목숨줄을 버텨 가고 있더군요. 이른바 '계급' 자리에서도 떨려나게 된 농군들 한숨소리 구만리장천까지 올라가고 있지만, 목구멍 콧구멍 속으로 들어오는 것은 누런 모래먼지뿐이네요. 옴 사바바바 수다살바달마 사바바바 수도함.

《조선신사대동보》라는 책이 있습니다. 1913년인 대정大正 2년에 대원장부大垣丈夫라는 왜인이 엮어 만들어 낸 친일인명사전인데, 왜황한테 작위와 함께 이제 돈으로 기십억 원 위씩 되는 은사금을 받았던 사람들만 모아 놓은 '귀족부'라는 것이 있습니다. 그 가운데서 여흥민씨驪興閔氏들만 뽑아 보았습니다. 책에는 작위와 은사금을 받고 박은 듯한 사진까지 박혀 있지요.

백작伯爵 민영린閔泳璘

주지住地경성부京城府서부西部사직동社稷洞98통6호 임신壬申11월15일생 관貫여흥驪興 여양부원군驪陽府院君시諡문정文貞유중維重7세손 좌상左相시문충 文忠진원縯源6세손 우상右相시정헌正獻백상百祥현손玄孫 참판參判홍섭弘燮증손 증우상贈右相치致삼손三孫 여은驪恩부원군시충문忠文태호台鎬 자 이왕전하李王殿下전비前妃순명황후純明皇后제弟 구명舊名영언泳彦우又영기泳琦 음제교관蔭除教官 임진문과壬辰文科 력홍문정자歷弘文正字 경연전경経筵典経 설서設書 지제교검열知製教檢閱 기사관記事官 부사과副司果 문겸선전文兼宣傳 문학文學 군사마교수軍司馬教授 별겸춘추別兼春秋 응교應教 시독관侍讀官 편수관編修官 사복정司僕正 필선弼善 리정吏正 전한典翰 상례相禮 승지承旨 대사성大司成 태자비궁대부太子妃宮大夫 비서승秘書丞 겸장례兼掌禮 특진관特進官 궁내부협판宮內府協辦 동대신서리 부학사 동돈령 경효전제조 회계원경會計院卿 첨사詹事 서북철도국감독 예식원부장禮式院副長 군부대신관방장 일본보빙대사수원 내장원감독 특명전권공사 찬정贊政 비서원 태의원 장례원경 일본궁내성사무시찰 지돈령知敦寧 규장각제학 정이품 훈이등태극장

자작 子爵 **민영규** 閔泳奎

주지경성부북부北部재동齋洞29통2호 병오丙午12월12일생 관어홍 여양부원군시문정유중 7세손 증참정贈參政치致대손大孫 중의정경호璟鎬자을해문과乙亥文科 력주서 겸설서 전적 병정 교수 수찬 문겸 금위영종사관 헌납 장령 부교리 봉상정 종부정 부응교 응교 겸사서 동부지좌승지 돈령도정 병조참지 리의 보덕 형례조참판 동의금 동춘추 동경연 동돈령 부총관 경주부윤 영변부사 강화유수 친군심영외사 내무협판 형례리 병조판서 판윤 지돈령 지경연 지춘추 동성균 전의감 태의원 관상감제조 겸교보덕 우참찬 경기감사 수원유수 독판내무부사 특진관 빈전 경효전 제조 장례원 태의원 시종원경 홍문관 규장각학사 궁내부대신 경지아문 총재관 판돈령 찬의 병오초계대광보국 의정대신 태의원 봉상시 가례도감도제조 영돈령 규장각지후관 훈이등팔괘장 일등태극장 대훈이화대수장

자작 **민영휘** 閔泳徽

주지경성부중부中部교동校洞 임자壬子5월15일생 관어홍 판돈령시효헌孝獻두호斗鎬자 구명 영준 정축문과丁丑文科 력검열 주서 겸설서 별겸춘추 문겸선전 정언 교수 도당록 부수찬 수찬 부교리 금위영종사관 겸사서 헌납 검상 병조참지 참의 호리형조참의 우승지 조사오위장 대사성 내무참의 영변부사 겸보덕 리공형조참판 동지경연 춘추 성균 의금 돈령부사 내무협판 좌우윤 도승지 약원부제조 주일변리대신 특진관 직제학 동검교 평안감사 친군서영외사 례형공조판서 양관제학 판윤 강화유수 친군심영외사 친군경리사 총어사 판돈령 판의금 독판내무부사 정일품보국

리병공조겸판서 좌참찬 기기국총판 연무공원관리 지훈련 좌우부빈객 좌
빈객 내각제학 좌찬성 이사 비국 선혜청 대동 공시 정부유사 관서구관당
상 전의감 빙고 약원 승문원공사 이원 태복시 총어영 빈전 국장도감 산릉
석의중수도감 교방사 상방사제조 의장 특진궁 장례원 시종원경 규장각
학사겸일강관 교전소부총재대원 부장 헌병대사령관 호위대총관 표훈원
총재 규장각제학 동지후관 훈일등팔괘장 태극장 대훈이화대수장

자작 민영소閔泳韶

주지경성부중부전동磚洞11통8호 임자3월21일생 관여흥 여양부원군유
중7세손 좌상시문충진원6세손 판서백홍현손 증좌찬성상섭相燮증손 증
영상치오致五손 우상시충헌忠獻규호奎鎬자 무인문과戊寅文科 력시교
주서 홍문정자겸설서 한림 부교리 부응교 장령 집의 장악정 교수 호이
조참의 동부지도승지 조사오위장겸보덕 동검교 대사성 돈령도정 분병
조참지 춘천부사 동경연 의금 춘추 예이호공조참판 부제학 경연특진관
의정부당상 빙고 상의 사옹제조 직제학 광주유수 지경연 춘추 돈령 의
금 내무협판 형이예병조판서 전의 악원 전설제조 좌우참찬 내무독판 홍
문제학 판윤 좌우부빈객 특진관 경연원시강 태의원경 규장각학사겸일
강관 전선사 경효전 의효전제조 경지아문총재관 판돈령 학부 궁내부 농
상공부대신 박람회위원장 의장 규장각지휘관 정일품보국 훈일등팔괘
장 태극장

자작 민병석閔丙奭

주지경성부북부교동校洞24통11호 무오戊午1월15일생 관여흥 보국영

위泳緯손 기묘문과己卯文科 력검열 직각 동부지도승지 부제학 대사성 호이예조참판 내무협판 겸보덕 직제학 동돈령 강화유수 육영공원변리 평안감사 지의금 궁내부특진관 경연원시강관 참찬 찬정 홍문관 규장각학사겸 일강관 전권공사 교정소의정관 철도원 표훈원 혜민원 수륜원 제도국총재 호위대총관 헌병대사령관 원수부검사국 동회계국총장 루경연궁내부 각부대신 어공원 장례원 비서감 시종원경 부장 제실재정회의의원 정일품보국 훈이등팔괘장 태극장 일등팔괘장 태극장 대훈이화대수장 서성장 일훈욱 일동화대수장 현임이왕직장관

남작男爵 민종묵閔鍾黙

주지경성부남부南部시동詩洞29통9호 을미乙未2월14일생 관여흥 여흥부원군호 默묵헌默軒지潰17세손 예참여흥군중남中男 8세손 증이판명세자 갑술문과甲戌文科 력부수찬 지평 경상우도경시관 부교리 서장관 문사랑청 사복정 필선 종부정 문학 호의 자산부사 동래암행어사 병조참지 동부지우승지 대사성 우윤 병호이조참판 세폐부사 동의금 경연 돈령 춘추 중추 승문부제조 전생제조 동지정사 대호군 대사헌 형병예공조판서 판윤 지경연 의금 돈령 종묘 관상감 약원제조 홍예문제학 육영공원관리사 수문사 제중원당상 외무독판 함북안무사겸북영외사 장예원경 학부 외부 탁지부 농상공부대신 군부 내부 법부 궁내부대신서리 의관 홍문학사 홍릉 경효전 천릉도감 효정황후부묘도감 의효전제조 찬정 양지아문 총재관 예식원장 박람회사무소위원장 관제존호도감 책비도감당상 입기사 의장 규장각제학 종일품 훈이등태극장

남작 민영기閔泳綺

주지경성부북부삼청동三淸洞11통8호 무오戊午9월7일생 관여흥 증좌찬 성치화致和손 증대제학준호峻鎬자 등무과 력운봉현감겸좌영장 서산군 수 여산 남양부사 경무사 군부협판 부장 군부 탁지부대신 동양척식회사 부총재 종일품 훈일등태극장 일훈일등욱일동화대수장

남작 민상호閔商鎬

주지경성부북부옥동玉洞15통10호 경술庚戌6월3일생 관여흥 여양부원 군시문정유중6세손 증찬정치덕致惠자 년13도미국6년유학 력궁내부참 서관 제용원장 외부교섭국장 의관 학농외부협판 주차영덕아의법오공 사관참서관 통우공회전권위원부미국 판윤 통신원총판 정령 참장 육군 법원장 참찬 찬정 찬의 강원 경기도관찰사 제도국총재 헌병사령관 규장 각지후관 수학원장 정이품 훈일등 현임총독부중추원찬의

남작 민형식閔炯植

주지경성부북부효곡孝谷15통7호 기미己未12월4일생 관여흥 진사 력남 행별군직 사제 선전관지행수 훈련첨정 내금장 동부승지 병의 조사오위 장 철산 영변부사 선천방어사 전라우수사 동병사 동의금 훈련돈령 병공 조참판 좌윤 여주 충주목사 광무국총판 통제사 봉상제조 의관 찬정 특 진관 특명전권공사 부장 부의장 찬의 찬모관 종일품 훈일등

황현黃玹이 쓴《매천야록梅泉野錄》에 민씨들 이야기가 많이 나
옵니다.

한성 서민들은 전방을 차려 놓고 담담한 간장을 육탕 肉湯에다 넣은 다음 그 육탕을 면에다가 넣어 팔았다. 이것을 장탕반 醬湯飯이라고 한다. 이 면탕은 겨울에 많이 만들었다. 주로 객지에서 온 나그네와 하인들, 추위에 떠는 사람들이 그 탕면을 즐겨 먹고 부귀가의 경박한 소년들이 종종 떼를 지어 가서 먹으며 소창 疏暢을 한다고 하였다. 그들이 가는 시간은 주로 밤이었다.

이때 민영주란 자의 별호는 '망나니 亡亂'로 그는 10여 년 동안 방방곡곡을 다니며 떡과 장 醬을 파는 사람이었다. 그는 몇 푼의 돈을 모으고 살았지만 그에게 약탈을 당하지 않은 사람이 없었다. 그는 밤이 되면 그의 패거리를 데리고 그 장탕점을 포위하여, 수십 그릇을 단숨에 먹어 치우고 돈 한 푼 주지 않은 채 도주하곤 하였다. 이렇게 몇 차례 하고 난 후에 그 장탕점이 망하였다.

이범진 李範晉은 그 소문을 듣고 "더럽군, 이들은 유치한 도둑들이니 내가 그런 짓을 못하게 해야겠다."하고 하룻밤에는 거리를 서성거리다 민영주를 만났다. 민영주는 그가 누군지도 모르고 또 전날처럼 그 장탕점을 습격하였다. 이때 이범진은 그들을 크게 꾸짖으며 "너희들은 범보 範甫를 아느냐?"라고 하면서 부지깽이를 들고 그들을 치려 하였다. 민영주는 급한 나머지 "아버지!"하고 소리치며 살려 달라고 애원하므로 이범진은 그를 놓아 주었다. 이로부터 그들은 감히 자주 나오지 못하였다. 그무뢰배들은 이범진을 범보라고 불렀다. 그 범보라는 이름은 거의 망나니들의 차지가 된 것이다.

민영주는 그의 아버지가 죽고 어머니가 개가한 뒤 금수같은 행동을 자행하고 도둑처럼 약탈을 감행하였다. 그는 10여 년 동안 망나니로 소문이 나 사람들은 그를 거들떠보지도 않았다.

그러나 그는 과거에 급제를 하고자 과거 때마다 유생 수십 명을 사서 시권試券 수백 장을 써가지고 서로 돌아가면서 바쳤다. 어느 때는 과거에 급제도 하였지만, 고종은 특명을 내려 그의 이름을 과방科榜에서 삭제하였다. 민영주의 원망은 날로 깊어 더욱 난폭한 생활을 하였다.

민영준은 그를 매우 걱정하여, 공사公使의 임무를 띠고 일본으로 떠날 때 고종에게 아뢰기를 "민영주를 사람을 만들려면 그를 과거에 급제시켜 얽어매야 합니다."라고 하였다. 고종도 그렇다고 생각하고 정해년(1887) 칠석제七夕製를 치를 때 그를 발탁하여 불과 1년 만에 직각直閣까지 승진하였다. 직각이 망하는 것은 민영주가 임명된 후 극도에 달하였다.

민영준은 고종이 동비東匪의 발호로 인하여 벌을 내릴까 싶어 신료들에게 외부의 일을 보고하지 못하도록 하고 이홍장의 전화 내용도 비밀에 붙여 알리지 않았기 때문에, 호남에서 난이 일어난 사실을 고종만 모르는 것이 아니라 하관 말료들도 그 비밀에 참여하지 않은 사람은 자세히 알지 못하였다.

하루는 조동윤趙東潤(조영하趙寧夏아들)이 고종을 알현하자 고종이 "도성 인심이 어떻습니까?"하고 물었다. 그는 "피란민들이 사방으로 피신하고 있습니다."라고 하였다. 잠시 후 민영준이 들어오자 고종은 또 "도성 인심이 어떻습니까?"하고 묻자 그는 "옛날처럼 평온합니다."하였다. 고종이 다시 "조동윤의 말은 피란민이 사방으로 피신을 한다는데 당신은 평온하다고 하니 도대체 어느 말이 옳은 것입니까?"라고 하자 민영준은 "조동윤은 소신小臣이라 도道를 어지럽혀 성상聖上의 미목을 옹폐하고 있습니다."라고 하였다.

민영준이 밖으로 나오자 조동윤은 그를 맞아 읍揖을 마치고 큰 소리로 "전주가 함락되고 도성이 텅텅 비었는데 공은 백성이 모두 평온하다고 하니, 누가 도를 어지럽히며 누가 성상의 이목을 옹폐하는 것입니까?"라고 하였다. 민영준은 아무 대답도 못하고 눈에 노기를 띠고 나갔다.

임진년(1892)에 민형식이 통제사로 임명되었다. 그는 고 판서 민영위閔泳緯의 서자이다. 민영위는 세상에서 여주의 망나니로 불렸다. 민형식은 그의 나이 겨우 30세였지만 매우 교만하고 어리석어 항시 그의 좌우에 칼을 비치하고 있다가 걸핏하면 사람을 죽였고, 또 원근을 막론하고 사람들을 협박하여 부호들의 재물을 갈취하였다.

그리고 그는 처음에 영남에만 국한하였지만 그는 삼도를 관할하기 위해 충청·전라 양도를 침범하여 선박이 닿을 만한 모든 연읍은 먼저 그에게 착취를 당하였다. 거부는 5천 내지 6천 냥을 상납하고 그 다음은 3천에서 4천 냥 또 그 다음은 1천에서 2천 냥을 상납하였으며 1천 냥 이하는 1차 상납으로 치지 않고 모두 죄수 집으로 인정하여 가산을 몰수하였으므로 영내에 쌓인 돈은 억대에 달하여 아무리 졸개들이라 하더라도 그때 착취를 맡은 자들은 모두 벼락부자가 되었다.

그리고 그는 기생들을 모아 풍마風馬(바람난 말) 놀이를 하며 흥이 절정에 달하면 기생 한 사람에게 1만 냥을 주곤 하였으므로 산처럼 쌓였던 돈이 구름처럼 흩어졌다. 그리고 그의 성품은 술을 미친 사람처럼 마셔 은으로 만든 큰 표주박으로 연거푸 수십 표주박씩 마셨고, 또 사람들에게 억지로 술을 권하여 죽도록 마시게 하였으므로 그의 관할에 있던 수령들은 종종 죽을 뻔한 곤경에 처하였다.

그 예로는 진주 감목관인 모씨는 술로 죽어 낭가에 실려 나갔는데, 그 시체를 염할 때 그의 시체는 유들뚜들하여 솜부대와 같았다고 하였다. 이렇듯 수십 년을 지나는 동안 남의 재산을 탐하는 것이 관습이 되어 백성들은 으레 마음 편하게 생각하였지만 민형식 같은 사람은 고금에 처음 보는 사람이었으므로, 이때 사람들은 그를 광적狂賊이라고 하였다.

그는 1년 남짓 있다가 한성에 있는 자기 집으로 100만 냥을 보내려고 하였는데, 뱃사공들이 그것을 싣고 도주하자 이 소문을 들은 사람들은 서로 경사가 난 양 좋아하였다.

이 일에 앞서 통제사 정낙용鄭洛鎔은 부산으로 가는 삼남 세미선을 잠상潛商이라고 속여 해로를 가로막고, 그 세미를 모두 약탈하고 또 송금松禁을 핑계로 역군 도륙민들의 재산을 갈취하여 수만 냥의 재산을 모으므로 사람들은 통영을 설치한 이후 처음 있는 일이라고 하였다. 그러나 그들은 이미 민형식의 학정을 경험하였으므로 정통제사는 부처님 같다고 하였다.

고종 32년 을미(1895) 7월에 대사령大赦令을 내려 민영준, 민영주, 민병석, 민영은閔泳殷, 민영순閔泳純, 민형식, 조필영趙弼永, 조병갑趙秉甲, 이용직李容直, 조병식趙秉式, 이용태李容泰, 김문현金文鉉 등을 석방하였다. 그러나 이때 지식인들과 시속배들은 아무것도 할 수 없다는 것을 알고 있었다.

광무光武 2년 무술(1898) 황기연黃耆淵을 평남관찰사, 민영주를 함남관찰사로 임명하였다. 이때 함남 사람들은 민영주가 관찰사로 임명되었다는 소문을 듣고 수천 명 사람들이 대궐로 달려가 그의 체직을 간청하고,

그가 현지에 도임하기만 하면 밟아죽일 것이라고 하자 민영주는 두려움을 느껴 의원면직하였다.

광무 3년 기해(1899) 민영주는 일생 동안 악행을 쌓아 물의를 용납할 수 없었으나 종현교당鐘峴敎堂으로 투신하여 일당의 후원을 바라고 있으므로 사람들은 그를 더욱 미워하였고, 신문사 사장 남궁억南宮檍은 불교인으로서 천주교를 들어간 것이 화제가 되어 신문에 보도되었다. 그것은 민영주가 불자의 안목이 있다는 핑계로 백성의 재산을 착취하여 사는 것이 부처와 같다는 것이다. 이에 민영주는 그의 일당에게 사주하여 그들의 상투를 거머쥐고 욕을 보였다.

광무 8년 갑진(1904) 민병석이 그의 처를 임권조林權助에게 보내 통정을 하게 하자 그는 종종 밤을 지새고 오므로, 서울 사람들은 가요를 지어 '숲속에서 자고 돌아오지 않네.'라고 하였다.

융희隆熙 원년 정미(1907) 이완용李完用의 아들 이명구李明九 아내인 임씨任氏는 임선준任善準 형 임대준任大準 딸이다.

이명구가 일본 유학을 떠난 몇 해 뒤에 이완용이 통간하였다. 이명구가 귀국한 뒤, 하루는 안채로 들어가 이완용이 제 아내 임씨를 끌어안고 누워 있는 것을 보고 밖으로 나와 탄식하기를 "집과 나라라 한가지로 다 망하였으니 죽지 않고 무엇을 하겠는가?"하며 자살하였다. 이에 이완용은 제 며느리를 마음대로 소유하여 꽃계집처럼 여기었다.

그리고 민형식은 곧 민긍식閔兢植이다. 그는 제 첩의 딸과 동거하여 아이를 낳았다. 그는 아들 셋을 두었는데 이때 그 아이를 안고 손님들에게 자랑하기를 "점쟁이가 나에게 아들 넷을 둘 것이라고 하였는데 이 아이가 그 수를 채웠으니 그 점쟁이는 정만 귀신같은 사람입니다."라고 하였으며, 이미 작고한 판서 홍종헌洪鐘軒의 조카 모는 과부로 있던 그의 사촌누이를 첩으로 맞이하여 아이를 낳았다. 이것이 가장 소문난 일로서 기타 소소한 사건들은 다 기록할 수 없이 많았다.

고종 31년 갑오(1894)에 대조규개大鳥圭介가 대궐을 침범할 때 평양병 500명은 대궐을 호위하고 있다가 대조규개를 향해 창을 던졌다. 이에 그는 협문을 통하여 고종이 있는 곳으로 가서 고종을 협박하여 함부로 요동하는 자는 참한다는 교지를 내리게 하자, 병사들은 모두 통곡하면서 총통銃筒과 군복을 마구 찢고 부순 뒤 도주하였다.(······)

대조규개가 고종의 교지를 받아 의장병을 내보내자 영병들은 분이 나서 칼로 돌을 쳐부수고, 곡성은 산이 무너지듯 진동하며 해산하였으므로 영병의 병기는 모두 일병들의 소유가 되었다. 이에 일병들은 사방을 수색하고 다니며 대내의 보호와 열조의 진품과 종묘의 기명 등을 찾아 모두 인천항으로 싣고 갔으므로 우리나라가 수백 년 동안 쌓아 두었던 국보가 하루아침에 없어지게 되었다.

그리고 한성에는 조그마한 병기도 없었고 민씨들도 모두 도피하고 없었다. 이때 민영주는 양주楊州, 민영준은 관서關西로 도피하였다. 민응식閔應植은 그의 아들 민병승閔丙昇과 함께 삿갓을 쓴 채 짚신을 허리에 차고 맨발로 걸었다. 그 모습은 교부轎夫와 같았다. 그가 숭례문 밖으로 나가자 방민坊民들은 그에게 기왓장을 던지고 손가락질을 하며 "이 사람이 지난날의 민보국閔輔國이다."라고 하였다. 그리고 민두호가 춘천에 머무르기 위해 가벼운 보물을 싸가지고 내권內眷을 호화로운 교자 10 개에 나누어 태우고 춘천에 도착하였다. 이때 춘천민들은 그 교자를 들 어오지 못하게 하면서 "이런 난리를 만났으니 관동의 도둑을 다시 들어 오게 할 수 없다."고 하였다. 민두호는 이런 낭패를 만나 길가에서 서성 거리고 있다가 진령군眞靈君과 함께 충주로 도주하고, 민영환과 민영소 만 도주하지 않으면서 "나는 수년 동안 휴직하였으므로 아무런 죽을 죄 가 없는데 왜 도망을 가겠습니까?"라고 하였다.

정해년(1887) 7월에 민영소와 민영환이 입시할 때 김규홍金奎弘은 전라 감사, 김명진金明鎭은 경상감사로 임명되었다. 이때 민영환은 먼저 김명 진의 물목을 바쳤다. 그 물목은 왜증(일본산 명주) 50필과 황저포黃苧布 50필뿐이었다. 고종이 얼굴을 붉히며 그 물목을 용상 밑으로 던져 버리 자 민영환은 황급히 물목을 주워 소매 속으로 집어넣었다.

그 뒤 민영소가 김규홍의 물목을 바쳤다. 그 물목은 춘주春紬 500필, 갑 초甲綃 500필, 백동白銅 5합, 바리盂 50개였고, 기타 물건도 이와같이 많 았다. 고종의 얼굴은 희색이 감돌며 "번신藩臣의 예가 당연히 이 정도는 돼야 하지 않겠습니까? 김규홍은 참으로 나를 사랑하는 사람입니다."라 고 하였다. 민영환은 그 즉시 나가서 자기 돈 2만 냥을 보태 물건을 사가 지고 바쳤다. 민영환은 김명진의 사위이기 때문이다.

융희 4년 경술(1910)에 민영소가 일본인 국분상태랑國分象太郎에게 장 서 6만여 권을 매도하여, 책값 1,500원元을 받았다.

민병석이 모금하였다. 그것은 이등박문伊藤博文의 송덕비를 건립하기 위한 것이다.

개남아, 개남아, 김개남아!
— 짚신과 '워꺼'

짚신. 고은짚신. 쇠짚신. 엄짚신. 왕골짚세기. 부들짚세기. 멱
신. 지총미투리. 꽃미투리. 미투리. 무리바닥. 절치. 탑골치. 청올
치. 삼신. 흰신. 나막신. 꽃나막신. 발막. 뒷발막. 이배치. 진신. 당
여. 운코. 외코. 청목댕이. 홍목댕이. 오피리. 마상치. 반마상치.
놋신. 격지. 굽격지. 평나막신. 꽃신. 늘총박이. 어벅다리. 따배
기. 세코짚신. 네날박이. 육날미투리. 노파리. 쭉신. 짤짜리.

100여 년 전 조선왕조 끝 무렵 저잣거리 신전에 놓여진 신발 갈
래를 적어 본 것인데, '신발'은 '신'과 '발'이 합쳐져서 이루어진 말
입니다. 신은 볏짚으로 삼은 짚신을 말하고, 발은 발에 감던 감발
을 말하구요. 1920년대 앞까지는 양말이 없었고 버선도 지체가

높거나 살림이 가멸진 사람들 아니면 신어 볼 수 없는 지나친 치레여서 여느 서민들은 긴 무명 헝겊으로 발을 감는 발감개를 하였습니다. 감발 치고 짚신 신는 것을 가리켜 '신발한다.' 하였고, 심부름 해 준 삯으로 주는 돈을 '신발차'라고 하였지요. 심부름을 하려고 어디를 가다 보면 신발이 닳기 때문에 닳아진 신발삯으로 주는 돈이라는 뜻이었으니, 요즈막으로 치면 자동차 '기름삯', 곧 '교통비'와 같은 말이겠지요. 점잖은 말로 하면 '거마비'가 되나요.

신발처럼 종요로운 것이 없습니다. 사람이 출입을 하기 위해서는 우선 낯을 깨끗이 씻고 나들이옷을 입습니다. 그리고 신발을 신게 되는데, 무엇보다도 먼저 내 마음에 드는 것이어야 합니다. 모양새도 그렇지만 먼저 발에 맞아야 합니다. 발보다 크거나 작아서는 신을 수가 없지요. 발에 맞지 않는 신발을 신고서는 아무것도 못합니다. 사람이 출입을 하는데 신발이 가장 대모한 까닭이지요. 여느 사람들한테도 이처럼 종요로운 신발이어늘, 하물며 싸울어미아비들이겠는지요.

저 갑오년에 일떠섰던 농민혁명군에게 가장 힘들었던 골칫거리가 신발이었습니다. 농민군이 고부 말목장터에 모인 것은 1894년 1월 10일 술시戌時(하오 7시부터 9시까지)였는데, 핫바지저고리 차림에 짚신을 신고 있었습니다. 쇠스랑과 곡괭이에 낫과 대창을 든 농투산이들은 이마에 흰 무명수건을 둘렀으니, 농민군과 관군을 가름하기 쉽게 하기 위해서였지요. 이글거리는 횃불 아래 시린 발을 구르던 농군들 틈에서 노랫소리 같은 부르짖음이 터져나왔습니다.

가보세 가보세

을미적 을미적

병신되면 못가보리

이듬해인 을미년(1895)까지 을미적거리다 병신년(1896)까지 갔
다가는 혁명이 허방치고 말 것이니, 갑오년(1894) 올해에 판가름
내자는 것이었습니다. 이때부터 농민군이 모인 자리에서는 반
드시 터져나오는 노래였고, 혁명가였습니다. 누가 지은 것이라
고 명토박아 전해지는 것은 없지만 갑오봉기를 목대잡았던 김개
남金開南(1851~1894)이 지어 퍼뜨린 것으로 짐작됩니다. 을미적거
리는 전봉준全琫準(1853~1895)을 대장 삼아 동학 대접주 신분으로
봉기를 채잡았던 김개남이었습니다.

세 패로 나뉘어 고부읍성으로 몰려갔는데 1패는 군옥으로 달
려가 전봉준 아버지 전창혁全彰爀(1827~1894)을 건져 내고, 군수
조병갑趙秉甲을 사로잡기로 한 2패는 군아와 내아를 샅샅이 뒤졌
으나 꽁무니뺀 조병갑을 잡을 수가 없었고, 3패는 병기고를 부수
고 병장기를 손에 넣었습니다. 농민군을 무장시킨 김개남은 날이
새자 조병갑이 고을 백성들에게 온갖 까탈로 홀태질하여 쌓아놓
은 곡식을 농민들에게 나누어 주었지요.

다음은 태인 고을에 사는 김개남이 고부 고을 탐관오리를 몰아
내 주었다며 고맙다는 말들이 끊어지지 않을 때 김개남이 했다는
말입니다. 항왜운동 집안 뒷자손으로 태어나 죽을 고생을 하였던
김기전金基田(1931~) 어르신이 그그러께(2006년) 펴낸《다시 쓰는

동학농민혁명사》에 나옵니다.

"나는 전봉준 선봉장이 찾아와 도와달라고 부탁하여 이번 거사를 하게
되었소. 우리 농군들이 힘을 모아 궐기하여 일으킨 농군혁명이니 전봉
준 선봉장에게 칭찬을 더 많이 하여 주시고 앞으로 여러분은 전봉준 선
봉장을 대장으로 따라 주십시오. 내 나이 마흔두 살이니 나이가 선봉장
전봉준보다 두 살 많소. 그러니 그저 나를 개남장으로 불러 주십시오."

봉기를 목대잡은 우두머리 티를 내지 않고 직수굿하기만 한 김
개남 인금에 무릎 친 고부고을 백성들은 그때부터 김개남을 가리
켜 '개남장開南丈'이라고 불렀답니다. 농민군을 이끄는 장군이라
는 뜻에서 '개남장開南將'이라 부르기도 하였구요. 본디 이름이 영
주永疇 또는 기범基範이었는데, 앞으로 올 새로운 세상을 뜻하는
남조선南朝鮮을 열어 젖히겠다는 다짐에서 개남開南으로 바꾼 우
람스런 혁명가였지요.

고부 관아를 두려뺀 지 사흘 뒤였습니다 68살 높은 나이로 추
운 겨울에 모지락스런 장독杖毒을 이기지 못한 아버지가 돌아갔
고, 그때부터 어질고 착하기만 하던 전봉준도 굳센 마음으로 농
군들 앞장을 서게 됩니다. 개남장이 "고부 동헌을 농민 혁명군 바
탕자리로 삼자."는 농군들 말을 누르고 백산白山에 진터를 세운
데는 까닭이 있었습니다.

"시방은 고부 고을만 두려뺐을 뿐이고 앞으로 더 많은 탐관오
리들을 쫓아내기 위해서는 부안 백산에 창의소를 세우는 것이 가

장 좋다고 보오. 또 그곳은 조병갑이가 빼앗아 간 곡식을 쌓아 둔 곳이라 양식이 능준하고 고부가 아닌 부안땅이라 작전상으로나 백성들을 상대하는 것으로나 긴한목이기도 합니다."

전라도 곳곳에 있는 동학 접주들이 모였고, 개남장이 창의문倡義文을 쓰게 되었습니다. 전봉준, 손화중孫化中, 김개남 차례로 이름을 올리려 했을 때 전봉준, 손화중, 김덕명金德明, 최경선崔景善이 "처음부터 거사를 채잡아 도맡은 개남장 혼자 뒤처리까지 다 했는데, 앞머리에 개남장 형님을 올려야지 왜 말미에 쓰느냐?"고 반대하였으나, 도머리 치는 개남장이었으니―

김개남은 "전봉준 부친 전창혁이 농민들 부탁으로 등장을 냈다가 곤장을 맞아 돌아가셨으니 전봉준을 대장으로 해야 한다. 그래야 고부 농군들이 자기들 일로 인하여 작고한 전창혁한테 진 빚을 갚고자 더 많이 따를 것이다. 그리고 손화중은 고부 봉기에 들지는 않았으나 이름이 널리 알려져 우러름 받는 동학 접주이다. 이런 젊은이도 의를 위하여 농민혁명에 들었으니 농군들이 안심하고 따르게끔 두 번째로 이름을 넣어야 된다. 나 자신은 농군 봉기를 목대잡은 것을 근동 농군들이 다 알고 있으니 맨 뒤에 써야 농군들이 삼가하는 몸가짐을 보고 더 따를 것"이라며 뜻을 굽히지 않는 것이었습니다.

처음에 '녹두장군' 소리를 들은 것은 개남장이었다고 합니다. 개남장이 태어나 자란 곳은 전라좌도 태인현 산외면 동곡리였습니다. 동골로 불리우던 동곡리에서도 북쪽 깊은 산골짜기 막다른 상두산 아래 첫 두메마을이었습니다. 그곳은 녹두를 많이 심는

개남장이 고부 고을을 두렸뺏을 때 지금실 마을 사람들은 녹두밭 동네에서 녹두꽃이 피었다며 김개남을 '녹두장군'이라고 부르기 비롯하였다. 녹두처럼 자그마한 사람이 큰일을 해냈다는 뜻에서 붙여진 이름이었다.

웃지금실이었지요. 개남장이 고부 고을을 두려뺏을 때 지금실 마을 사람들은 녹두밭 동네에서 녹두꽃이 피었다며 김개남을 '녹두장군'이라고 부르기 비롯하였답니다. 녹두처럼 자그마한 사람이 큰일을 해냈다는 뜻에서 붙어진 이름이었다지요. 그랬는데 김개남이 '개남장'으로 많이 불려진 데다 농민군이 전주성으로 들어간 다음 전봉준이 선화당에 좌기坐起하고 농민 혁명군을 채잡게 되면서부터 전봉준을 '녹두장군'으로 부르게 되었다고 합니다.

백산에 둔치게 된 농민군은 고부 관아에서 빼앗은 병장기와 대창으로 군사훈련을 하기 비롯하였습니다. 이마에는 모두 흰 무명 수건을 둘렀지요. 그때부터 좌죽입백坐竹立白이라는 말이 생겨났습니다. 농민군이 앉아 있을 때면 대창만 위로 치솟아 있으니 죽산竹山이 되고, 일어서면 하얀 무명 바지저고리며 이마에 두른 흰 수건까지 온통 하얗게 보이니 백산白山이 되었던 것이지요. 이곳 땅이름이 본디는 신미산이라고 하였는데, 동학 농민군이 들어오면서부터 부안군 백산면이 되었다고 합니다.

'보국안민輔國安民'·'척왜척양斥倭斥洋' 깃발 아래 군사훈련을 하는데, 골칫거리가 또한 신발이었습니다. 북풍한설 몰아치는 정이월 추운 겨울에 핫바지 차림에 짚신 신은 농군들이 된닥달을 하는데, 첫째로 견디기 어려운 것이 발이었습니다. 무엇보다도 발이 시려 견디기 어려운 것이었습니다. 시린 손이야 맞부비기라도 하고 겨드랑이에 엇질러 넣기도 하면서 참아 낸다지만 발가락이 끊어져 나갈 것처럼 시려 오는 발만은 어떻게 해 볼 도리가 없는 것이었습니다. 최신식 병장기 갖춘 관군과 맞서 싸우려면 된

닥달로 싸움 재주를 배워야 되는데, 하루밤에 버티지 못하는 짚신이었습니다. 끊어져 나간 당감잇줄은 잇고 주주물러앉은 신코와 뒷축은 또 노끈으로라도 얽어맨다지만 그래 봐야 이삼일을 견뎌 내지 못하였습니다. 거기다가 비나 눈이라도 오시면 눈섞인 진흙물이 스며들어 견딜 수가 없는 것이었습니다. 얼음 박힌 발로는 관군과 맞서 싸울 수가 없는 것이었지요. 낮에는 호된 된닥달을 하고 밤이면 내일 신어야 할 짚신을 삼으며 또 버선을 꿰매야 하는 나날은 참으로 고달픈 것이었습니다. 버선이 없는 사람들은 발감개를 빨아 말려야 하였구요.

신발에 대한 괴로움은 갑오년에만 있었던 것이 아니었습니다. 갑오농민전쟁이 무너진 56년 뒤 일어난 6·25 때도 있었지요. 외팔이 부대장으로 유명짜하던 인민군 중좌 최태환崔泰煥 겪은이야기에 나옵니다. 1950년 8월 10일부터 12일쯤이었습니다. 경상남도 고성군 진전면 진동리 무명고지에 몸을 감추고 있던 인민군 전사들은 보급 물자를 실어 나르던 미군 트럭을 빼앗게 됩니다.

굶주렸던 배를 그런대로 채운 전사들은 트럭과 함께 탈취한 미군 부대기旗를 끌어내려 찢기 시작했다. 찢긴 부대기는 전사들의 발싸개로 변해 버리고 말았다. 발싸개란 양말과 같은 구실을 해 주는 것으로서 대략 반 뼘 가량의 폭에 50여cm의 길이로 만들어졌으며 주로 광목천을 많이 사용했다. 그리고 그 위에 작업화(당시 전사들은 양말이나 군화를 착용하지 못했음)를 신었다.

미군 부대기는 빌로드 천으로 만들어져서 발싸개감으로 적당치는 못했다.

그런데도 그 부대기로 발싸개를 만들었던 것은 보급품이 부족했던 관계도 있었지만 미군들에 대한 적개심의 발로였다.

신발 때문에 괴로움을 겪은 것은 정규군인 인민군만이 아니었습니다. 이현상李鉉相이 거느리는 유격대원들이 경상남도 창녕에 진치고 있던 미군 대대를 습격했을 때였습니다. 안재성安載成이 쓴《이현상 평전》에 나옵니다.

8월 25일에는 창녕에 주둔한 미군 대대를 습격하였다. 40여 대의 탱크와 150대의 트럭을 가진 기갑부대였다. 치밀한 계획을 세워 한밤중에 들이친 유격대는 수십 대의 차량을 불태워 버리고 미군 포로까지 잡았다가 풀어 주는 대승을 거두었다.
계속해서 미군 부대를 습격해 식량을 조달했기 때문에 따로 보급 투쟁을 할 필요도 없었다. 미군 스스로 보급품을 갖다 바치기도 했다. 미군은 수송기를 띄워 미군 주둔지에 보급품을 낙하시키고는 했다. 미군으로부터 뺏은 성조기를 펼치고 있으면 식량 통조림 박스와 탄약, 의약품이 낙하산을 타고 내려왔다. 미군 복장에 철모까지 쓰고 있어 상공에서는 구별을 할 수 없기 때문이었다. 다만 미군 군화는 무거워 산에서 신고 달리기 힘들었다. 대원들은 여전히 지하족이나 운동화를 애용하되 군화의 발목 부분을 도려 내어 각반처럼 묶고 다녔다.

이현상 유격대의 이런 행복은 오래 가지 않았고, 신발 때문에 죽을 고생을 하게 됩니다. 나중에는 오로지 신발만을 얻기 위해

포로가 된 빨치산 유격대원. 변변한 군화도 없이 헝겊으로 발을 싸감은 모습이
안타깝다. 이현상 유격대의 경우 오로지 신발만을 얻기 위해 미군과 국방군을
기습하기도 하였다. 그나마 미군 워커는 맞지 않아 발감개를 두텁게 감거나, 헝
겊을 잔뜩 구겨 넣어 발을 맞추어야 했다.

서 미군과 국방군과 경찰대를 기습하기도 하였으니 말입니다. 국방군이나 경찰 토벌대한테 빼앗은 군화는 괜찮았지만 발이 큰 미군한테서 빼앗은 '워커'는 발감개를 두텁게 감거나 헝겊을 잔뜩 구겨 넣어 발을 맞추어야 하였지요. 이현상이 거느리는 남부군 소속이었던 글지 이동규李東珪 경우는 더구나 차마 끔찍해서 쓸 수가 없을 정도이니, 또한 신발입니다. 신발도 없이 맨발로 산길을 헤매다가 죽었기 때문이지요. 이태李泰가 쓴《남부군》에 나옵니다.

52년 2월 남부군이 거림골 무기고트라는 데 머물고 있을 때 화가 양지하가 연필로 이동규의 얼굴을 스케치해서 '이선생의 빨치산 모습'이라는 제목을 달아 그에게 주었다. 그는 좋은 기념품이 생겼다면서 그것을 배낭에 넣고 다녔다. 그런데 그해 5월 내가 N수용소에 있을 때 205경찰연대의 정보과장이 환자트에서 사살된 시체의 배낭 속에 들어 있었다면서 보여 준 그림이 바로 그것이었다. 죽은 그 빨치산은 동상으로 발이 거의 썩어 없어져 버렸더라고 했다.

전주 감영에서 내려온 수성군守城軍 4백여 명을 무찌른 백산대첩 때 얻은 신식 병장기로 무장한 농민군은 이어 황토재대첩을 거두게 되는데, 여기서 얻은 것이 신발이었습니다. 관군들이 신고 있던 튼튼하고 따뜻한 가죽장화를 벗겨 신게 된 것이었습니다. 짚신을 벗고 가죽신을 신게 된 농민군 서슬은 하늘을 찌를 것 같았습니다.

김개남 장군과 전봉준 장군이 힘을 합쳐 전라도 얼안을 비로

쓸 듯하고 있다는 소문 들은 북접에서도 곡괭이와 쇠스랑이며 대
창을 쥐고 일떠서 충청도 회덕懷德과 진잠鎭岑을 손에 넣었습니
다. 이때에 해월海月 최시형崔時亨 동학교주는 "남접에 휩쓸리지
말고 도 닦는 데만 마음쓰라."며 북접 농군들이 울근불근하는 것
을 막았습니다. 그러면서 동학 교리를 어긴 남접을 무찔러야 된
다는 이른바 남벌령南伐令을 내려 교도를 이끌고 전라도 쪽으로
내려오기도 하니, 해월 동학주의의 테두리였지요. 해월을 비롯한
동학 위층 무저항주의자들은 충청도 농민군을 다 헤쳐 버리고 남
접군 서울 진격계획도 가로막고 나서며, 남접군이 충청도로 들어
오는 것을 한사코 반대하였습니다. 그때에 북접에서 내걸었던 격
문입니다.

> 동학도로서 반란을 일으키려는 것은 안 될 일이다. 전라도 전봉준과 충
> 청도 서장옥은 나라의 역적이요, 동학교문 안의 난적이다. 우리는 빨리
> 모여 그것을 치자.

정읍 · 태인 거쳐 북쪽으로 올라간 농민군이 원평 · 금구 거쳐
전주성에 이른 것은 4월 27일이었습니다. 그날은 전주 서문 밖 장
날이었는데, 개남장은 힘세고 날랜 농민군 수백 명을 뽑아 장사
꾼으로 꾸며 가지고 성안으로 들여보냈지요. 오정이 되자 용머리
고개에서 한 방 포소리가 났고 이어서 수백 방 총소리가 났습니
다. 놀란 장꾼들이 아수라장을 이루고 있을 때 개남장이 이끄는
농민군은 북과 징 그리고 꽹과리를 치고 아우성을 치며 물너울처

럼 성안으로 짓쳐들어가니, 피 한 방울 흘리지 않은 무혈입성이
었습니다.

그런데 안타까운 이야기가 있습니다. 개남장과 같은 도강道康
김씨로 감영장監營將을 지낸 김시풍金時豊이 양호초토사로 내려
온 홍계훈 손에 목이 잘린 것은 개남장이 들어오기 전인 4월 10일
이었습니다. 개남장한테 삼촌뻘 되는 김시풍 장군은 꼿꼿한 무장
으로 농민군에게 많은 도움을 주던 이였는데, 영장 임태두, 수교
정석희, 간부 김영배, 김용하, 김동근 등 12명과 함께 농민군과 내
통했다는 죄목으로 남문 밖 초록바위로 끌려가 목이 잘렸던 것이
었습니다. 시신은 물론하고 그 남은 식구들마저 찾을 수 없게 된
개남장은 뜨거운 눈물이나 쏟는 수밖에 없었지요. 멸문지화를 당
한 김시풍 장군 집안은 그 일곱째 아들 후손만 살아남았답니다.

전주성을 차고앉은 개남장은 곧바로 서울로 쳐올라갈 것을 내
대었으나 전봉준은 말을 듣지 않았습니다. 전주를 차지한 것에
대견해 하여 시간을 헛보내며 전주성을 둘러싸고 있는 완산칠봉
을 비롯한 산마루에 진터를 쌓아 농민군이 지키게 해야 된다는
개남장 말을 듣지 않다가 먼저 차지한 홍계훈군에게 수많은 희생
자를 내게 됩니다. 이겼다는 기분에 취하여 맥이 풀어진 터에 홍
계훈군이 쏘아 대는 대포에 전주성 안 태조 이성계 진영眞影 모신
경기전慶基殿과 감영 귀퉁이가 부서졌고, 성 안팎 민가 수백 채가
불타 버렸지요. 뒤늦게 받아치기에 나섰으나 용맹스런 장수 김순
명과 열여섯 살 아기장수 이복룡을 비롯한 5, 6백 명이 죽었고, 전
봉준도 허벅지에 총알을 맞았습니다.

이 무렵 흥선대원군 밀사라는 세 사람이 개남장을 찾아옵니다. 농민군을 이끌고 서울로 빨리 들어와 잘못된 정치를 뜯어고치자는 놀라운 제의였으나, 대원군이 직접 쓴 글이 없었습니다. 전봉준과 상의한 끝에 밀사라는 이들 제의를 물리친 개남장은 다시 "관군 진영도 보급이 안 되어 힘이 빠져 있으니 홍계훈을 잡아 효시하여 농민군 원혼을 달래며 북진을 서두르자."고 합니다. 그러나 관군과 화약 맺을 것만 내대는 전봉준이었고, 북진과 화약으로 갈라진 강온 양론이 맞서게 되지요. 모든 사람들 뜻이라는 전봉준과 손화중의 화약 제의에 따르기로 한 것은 5월 8일이었습니다.

농민군과 정부군 사이에 마침내 화의가 이루어졌고, 김개남과 전봉준은 전라감사 김학진金鶴鎭(1838~1917)에게 전주성을 넘겨주고 북문을 빠져나오니, 5월 9일이었습니다. 김개남은 남원을 근터구로 하여 전라좌도를 맡고 전봉준은 금구·원평을 근터구삼아 전라우도를 맡게 됩니다. 이들이 한 가장 큰 일은 집강소執綱所를 세운 것이었습니다. 집강소라는 것은 봉건 통치기구인 각 지역 관청과는 별도로 세운 농민 대표기관으로, 폐정개혁을 실천하기 위한 것이었지요. 8·15 직후에 짜여졌던 인민위원회와 같은 것이었으니, '소비에트'였습니다. 지방 자치기구인 집강소는 전라도 53고을 모두에 세워졌습니다.

그토록 북진을 반대하던 전봉준이 북진길에 오른 것은 10월 9일이었는데, 아흐. 왜인들이 쓴 패에 떨어진 것이었습니다. 가을 걷이 하는 농군 8천을 이끌고 삼례를 떠나 논산에 이른 것은 10월 12일. 북접 두령 손병희孫秉熙(1861~1922)가 북접군을 이끌고 온 것은 15일이었는데, 그들이 지닌 것은 농사짓는 연장과 대창이 고작이었습니다. 왜병이 몰려올 것이라며 북진을 반대한 김개남은 남원으로 돌아가고 손화중·최경선도 빠졌으며 김덕명 부대만 전봉준 부대와 힘을 모으고 있었습니다. 그때에 평양싸움에서 청군을 깨뜨린 왜군은 조선을 먹고자 농민군을 쓸어 버릴 작정이었던 것입니다. 타케시다[武田範之]라는 떠돌이 무사를 대원군 밀사로 꾸며 밀서라는 것을 전봉준에게 전하였는데,

> 왜놈들이 조정 내정까지 간섭하여 국정이 혼미하니 전봉준 장군은 최시형 동학 교주와 같이 동학군을 이끌고 북진하여 관군과 손잡고 왜군을 쳐내 달라.

개남장이 관군에게 붙잡힌 것은 순창 회문산 북쪽 종성리(이제 정읍시 산내면 종성리)에 있는 자형 서영기徐英基 댁에서였습니다. 근왕주의자로 친구였던 전 낙안군수 임병찬林秉瓚(1851~1916) 쏘개질에서였으니, 1894년 12월 3일이었지요. 관군은 개남장을 소나무 서까래로 울 두른 황소 달구지에 싣고 유지뱅이를 씌웠습니다. 전주감영으로 끌고 가는데 구름같이 모여드는 백성들이었습니다. 백성들은 입을 모아 소리쳤습니다.

> 개남아 개남아 김개남아
> 수만 군사 어디다 두고
> 짚둥우리가 웬말이냐?

백성들은 그리고 또 노래를 불렀습니다.

새야 새야 파랑새야
녹두밭에 앉지마라
녹두꽃이 떨어지면
청포장사 울고간다

녹두꽃은 개남장이고, 파랑새는 관군이며, 청포묵장수는 백성을 가리킵니다. 구름처럼 미좇아 오며 아우성치고 노래 부르는 백성들 서슬에 놀란 전라감사 이도재李道宰(1848~1909)는 서울로 올려보내야 하는 것을 그만두고 곧바로 목을 잘라 버립니다. 전주 남문 싸전다리 건너 남쪽에 있는 초록바위에서였지요. 전봉준 또한 믿었던 심복 김경천金敬天이 쏘개질로 붙잡혔는데, 아무도 미좇아 가는 백성이 없었습니다.

왜병이 갈겨대는 크루프 기관포에 맞기 전에 벌써 꽃잎처럼 떨어질 수밖에 없는 농민군이었으니, 또한 신발이었습니다. 신발과 옷차림이었습니다. 양털 달린 방한복 입고 방한 양말에 방한 가죽장화 신은 왜병과 관군은 최신 서양 병장기인 크루프 기관포에 양총 들고 덤비는데, 솜도 안 둔 무명 핫바지저고리에 짚신감발로 기껏 꺾은대라고 불리우던 화승총과 대창 든 농민군이었습니다. 몰아쳐 오는 북풍한설에 눅진눅진 젖어 버린 핫바지저고리요, 질퍽거리는 짚신 속 발은 또 얼음이 박혀 금방이라도 발가락이 떨어져 나갈 것만 같습니다.

우리는 본디 가죽신을 신었던 겨레입니다. 저 삼한시대 이전부터 그러하였고 발해를 넣은 남북국시대와 고려시대까지 그러하였지요. 그랬는데 이성계가 쿠데타를 일으켜 압록강·두만강 아랫녘으로 겨레땅을 오그려붙이면서 가죽신은 사라지게 되었습니다. 아아라히 넓은 시베리아와 만주 벌판에서 들어오던 온갖 짐승 가죽이 더 이만 들어오지 못하게 되면서 짚신만 신을 수밖에 없게 되었던 것이지요. 가죽으로 지은 질기고 모양나는 갖신은 모든 겨레의 1%도 못되는, 돈 있고 권력 쥐어 윗자리에서 떵떵거리며 다스린다는 자들이나 신을 수 있는 귀중품이었고, 만백성들은 농사지은 볏짚으로 삼은 짚신이나 신을 수밖에 없었지요. 이성계가 고려 왕조를 무너뜨리는 데 커다란 힘을 보태었던 것이 만주벌판 말달리던 여진족이었으므로 가죽신 신는 여진족 바람이 들어오는 것을 막고자 하였던 것이지요.

개남장 부대에서 살아남은 농군들은 지리산으로 들어가 의병이 되었고, 그들 뒷자손들은 일제 때 항왜 빨치산이 되었으니, 구구빨치입니다. 그리고 해방 공간에서 항미 투쟁을 벌였던 싸울아비들을 가리켜 구빨치라고 불렀습니다. 6·25가 터지면서 산으로 들어간 농군 자식들은 신빨치가 되었구요. 스무 살이 못 되는 이들은 애빨치라고 하였지요. 항왜 빨치산이 항미 빨치산으로 그 이름을 바꾸었던 것입니다. 그들은 모두 몰사주검하여 중음신이 되었는데, 집강소 이어받아 인민위원회를 세웠던 갑오년 싸울아비 뒷자손들 또한 몰사주검당하여 중음신이 되었구요. 그이들 한 맺힌 넋이런가. 염불처럼 서러워서 올려다보는 구만리장천에 멧

새 한 마리 날아가네요. 수리수리 마하수리 수수리 사바하.

몰사주검하기 전 항미 투쟁을 벌이던 개남장 뒷자손들은 '농민위원회'라는 얽이를 만드니, '집강소' 내림줄기 이어받은 것이었지요. 그들은 그리고 그 기관지로 〈농민신문〉을 펴내지요. 다음은 1951년 6월 1일치인 제 5호 〈농민신문〉에 실린 글입니다.(맞춤법과 띄어쓰기는 신문에 나온 대로임)

친애하는 남반부 전체 인민들이여! 조선인민의가장 우수한 아들 딸들인 인민유격대는 원쑤 미제 침략군과 이승만 역적들을 모라내고 조국의 완전독립과 조선인민의 자유와 행복을 찾기 위하여 자기생명을 아끼지 않고 도처에서 용감히 이러서 싸우고 있습니다 당신들은 빨치산들에게 식량과 의복 약품, 정보 등을 제공하며 가진 방법과 모―든 힘을 다하여 도와주어야하겠읍니다

― 박헌영 선생

인민유격대를 힘껏 도와주자!

여러분! 여러분이 잘 아시는 인민유격대(산사람)에 대하여 말씀 드리겠읍니다

여러분이 다 아시다싶이 인민유격대에가담하여 싸우는 사람들은 모두가 다 여러분과같이 굶주림과 가난한 처지에서 자라난 사람들입니다 그러면 왜 이사람들은 부모형제 처자를 떠나 모진 고생을 무릅쓰면서 총

칼을 들고 싸우고 있겠읍니까 여러분은 일본놈들이 물러간후 미국놈들과 그 앞재비 이승만 역적들이 여러분을 참을수 없이 괴롭히고 못살게 한 사실을 똑똑히 기억하고있을 것입니다

이 조선인민의 용서할수 없는 원쑤놈들의참을수없는 야수보다 잔인한 행동을반대하여 일어선 사람들이 바로 인민 유격대인것입니다 이들은 조선인민의 참을수없는 원쑤들을 우리조선땅으로부터 몰아내고 조선인민의 자유와 행복을 찾기위하여 우리조선의 완전 독립을 위하여 총칼을 들고 일어선 사람들입니다

여러분은 지나간 수년간에 있어 이승만 역적놈들이 얼마나 유격대(산사람)를 미워하고 이들을 없애버릴 심산으로 발악했는 가를 똑바로 알고 계실것입니다 그러나 옳은 것을 위하여 자기생명을 아끼지 않고 일어서 싸우는 용감한 인민유격대를 제 아무리 없엘라 발악한들 그것은 소용없는 헛짓이 되고 말았읍니다

여러분! 미국놈과 이승만역적놈들이 일으킨 전쟁이 시작된지 별써 일년이 가까워 옵니다 이제야 미국놈도 이승만이도 할수없는 막다른 골목에 일으렀읍니다 인민군이 이놈들을 막처부시고밀고내려오고 있읍니다.

여러분은 조선인민의 원쑤 미제국주의놈들과 이승만 졸도놈들이 일으킨 이전쟁을 하로속히 끝마치고 조선의 완전 독립과 전체 인민의 행복의 날을 하로속히 찾기 위하여 인민군의 승리에 발 맞추어 이곳 저곳에서 원쑤놈들을 처부시며 싸우는 인민유격대(산사람)의 소식을 잘알고 계실 것입니다 나뭇잎이피고 인민군이 밀고 다망해 가면서 허덕이는 원쑤놈들을 유격대는 닥치는대로 처부시고 있읍니다

해방의 날은 가까워왔읍니다! 이제야 여러분이 지긋지긋하게 싫어하는 세상이 망해버리고 행복스럽게 잘 살수있는 세상이 바로눈앞에 닥쳐온 것입니다

여러분! 여러분의 아들딸들이며 이와 같이 자기 생명을 내걸고 싸우는 인민유격대를 힘껏 도와줍시다! 인민유격대는 여러분의 친가족이며 친구입니다 유격대는 가장용감한 애국자들입니다 여러분이 유격대를사랑하고 도와주면줄 수록 원쑤놈들의 망할날이 빨러지는 것입니다 여러분이 행복스럽게 잘살수있는 세상이 속히 올수있는것입니다. 해방되고 독립되는 날이 빨러지는 것입니다

여러분! 유격대의 가는곳마다 있는 곳을 원쑤들에게 알리지맙시다 유격대에 식량을 원조합시다! 원쑤놈들의 정보를 타서 유격대가 원쑤놈들을 없에 치우도록 도와줍시다! 우리조상들이 임진왜란때 모두다 일어나 신불산에 진을치고 기엏고 왜놈들을 몰아내고야만 빛나는 역사를 기억할 것입니다 여러분! 우리도 우리 조상들의 훌륭하신 뽄을 받아서 원쑤놈들을 물리칩시다!

해방과 행복을 찾읍시다!

우리 나라의 독립을 찾읍시다!

★ 농민 노동자들을 못 살게하는 미제침략강도배들을 하로빨리 모라내고 이승만역적잔당을 소탕하자!

★ 농민 노동자를 위하는 우리나라 인민공화국만세!

황매천黃梅泉이 남긴《오하기문梧下記聞》에 보면 김개남 장군 마지막 모습을 이렇게 적어 두고 있습니다.

적 김개남이 형벌에 복종하여 죽음을 받았다.

심영沁營(강화 진무영) 중군 황헌주黃憲周가 개남을 포박하여 전주에 도착하자 감사 이도재가 개남을 신문하였다. 개남은 큰소리로 "우리들이 한 일은 모두 대원군의 은밀한 지시에 의한 것이다. 지금 일이 실패한 것은 또한 하늘의 뜻일 뿐인데 어찌 국문한다고 야단이냐?"고 하였다. 도재는 마침내 난을 불러오게 될까 두려워 감히 묶어서 서울로 보내지 못하고 즉시 목을 베어 죽이고 배를 갈라 내장을 끄집어냈는데, 큰 동이에 가득하여 보통 사람보다 훨씬 크고 많았다. 그에게 원한을 가지고 있는 사람들이 다투어 내장을 씹었고, 그의 고기를 나누어 제사를 지냈으며 그의 머리는 상자에 넣어서 대궐로 보냈다.

개남의 미친 듯한 행동과 포악하고 잔인함은 여러 적들 가운데 가장 심하여 사람들은 마치 호랑이처럼 두려워하였다. 그러나 도리어 추종하여 아양을 떨며 이익을 도모하는 자들도 있었다.

개남장을 그리워하던 이들이 부르던 노랫소리 구만리장천을 소소리쳐 오르네요.

개남아 개남아 김개남아
그많던 군사 어디다 두고
전주야 숲에다 유시했나
새야새야 파랑새야 네어이 나왔더냐
솔잎댓잎 푸릇푸릇 여름인가 나왔더니
저건너 청송녹죽 감쪽같이 날속였네

김개남은 좌도접주 전봉준은 우도접주

쌍두마차 달렸건만 청운이 불길턴가

김개남은 산내종성 임아무개 고변으로

전주감영 끌려가서 초록바위 이슬됐네

개남장군 자취보소 일자기록 바히없네

공초기록 남았다면 전봉준에 비견하리

영웅호걸 그자취야 인생무상 이아닌가

이름모를 산새떼만 하늘중천 빗겨가니

농투산이 넋이련가 개남장의 숨결인가

구슬프다 갑오민요 앙가슴에 스며드네

용문산 총댕이
김백선 장군

'남돌선 북백선'이라는 말이 있었습니다. 아리수 아랫녘에는 신돌석 申乭石(1878~1908)이 엄지가락이고, 아리수 윗녘에는 김백선 金伯善(?~1896)이 엄지가락이라는 말이었으니, 의병 싸움이 첫고등 열었던 1885년 끝 무렵부터 을사늑약으로 나라를 빼앗긴 1905년 뒤까지였지요. 그이들 이름자 뒤에는 그리고 꼭 '장군'이 붙어 있었는데, 안팎 곱사등으로 몰리고 쏠려 헐수할수없게 된 풀잎사람들이 바치는 가장 아름다운 메꽃다발이었습니다.

그런데 김백선 장군 성명삼자는 어디에도 보이지 않습니다. 우리 겨레 지나온 자취를 적바림하였다는 이른바 《정사正史》는 물론하고 뜻있는 이들이 돌에 끌로 파서 새기었다는 《초야역사》에도 보이지 않으며, 그리고 또 이런저런 이름 달고 나오는 숱한 '역

사책'에도 그 이름이 없습니다. 어쩌다 '김백선'이라는 성명삼자
가 비치는 데도 있지만 아주 데면데면하거나 크게 잘못된 것들이
니, 대표적인 것 두 군데만 들어 보겠습니다.

> 평민 출신의 의병장 김백선은 전투를 능숙하게 지휘하였다. 그는 성 안
> 으로 쳐들어 오는 적들만을 족친 것이 아니라 대낮에 성문으로 나가 성
> 밖의 적들을 성벽 가까이까지 끌어다가 돌벼락을 안겨 무리죽음을 주군
> 하였다. 또한 밤에는 성밖으로 나가 잠에 곤드라진 적들을 기습하여 족
> 치었다. (중략) 근 한달 동안이나 계속된 충주성 전투는 간악한 원쑤 일
> 제침략자들에게 강한 타격을 안겼으며 외래 침략자들과 끝까지 싸우려
> 는 우리 인민들의 투쟁기세를 훌륭히 보여 주었다.
>
> (본딧글대로임)

조선민주주의인민공화국 사회과학원 력사연구소에서 1979년
1월 펴낸《조선전사》에 나오는 대문입니다. 나라 살매가 쌓아놓
은 달걀 같은 자리에 떨어졌을 때마다 불끈불끈 일떠섰던 인민대
중 의병 싸움이 임병양란 뒤로 다시 불붙었던 것이니, 230년 만이
었지요. 의병 맞싸움이 소매를 걷어붙이고 일어나게 된 것은 강
원도 춘천 출신 선비 류인석柳麟錫(1842~1915)이 1896년 2월 9일
널리 알린「격고팔역檄告八域」부터인데 조국에 대한 가없는 사랑
과 '원쑤'에 대한 타는 미움과 의병 싸움의 마땅함에 대한 굳은 믿
음에 바탕하고 있으나, "봉건적 륜리 도덕관념에서 벗어나지 못
한 계급적 제한성과 시대 착오적인 락후성을 반영한 측면들도 있

가서 그의 선봉장이 되어 충주 싸움에 참전, 가흥에서 일본군을 무찔렀다. 이때 제천 독송정獨松亭에 주둔하고 있는 의병대장 유인석에게 즉시 서울 진격을 감행하지 않는다고 꾸짖으며 칼을 뽑았다가 대장에게 항거했다는 죄명으로 총살형을 당했다.

─〔문헌〕 한국독립운동사,《기려수필》, 소의신편

먼저 진서 이름자가 틀립니다. '百先'이 아니고 '伯善'이지요. 그리고 팔팔결인 곳이 두 군데이니, "맹영재와 함께 지평에서 의거"와 "유인석에게 즉시 서울 진격을 감행하지 않는다고 꾸짖으며 칼을 뽑았다가 대장에게 항거했다는 죄명으로 총살당했다."가 그것입니다. 앞엣 것은 잘못된 만큼이 아니라 바이 뒤쪽인 것으로, 맹영재孟英在라는 사람은 김백선 장군과 함께 의병을 일으킨 것이 아니라 왜노倭奴한테 붙어 '의병 토벌'에 나섰다가 의병들한테 죽임당한 왜노 앞잡이였거든요. 황매천黃梅泉이 쓴《오하기문梧下記聞》에 나옵니다.

경기감사 홍순형洪淳馨이 (의정부)에 사뢰기를 "지평현 도적 수백 명이 홍천땅에 접장을 베풀어 두자, 감역 벼슬을 지냈던 맹영재가 부약장副約長으로 관군과 민간 포병 백여 명을 거느리고 그 우두머리 고석주高錫柱·이희일李熙一·신창희申昌熙를 사로잡아 혹은 목을 베기도 하고 혹은 죽이기도 하였으며, 그 한패거리 다섯 명도 목을 쳐 죽였더니 나머지는 사방으로 흩어졌습니다. 맹영재가 의를 내세워 목을 베고 사로잡은 일은 포상받을 만합니다. 의정부에서 말하여 갈망하도록 하고 맹영재를 소모관에 앉혀 잇달아서 토벌하는 일에 오로지하도록 하고 외방 수령 자리가 나면 맡길 일입니다."라고 하였다.

홍천洪川땅에서 힘 떨치는 지평砥平 출신 동학군을 쳐없앤 공으로 관아를 짓고 고치는 일 맡아 보던 선공감繕工監에 딸린 감역관監役官이던 맹영재는 지평 현감이 됩니다. 지평현은 이제 경기도 양평군 지평면으로, 그야말로 미관말직인 종9품짜리가 아이오 종6품 원님이 된 것이니, 문과를 하거나 잔다리 밟아 올라간 것이 아니라 벼락감투를 쓰게 된 것이었지요. 하루아침에 '사또나으리'가 된 맹영재는 그때부터 더욱 기를 쓰고 '동짜사냥'에 나서 홍천은 물론하고 지평·양근·여주·이천·장호원·홍천·횡성 쪽 동학군은 거의 씨가 마를 지경이 됩니다. 맹영재는 전봉준이 갑오년 10월 9일 가을걷이 마친 농군 8천을 이끌고 삼례를 떠나 북진길에 올랐을 때 남녘으로 내려갑니다. 동학군 토벌에 나선 경군 좌선봉 이두황李斗璜과 우선봉 이규태李圭泰 좇아 지평을 떠난 것이니, 용인·죽산·목천 거쳐 공주 우금고개에서 미나미 19대대와 함께 동학군을 깨뜨렸던 관군 가운데 한 부대였지요.

김백선이 잔풀나기 현감 맹영재를 보러 지평현 동헌으로 갔던 것은 을미년 겨울이었습니다. 1895년 음력 11월. 용문산 범 잡는 지평포군 목대잡이 김백선 손에는 화승대가 쥐어져 있었지요.

"사또"

"왜 그러는가?"

"한양으로 올라가야 되지 않겠는지요?"

"웬 한양?"

"왜놈들을 쳐부셔야지요."

"점점."

"의병을 일으켜 왜놈들을 쫓아내야지요. 갑오왜란을 일으켜 우리 상감을 꼭두각시 만든 왜놈들이 어즈버 500년을 내려온 우리 조선 조정을 허수아비 만들더니 끔찍하게 중전마마를 시해하고, 해처럼 밝은 백의 두루마기에 까마귀 같은 검정물 들여 입게 하고, 마침내 부모님한테 물려받은 머리털마저 잘라 버리는 단발령까지 떨어지니……. 의병을 일으켜야 되는 까닭이올시다."

"백선이."

"예, 사또."

"내 말 잘 듣게. 자고로 길흉화복이 모두 내 한몸 처신에 달렸으니, 본쉬 말을 똑똑히 명렴해야 될 것이야. 시재 조선 팔도에서 우이를 잡고 있는 것은 일본 사람들이니, 우리는 그저 굿이나 보고 떡이나 먹는 것이야. 윗자리 사람들이 시키는 대로 따라가기만 하면 된단 말이지. 알아듣겠는가?"

"이것이 국록을 먹는 벼슬아치가 할 수 있는 말이외까? 조선 백성이 할 수 있는 말이야!"

불이 쏟아질 것 같은 범눈으로 맹영재를 쏘아보던 김백선은 들고 있던 화승대를 동헌 뜨락 섬돌에 쳐 부숴 버리고 관아를 빠져나갔습니다. 그리고 시퍼렇게 간 환도 꼬나쥐고 머리 깎으러 올 공다리들을 기다리는 것이었으니, 맹영재가 거느리는 관군 밑에서 동학군 토벌에 한몫 들던 관포수 목대잡이 김백선이 의병장 김백선으로 다시 태어나게 되는 순간이었지요. 개인적인 삶에서 사회적이고 역사적인 삶으로 나가게 된 것입니다.

그때에 이제 양평군 양동면인 지평현 상동 금왕골 경주 김씨들이 모여 사는 김촌金村까지 찾아와 의암 류인석이 쓴 「격고팔역」 격문을 보여 주는 선비가 있었습니다. 의암毅庵이 채잡는 호좌창의군湖左倡義軍 중군中軍으로 충주성싸움에서 목숨을 잃게 되는 상동 출신 괴은槐隱 이춘영李春永(1869~1896)이었지요. 그때 일됨새를 보여 주는 적바림이 있습니다. 제천 선비로 의병에 들었던 옥산玉山 이정규李正奎가 쓴 《종의록從義錄》에 나오니, 그때에 의병을 일으켰던 조선 선비들 마음입니다.

갑오년 6월 20일 왜장 대조규개大鳥圭介(일본공사)가 군사를 거느리고 대궐을 범하여 임금을 위협하고 제멋대로 약정을 맺었다. 이때 박영효·서광범·서재필 등이 적중에 망명해 있다가 얼굴을 들고 나와서 국가의 권병을 쥐고, 국내에 있는 여러 도적과 서로 호응결탁해서 정삭을 고치고(개정삭改正朔), 관명을 변경하고(변관명變官名), 복색을 바꾸고(역복색易服色), 주군을 개혁하니(혁주군革州郡), 당당한 소중화小中華가 하루아침에 변해서 소일본이 되었다. 을미년 봄에 박영효·유길준 무리들이 강제로 흑의령黑衣令을 내려서 오랑캐 제도를 따르게 하니, 관찰군수된 자가 이미 적의 앞잡이가 되어 있기 때문에 그 명령을 시행함이 바람보다 빠르고 물보다 급하다.

(중략)

이해 8월에 김홍집과 유길준 등 여러 도적이 우범선·신응희·유혁로

등 앞잡이들을 시켜서 왜놈과 군사를 거느리고 대궐을 범하여 동궁을 구타하고 국모를 학시 虐弑하였다. 11월 15일에는 여러 도적놈들이 임금님 및 동궁·대원군 내외백관에 이르기까지 강제로 삭발을 하고, 아래로 팔도의 억조창생에까지 화가 미쳐 불보다 더 급하게 되니, 백성들은 다 간담이 떨어지고 기가 막혀서 어떻게 할 바를 알지 못하고 있었다.

이와 같은 커다란 언걸 맞은 선비된 자로서 그 몸을 바르게 세울 수 있는 길로 세 가지를 꼽는 의암이었으니,

"첫째는, 의병을 일으켜 왜적을 깨끗이 쓸어 내는 것이오.

둘째는, 고국을 떠나 뒷날을 채비하는 것이오.

셋째는, 자정 自靖(자결)하여 스스로 깨끗이 하는 것이니, 저마다 제 뜻대로 좇아서 할 일이다.

이에 낯빛 하얗고 손목 가느다란 탕창짜리들이 저저금 제 뜻을 밝히는데,

"지금 당한 일은 짐승이 안 되려면 죽어야 하며, 죽지 않으려면 짐승이 되어야 하니, 앉아서 죽기를 기다리는 것보다 차라리 일어나 왜적을 치는 것이 낫겠다."

서울 출신 실곡 實谷 이필희 李弼熙가 말하였고, 상동 사이실 사는 퇴앙 退央 안종응 安鐘應 아들 하사 下沙 안승우 安承禹(?~1896)가 뒤를 받았습니다.

"장대 꼭대기에 깃발을 달고 적을 꾸짖다가 죽더라도 이는 아무 일도 하지 않는 것보다는 낫고, 또한 대의를 후세에 펴는 것이다."

하사와 한동네 사는 조은 釣隱 이범직 李範稷(?~1896)이 말하였

습니다.

"자정하기도 어려우니 차라리 일을 하다가 형세에 부딪쳐 죽는 것이 옳다."

제천 선비 입암立庵 주용규朱庸奎(?~1896), 강릉 선비 충재忠齋 오인영吳寅泳, 성암惺庵 박주순朴冑淳, 회당悔堂 박정수朴貞洙, 겸암謙庵 최병식崔炳軾 및 연풍 선비 최열崔列, 홍선표洪選杓, 충주 선비 이조승李肇承, 제천 선비 정화용鄭華鎔, 홍덕표洪德杓 및 이정규는 모두 의암과 함께 요동에 들어가 대의를 지키고자 하였고, 경재敬齋 양두환梁斗煥과 몇몇 동지들은 자정하기로 아뀌지었습니다.

의병을 모으기로 하였다는 괴은 말을 듣게 된 김백선은 크게 기뻐하며 거느리고 있는 여러 산포수들에게 모이도록 하였으니, 금왕골에서 60리쯤 떨어진 원주 안창安倉이었습니다. 지평 울안에서 모이면 가왜假倭인 맹영재한테 들킬 걱정이 있으므로 안창으로 정한 것이었는데, 지정면 안창에는 괴은 처가가 있었습니다. 인목대비 친정인 연흥부원군 김제남 10세손 연안 김씨 대종가 김헌수가 바로 괴은 장인이었지요. 그런데 군량 내서 의병들을 잘 먹이기로 한 판서 김세기金世基가 달아나 버렸고, 힘을 모아 주기로 한 원주군수 이병화李秉和 또한 뺑소니쳐 버렸을 때 괴은은 소리쳤습니다.

"김과 이 두 자는 반드시 찾아내서 군율로 다스릴 것이다. 이른바 대신과 수령이란 자들이 나라를 잊고 의로움도 없고 부끄러움이 없기가 이와 같으니 이는 모두 적의 무리이다. 먼저 이같은 무리를 죽인 연후에야 가히 천하의 이치를 밝히고 사람의 마음을 변할 수 있다. 내가 비록 힘이 부족하여 왜적을 멸할 수 없더라도 이놈들은 반드시 죽일 것이다.”

인목대비 친정집에 모였던 김백선 포군 400명을 비롯한 의병들이 밤길 80리를 걸어 충북 제천으로 갔으나 제천군수 김익진金益鎭 또한 달아나고 없었으니, 군율에 걸어야 할 공다리가 한 사람 더 늘어난 것이었지요. 11월 27일 새벽이었습니다.

나무거울 같은 꼭두군사들이 지키는 제천성을 불질 몇 방으로 두려뺀 지평의진은 목대잡이 얼개를 짜는데,

대장 이필희

중군 이춘영

선봉 김백선

군사 서상렬

군무도유사 안승우

서기 원용정

참모 이필근이었습니다.

충무공 이순신 장군 8세손인 이필희는 지조와 절개가 훌륭한 무인이었는데 화서華西 이항로李恒老(1792~1868) 문인인 양근 출신 성재省齋 류중교柳重教(1821~1893)를 찾아뵌 다음 활과 창칼 던지고 붓을 잡은 사람이었고, 제천 선비인 경암敬庵 서상렬徐相烈(?~1896) 또한 성재 문하에서 학문을 닦다가 성재가 돌아가자 “대들보가 꺾이고 산이 무너졌으니 이 도를 누가 붙잡으며 후학들을 누가 가르치고 민생을 누가 건져 주며 짐승같은 놈들을 누

다."고 꼬집어뜯는 《조선전사》에서는, 김백선 장군 마지막을 이렇게 적고 있습니다.

김백선은 평민 출신의 의병장으로서 전투마다에서 공을 세워 일반 의병들로부터 커다란 신임과 지지를 받고 있었으나 상층으로부터는 그가 평소에 량반들을 존경하지 않는다 하여 신임을 받지 못하고 있었다.

그는 충주 전투 후 가흥에서 일제놈들을 추격하여 잘 싸웠으나 의병대에 요청한 지원 력량을 보내 주지 않은 데 대하여 량반 출신인 중군장 안승우에게 그 책임을 추궁하였다. 이런 사실을 안 류인석은 김백선이 평민으로서 량반에게 버릇없이 행동하였다 하여 몹시 격분한 나머지 그를 군사 규률 위반으로 취급하고 사형에 처하였다.

류인석이 김백선을 죽인 후과는 컸다. 이에 대하여 당시의 한 자료에는 이렇게 기록되어 있다. 김백선이 류인석에게 처단된 이후부터 "정세가 참혹하여졌으며 부대의 위용이 다시 추서지 못하고 (중략) 의병투쟁은 드디어 좌절되어 다시 일어날 여지가 없게 되었다."

— 《기려수필》, 김백선조

대한민국 신구문화사에서 1967년 3월 펴낸 《한국인명대사전》에는 이렇게 적바림되어 있습니다.

김백선金百先(?~1895 고종 32)

조선 의병장. 경기도 출신. 1895년 민비가 시해되자 맹영재와 함께 지평에서 의거, 유인석이 제천에서 의병을 일으킬 때 부하 500명을 데리고

가 몰아 낸단 말이냐"고 땅을 치며 상복 입고 슬퍼하기를 3년을 하루같이 하던 대추씨처럼 빳빳한 선비였지요.

제천에 들어간 이틀 뒤 단양 장회협長淮峽에서 다시 관군을 물리쳐 서슬 올린 지평의진이었습니다. 그런데 충주성을 치러 가자는 유생 의병장들 다조짐 뿌리치고 죽령 넘어 경상도로 내려가는 사달이 일어나니, 목대잡이 유장儒將들과 총바치 싸울아비들 사이에 북새통이 일어났던 것이지요. 안창에서 푸대접받고 제천을 두려뺐으나 제대로 먹고 쉬지도 못한 판에 다시 장회협 싸움에서 관군을 물리쳤다지만 300여 리 죽살이치고 주립 떨 틈도 없이 달려온 싸울아비들에게 곧바로 충주성을 치러 가자는 것은 억지였던 것이지요. 그리고 무엇보다도 김백선 선봉장을 돌려놓고 서상렬 사북으로 움직이는 싸움이 마땅찮았던 것이니, 양반과 상민 사이에 벌어지기 비롯한 '계급갈등'이었습니다.

「한말 의병전쟁의 민중적 성격」이라는 글에서 김도형 교수는 말합니다.

부대 내의 대립은 대개 지휘권 다툼이 많았다. 그 단적인 예가 유인석 부대의 김백선 처형 사건이었다. 포수 출신이었던 김백선은 그 부대의 선봉장으로 여러 전투에 공이 있었으나, 중군 안승우와의 의견 대립으로 '양반불경·반역죄'로 처형된 것이다. 이 사건으로 "공(안승우)이 백선의 공이 많음을 시기하여 모함해서 크게 죽였으므로, 군사와 백성들의 인심을 잃었으니 그를 따를 수 없다"라 하여 포군은 대개 이 부대에서 이탈하였다. 이 유인석 부대에서는 이와 유사한 사건이 다수 발생하였다. 동학 두령 신처사申處士의 군 탈취 사건, 포군 영솔장 오장문의 처형, 포군 권선경權善卿의 문제 등이 있었으며, 평안도로 이동하여 의병활동을 할 때에도 포수 출신 전군장前軍將 최문환이 "권세를 탐하여 시기"한다고 죽인 일도 있었다. 그밖의 의병부대에서도 대장 이근풍李根豐이 여러 사람과 의견이 맞지 않아 부하에게 피살될 것이 두려워 도망한 일, 김기준金基準이 그 부대 대장 전해산全海山과의 권세 다툼으로 살해된 일도 있었다. 또 고인 출신 안계홍이 그 대장 강용언姜龍彦을 죽이고 스스로 대장이 된 일도 있었고, 그 부대의 부장이었던 임창모林昌模(문필에 능함)가 안계홍과 뜻이 맞지 않아 따로 부대를 독립한 일도 모두 이러한 이유라 생각된다.

송상도宋相燾(1871~1946)는 가난한 농가에서 태어나 한학을 익히며 권상익權相翊·전우田愚·곽종석郭鐘錫 같은 학자들을 찾아다녀 본데를 넓히며 사학을 갈닦았던 사람으로 1910년 한일합방이 되자 망국의 슬픔을 안고 30여 년간 전국을 돌며 애국지사들 발자취를 모아《기려수필》이라는 책을 썼습니다. 책 이름에서도 알 수 있듯이 조랑말 타고 온나라를 돌아다니며 의병장들 발자취를 더듬어 보고 말하였습니다.

내가 지평 상석리上石里에 가서 이정규李貞奎가 엮어 만든《창의록倡義錄》에는 유인석·안승우·서상렬·나시운羅時雲 등 여러 사람의 일은 모두 소상하게 기록되어 있었지만, 김백선에 이르러서는 그 사실도 기록되어 있지 않았다. 이것은 탄식스럽고 애석한 일이 아니겠는가. 나는 다른 데서 그 약력을 들어서 위와 같이 기록하고 이에 가탁하여 깊은 뜻을 드러내고자 한다.

같은 책에서 송상도는 안승우에 대하여 이렇게 적었습니다.

그때에 술·국수·물고기·고기를 가지고 온 사람이 있었는데 안승우는 모두 손사래쳐 받지 않으면서 말하기를 '이것을 병정들과 더불어라면 받을 수 있으나 혼자 먹으라면 나는 차마 목구멍에 넘길 수가 없다.'고 하고 또 '내가 군수軍需로 쓰는 것은 모두 백성의 힘에서 나온 것이다. 진실로 일의 형편이 부득이하기 때문이다. 공용公用 이외에는 단 한 알이라도 허비할 수 없다.'고 하고 기강을 엄하게 세워 추호도 범하지 않았다.

안승우는 유교적 애민사상에 빈틈없던 유생으로 여느 병정들과 똑같이 먹고 자면서 어떤 경우에도 사사로운 대접을 받지 않았습니다. 그러면서 여느 농민들한테서 함부로 물품을 거두어들이지 않았지요. 그렇다고 해서 안승우를 비롯한 의병 한허리 유생들 생각이 이른바 부르조아적 의미에서 만민평등주의와는 달랐으니, 무엇보다도 그들은 위정척사론자들이었던 것입니다.

위정척사론이라는 것은 조선 사회를 버팅겨 내는 밑바탕 이념으로서 주자학을 봉건왕조를 지켜 내기 위한 '정학正學'으로 하고 주자학 밖 모든 사상철학과 학문을 '사학邪學'으로 내치는 것이었습니다. 이른바 주자학 이데올로기였지요. 조선 사회를 지배하고

《기려수필》은 송상도가 1910년부터 광복까지 일제 감시를 피해 35년간 전국 항일운동가들의 행적을 찾아다니며 일일이 채록 저술한 책이다. 〈사진출처 : 한국학중앙연구원〉

있는 유일 사상체계였습니다. 근세조선 유학을 대표하는 주자학자 3인이 노사蘆沙 기정진奇正鎭(1798~1876)·화서華西 이항로李恒老(1792~1868)·한주寒洲 이진상李震相(1818~1885)이었는데, 하나같이 주리 철학자들이었습니다. 우주만물을 이루고 있는 밑바탕 원소를 '리理'로 보는가 '기氣'로 보는가 하는 철학의 근본 문제를 놓고 그들은 퇴계退溪 이황李滉(1501~1570)이 내대었던 주리론主理論을 따라갔던 것이지요. 더구나 의병장으로 이름 높았던 양헌수梁憲洙·최익현崔益鉉·류중교柳重敎·류인석 같은 이들이 모두 이항로 문하생이었는데, 그 가운데서도 류인석 문생들은 590여 명에 이르렀답니다.

명성황후가 왜노에게 학시당하고 단발령이 내려지면서 불붙기 비롯한 을미의병이었습니다. 의병 모람들은 거의 농군들이었구요. 그런데 이 을미의병 목대잡이들 가운데 농민 의병장은 없습니다.

"중화문명을 잃어버린 뒤로는(명나라의 결딴남을 말함) 공맹정주孔孟程朱 의 도맥道脈이 청구靑丘에 간직되어 마치 마지막 남은 실과가 따먹히지 않고, 넘어진 나무에서 겉움이 돋은 것처럼 되었사오니 선왕께서 떠받들어 넘겨 주셨고 어렵게 간직하였습니다."
"명나라의 남은 백성으로써…… 온 세상이 더럽게 되었는데 오직 홀로 우리나라만이 동쪽에 있어서 조그마한 땅이나마 깨끗이 간직했으니 이른바 하나 남은 실과가 따 먹히지 않았다는 격."

류인석과 최익현이 올린 상소문 한 어섯이니, 이 세상에 오직 하나만 남겨진 유교 나라임을 떳떳해 하고 있습니다. 우리나라가 놓이게 된 자리를 주역周易 박괘剝卦에 나오는 석과불식碩果不食 일선양맥一線陽脈에 비추어 보고 있습니다. 류인석과 최익현이 내대는 것은 이른바 척사운동인데, 삿된 것을 물리친다는 이 척사운동은 효종 때 비롯된 북벌론에 그 뿌리를 두고 있습니다. 이것은 조선 선비들이 스스로를 높이는 터무니였던 바, 그것은 서양 오랑캐를 물리쳤다는 병인 · 신미 두 양요 때부터 무력 항쟁으로 나타나 을미의병에서 그 고빗사위에 이르렀던 것이지요. 여기서 비추어 볼 것은 조선왕조 제17대 왕 시호인 효종이 남송南

宋황제 효종과 그 글자가 똑같다는 점입니다. 만주벌에서 일어난 여진족에게 쫓겨 장강 아랫녘으로 밀려내려간 남송황제 효종孝宗은 주자 같은 이들이 내대었던 여진족 금나라에 빼앗긴 옛땅인 북송北宋을 되찾아야 된다는 북벌론과 조선 효종이 송시열 같은 주자주의자들이 눈비음으로 내세웠던 여진족 오랑캐가 세운 후금後金을 쳐 나라의 부끄러움을 씻어야 된다는 북벌론과 꼭같다는 점입니다. 갑오왜란을 당하여 오직 하나뿐인 입신양명 길이었던 과거제도가 없어짐으로써 양반으로서 누리던 따논자리를 잃게 된 주자주의자들은 물러설 데가 없었습니다. 무장력의 고갱이를 이루는 것은 총댕이 곧 선방포수善放砲手들이었지만, 의병 싸울아비들은 얼추 낫과 곡괭이며 죽창 쥔 농투산이들이었지요. 그러나 이마에 흰 무명수건 질끈 둘러 왜병·관병과 다름을 내세운 농군들이 많았다고 해서 을미의병을 농민봉기로 봐서는 안 됩니다. 을미의병 이데올로기는 어디까지나 척사위정사상과 복고주의사상이었으며 그 원몸은 저 효종 때부터 내려오는 북벌론 갈래 유생들이었던 것입니다. 춘천 의병이 처음 일떠섰을 때는 춘천유수였던 민두호閔斗鎬가 세운 생사당生祠堂을 때려부수며 농민반란 모양새를 보이기도 합니다. 그러나 뚜렷한 사상철학으로 안받침 된 채잡이가 없이 울근불근하기만 하다가 척사 유림 대표자인 류인석 문하 이소응李昭應한테 목대잡이 자리를 내어 주고 말게 되니, 먹물 안 든 농군들 테두리였습니다.

 양반에게 고분고분하지 않고 대들었다는 죄목으로 오라 진 김백선이 늙으신 어머니를 한번 뵙고 죽게 해달라는 것을 내박

차고 목을 베었던 류인석 또한 왜병과 싸울 싸울아비들이 흩어져
버리자 만주로 뺑소니치고 말았으니, 먹물든 탕창짜리 테두리였
지요. 만주 벌판 떠돌며 읊조린 시입니다.

나이는 늙었으나

붉은 마음 다져진다

이국에서 성성 백발

온갖 풍상 겪었구나

바라노라

내 나라에 새 운수 돌아오기를

생각하노라

내 나라가 백성나라 되올 일을

여생이 다하도록

자나 깨나 근심이다

만 번 죽더라도

하자던 일해야 하지

그대들아

내 다시 한 번 권하고 싶은 말

간고한 앞길에는

승리가 있느니라

― 《의암집 毅庵集》

이제 경북 영주인 순흥順興에서 5박 6일 동안 머무르게 된 지

평의진은 괴은 이춘영을 제2대 대장으로 모시고 소를 잡아먹으며 이제 단양인 영춘 永春 거쳐 강원도 영월로 올라갑니다. 그리고 그곳에서 의암 류인석을 제3대 대장으로 모시고 의진얼개를 다시 넓혀 짜는데, 선봉장 자리는 여전히 김백선입니다. 다시 제천으로 내려가 소를 잡아 싸울아비들 어루만진 류인석 대장이 충주성에 다다른 것은 1896년 정월 초닷새였지요.

충주성을 지키는 병력은 왜병 200여 명, 경병 400여 명에 충주 태안 병대가 500여 명이니 모두 1천 100여 명이었습니다. 의병 숫자는 호왈 4천여 명으로 좌군장인 전 승지 우기정 禹冀正이 그 땅에 붙박이로 사는 사람 가운데 뽑아온 발민군 拔民軍 3천여 명과 이조승이 모아온 500여 명이 지평의진을 돕고 있어 대단한 숫자로 보였으나, 총을 지닌 싸울아비들은 김백선이 거느리는 용문산에서 큰불놓이하던 총댕이 400여 명이 모두였지요.

400명과 1천 100명. 언뜻 3대 1 병력이니 '껨이 안 되는' 싸움이지요. 거기다가 의병들이 지닌 화승대는 기껏 20보 내외밖에 못 나가는데, 왜병·경병이 지닌 양총은 400야아드, 곧 한 800미터쯤 나가는 네덜란드제 소총과 스나이더 소총·무라다 소총이었습니다. 한 가지 의병들한테 유리한 점이 있다면 400여 명 모두가 경기도에서 가장 큰 산인 용문산에서 범 잡던 명포수들이라는 것이었습니다. 깊은 산속에서 범·곰 같은 맹수들과 맞닥뜨렸을 때 한방에 그것들을 쓰러뜨리지 않고서는 포수가 죽게 되니, 백발백중일 수밖에 없는 총댕이들이었던 것이지요. 그리고 그것은 충주성싸움 30여 년 전 저 강화섬에서 있었던 병인양요 때로 올라갑니다. 화서 제자였던 유장 양헌수梁憲洙(1816~1888)가 이끌고 가서 법국 육전대를 물리쳤던 것이 바로 용문산 총댕이들이었거든요. 매킨지 기자가 1907년 가을 양평 들머리 아신 강가에서 산자락 등지고 박은 의병대 사진 가운데 두 줄로 16개 단추 달린 검정외투 걸치고 무슨 모자 쓴 의병이 있는데, 병인양요 때 용문산 총댕이들이 빼앗은 프랑스 해병대 장교복인 것입니다. 양헌수 장군 때부터 김백선 장군 때까지 대물림된 그 프랑스 장교 차림새를 한 의병은 그리고 김백선 장군 뒷사람 총댕이일 것이라는 생각이니, 그렇게 이어져 후물림되는 것이 바로 '역사'인 까닭에서이지요.

"지평 용문산에서 범 잡던 명포수 400명이 왔으니, 여기 있다가는 어육을 면할 수 없다."

억지로 끌려왔던 부군 500여 명이 먼저 성문을 열고 달아났고 경군 또한 뒤를 따르니, 포 때리며 앙버티던 왜병 또한 버텨 낼 수 없는 것이었습니다. 충주성을 두려뺀 의병이 잡아죽인 왜병과 왜인은 모두 300여 명이었습니다. 관찰사 김규식金奎植은 머리 깎고 왜옷 입고 왜칼 차고 왜신 신고 왜모자 쓴 순검·순포들 풀어 충주사람들 머리 깎는 '왜관찰'로 이름 높던 가왜였는데, 의병들 앞에 두 무릎 꿇고 앉아 이렇게 파리발 드렸다네요.

"저같이 용서받을 수 없는 죄인이 어찌 감히 살 희망이 있으리요만, 저도 사람이라 당초에는 짐승 같은 왜놈들을 죽일 생각을 하고 있었으나 어찌어찌 하다 보니 환장이 되어 지금은 골수 왜놈이 되었소이다. 저희 집은 본래 왜놈과는 대대로 척화斥和를 하였는데 저는 왜놈 앞잡이가 되었으니 이제와서는 저도 잃었고 조상도 배반한 자가 되었소이다. 비록 그러하오나 저를 살려 주신다면 왜적을 물리칠 계책이 있사오이다."

충주 사람들은 "왜놈보다 더 나쁜 왜관찰 김규식을 죽이라!"고 발을 굴러 소리쳤고, 잘려진 김규식 목은 사흘 동안 장대 끝에 배달려 있었습니다. 이에 앞서 김백선 장군 밑에서 지평포군 이끌던 영솔장을 군법에 걸어 목 잘라 버리는 끔찍한 일이 일어납니다. 그러자 김백선 장군은 호좌의진 선봉장 자리를 내버리고 옛살라비 지평으로 돌아갑니다. 의병 동아리 안에 집안싸움이 일어난 것으로, '계급 갈등'이 터져나온 것이었지요. 오장문 목이 잘리게 된 까닭으로 《독립운동사료집》에 나옵니다.

장소將所에서 지평포군 영솔장領率將 오장문吳莊問이 관부의 문서를 흩어 버리고 주민을 공갈하였으므로 군법으로 참수斬首하여 머리를 북문 안에 달았다 하였는데, 부중府中이 전부 비어 있어서 군인들이 왜적을 찾아내기 위하여 다투어 관부와 민가를 돌아가며 뒤지고 찢어 없애는 자가 매우 많았는데, 장문이 두목으로 군령을 범하였기 때문에 참수를 당한 것이다.

너무 기가 막혀서 벌어진 입이 다물어지지 않습니다. 아무리 무서운 군령이라고 하더라도 400여 명 총댕이들 이끌고 세계에서도 가장 앞서 가는 양총으로 무장된 세곱 왜병·경군 물리쳐 충청좌도에서 감영 있는 청주 다음으로 큰 고을이며 서울과 부산

사이를 잇는 한가운데 긴한목인 충주성을 두려뺀 총댕이 채잡이를 목 베어 죽였다는 것이니, 쳐들어온 강도와 맞싸우는 자식을 집안 범절 어겼다며 죽여 버리는 것과 똑같은 경우였지요. 류인석 대장 참모였던 박정수가 쓴 《을미창의사실》에 그때 일됨새가 나옵니다.

김규식은 항거할 수 없을 것으로 생각하고 몰래 아문衙門을 통해 도망을 하였다.

드디어 북문에서 군사를 정돈하여 들어갔는데, "왜병 몇 명이 부내 민가가 주밀한 곳에 숨어 날이 저물기를 기다려 변을 일으키려 한다."하고 말하는 사람이 있으므로 공(안승우)이 사람을 불러 그 사실을 물어보았으나 대답하는 자가 없었다.

마침내 그 민가가 많은 곳에다 불을 놓으니 왜병이 불에 타 죽었다. 그러나 불이 번져 민가 70여 호를 태웠다. 명을 내려 남의 물건은 조그만 것도 범하지 못하게 하고, 주민 중 강제로 삭발당한 이들은 불문에 붙일 터이니 주민들은 편안히 모여 안심하고 살게 하라 하였다.

오장문이 목 잘린 죄목은 '피산관부도롱披散官府圖籠'입니다. 관부도롱, 곧 "관청 문서가 들어 있는 고리짝 뚜껑을 열고 문서들을 흩어 버렸다."는 말로, 감춰진 잠개라든가 무슨 감춰둔 문서를 찾아내기 위한 것이었지요. 왜적을 뒤쫓는 의병들로서 하게 되는 마땅한 뒤장질이었습니다.

이것이 어떻게 죽을죄가 되는 것인지? 그리고 '공겁거인恐怯居

人' 곧 "주민들한테 겁을 주어 두려워하게 하였다."는 것인데, 사람들을 때렸다든가 무슨 물건을 빼앗았다고 하는 말이 없습니다. 아마 이렇게 소리쳤겠지요. "왜놈을 숨겨 주는 사람은 왜놈과 똑같은 놈이다!" 또한 뒤장질하는 병정들 입에서 나올 수 있는 마땅한 말이니, 이것이 어떻게 목 잘릴 죄목이 되는지?

끔찍한 일은 이런 것들이 아니라 '민가 70여 호를 불질렀다.'는 것입니다. 불만 질렀지 그곳에 살고 있는 사람들을 마구 죽여 버렸다는 말은 없지만, 모를 일이지요. 그런 일이 있었다고 하더라도 거짓없이 적바림할 양반 먹물들은 없으니, 미워하면서 닮아 간다는 말이 떠오르는 대목입니다. 죄 없는 백성들 집에 불을 지르고 어마 뜨거라 곤두박질쳐 나오는 사람들을 마구 찔러 죽이고 쏘아 죽이는 것은 관병과 왜적들이 즐겨 썼던 짓거리였으니 말입니다. 그리고 그런 끔찍한 일은 왜적이 물러간 다음 친일 매국역적들이 민족 주체세력 쪽 싸울아비들 씨를 말리는 이른바 '빨치산 토벌'에 쓰여졌고 시방도 이어지고 있으니, '용산 학살만행'이 그것이지요.

된바람 몰아치는 엄동설한에 집을 잃은 70여 호 3~400명 사람들은 어떻게 되었을는지? 죄 없는 백성들 집 70여 호에 불을 지르게 된 것은 유장 명령에 따른 것인데, 그들 잘못에 대해서는 입을 다물고 있습니다. 앙알거리는 백성들 울음소리는 오장문 목을 치는 것으로 달랠 수 있다고 보는 유장들이었고, 그런 양반 명색들 짓거리에 억장이 무너지고 배알이 꼴린 김백선이 옛살라비로 가 버린 것이라고 보여지는 대목이네요.

또한 거슬리는 것이 '이장문이두목而莊問以頭目 범령고야犯令故也'라는 대문입니다. '장문이 두목으로서 군령을 범하였으므로' 목을 잘랐다는 말인데, 눈에 밟히는 것이 '두목'입니다. '두목'이라는 말은 산적이나 수적 같은 도적떼 우두머리를 가리킬 때 쓰이는 말이지, 포군 영솔장에게는 쓸 수 없는 말이지요. 여기에도 총댕이들을 나지리 여기는 탕창짜리들 구린내 나는 '선민의식'이 담겨 있는 것입니다.

푸른바다 넓은대륙 수많은나라
동방이라 한모퉁이 조선이라네
단군께서 나라세워 조선이라네
장자방이 진시황을 베어죽이려
창해역사 부른곳도 조선이라네
선원청음 형제분의 한결같은 그 절의
늠름하게 물려받아 조선을 지켜가네

서양의 도깨비가 장난을 시작하니
화서의 문도들이 물리치고 지켜가네

십적의 흉한칼날 국모를 시해하고
깊은밤 궁중에서 면도가 번뜩이니
왜놈의 복장에 왜놈의 두발이라

떨치고 일어섰네 의병의 깃발이여
목숨바쳐 지키리라 내나라 내조선
역적무리 앞잡이를 한칼에 처단하니
의병의 드높은 함성 조선을 진동하네

세상을 돌아보면 모두가 말세지만
석과는 불식이라 조선만이 희망일세
뇌성벽력 큰소리에 굳은얼음 풀리니

장하도다 조선이여 조선을 살려내어
술잔을 마주하고 밤새워 노래하니
빛나게 떠오르는 조선의 아침해라

해처럼 밝고 흰 무명 바지저고리에 칡넌출 새끼바람으로 짚신 감발 들메한 지평 포수 100여 명이 모뽀리하는 소리였습니다. 화승대 어깨 메고 허리에는 탄띠 두르고 남날개 옆허구리 지른 용문산 총댕이들은 여주 · 이천 · 장호원 거쳐 충주 쪽으로 내려가고 있었는데, 그 싸울아비들이 부르는 노래는 「조선가」였습니다. 맨 앞장 길라잡이 선 것은 엄장 큰 체수에 부리부리 화등잔 같은 고리눈 부릅뜬 김백선 장군이었으니, 친동기간처럼 고이던 영솔장 오장문 잃은 애잡짤한 마음 지어먹고 류인석 대장이 목대잡는 호좌창의진으로 돌아가는 길이었지요.

의병들은 충주성에 보름쯤 머물며 수성장守城將 얼개로 백성들 살림살이를 보살폈는데, 물너울처럼 밀려오는 왜병·관병이었습니다. 왜적과 관군은 네둘레에 포 때려 성안 사람들을 한 군데로 몰리게 하면서 성가퀴마다 사다리 걸치고 기어오르니 내려굴리는 바윗돌에 대가리가 깨어지고 끓는 물에 낯가죽을 데이고 고춧가루, 잿가루며 기왓장, 사금파리, 이징가미에 괴쌍스런 외마디소리 질러대며 궁혈마다 엎드린 500여 명 총댕이들 불질에 와자히 성벽 아래로 떨어지면서도 끊임없이 밀려드는 것이었지요.

"첫째 : 수안보와 새재를 차고 앉아 호좌 창의군 바탕자리로 삼는다.

둘째 : 호남 고장과 줄대어 병력과 군량 받침을 받는다.

셋째 : 서울로 밀고 올라가 왜적과 왜적에 붙은 매국 역적들을 처죽인다."

충주성을 두려뺐을 때 중군 이춘영이 낸 싸울 꾀였는데, 우선 견디기 어려운 것이 적들이 쏘아 대는 포격이었습니다. 군량과 땔감이며 찬거리마저 바닥나면서 길래 버티기 어려운 것을 알게 된 이춘영은 포군 이끌고 성문을 나섭니다. 충주성 턱밑인 달내까지 들어온 왜병 덮쳐 5~60명을 죽이는 싸움보람을 올립니다. 이김세를 탄 이춘영은 이제 수안보 동북쪽 안보붓거리 서남쪽인 큰안비로 짓쳐들어갑니다. 이제 충북 중원군 상모면 수회리, 곧 무두리이지요. 충주에서 남쪽으로 40여 리쯤 되는 이곳은 남북을 꿰뚫는 긴한목으로, 삼국시대부터 고려 거쳐 임진왜란에 이르기까지 많은 싸움이 있었던 곳입니다. 왜병 본바닥 가운데 한군데 인 이곳을 깨뜨리지 않고는 서울로 쳐올라 가는 것은 그만두고, 충주성도 지켜 내기 어려운 의병들 목젖과 같은 곳이었지요. 어 쩌다 잘못될까 걱정된 의암이 군령 내려 불러들였으나 호랑이 등 에 올라탄 꼴인 이춘영은 곧장 무두리로 나아갑니다. 그리고 깃 발을 휘두르며 군사를 다그쳐 왜적 수십 명을 쏘아 죽이니, 왜적 들은 기운이 꺾여 달아나려 하였습니다. 28살 난 중군장 이춘영 이 소리쳤습니다. "왜적이 도망치려 하니 군사들은 급히 싸우라!" 안승우가 쓴 《하사을미창의사실》에 나오는 그때 모습입니다.

이때 싸움이 한창 커지니 공이 손수 육혈포를 시험해 보았는데 포가 옆 으로 튀며 총알이 나가지 않았다. 마침 홍선표가 뒤에 있었는데 공은 육 혈포를 주고 "이것이 무슨 까닭인지 좀 보아 달라."면서 몸을 잠깐 돌려 맞은편에 서 있던 나무 밖으로 나가는 순간 '팽'하며 어디선가 날아오는 적탄에 얼굴을 맞았다. 홍선표·배동환 등이 부축하여 끼고 물러나자 여러 군사들은 기운이 꺾여 포위한 것을 풀고 물러났다. 길가 남녀들이 눈물을 흘리며 말하기를 "이분이 우리들 머리털을 보전하게 하려다가 마침내 자기 목숨을 바쳤다."하였다.

의병 중군장을 죽인 왜병은 무두리만이 아니라 여러 곳에 나뉘 어있던 병력을 다 끌어모아 밤낮 가리지 않고 끈덕지게 충주성으 로 쳐들어오는 것이었습니다. 이때 충주성 밖 남산을 지키던 의 병들 포를 빼앗은 왜병들은 충주성 가까운 언덕에 올라 불질을 해대니, 의암이 앉아 있는 곳까지 날아온 총알이 벽을 뚫는 판이었지요. 왜병들이 지른 불로 남문 밖 백성들은 조밥 흩어지듯 하는데, 성안에는 양식과 땔감이 바닥나 말을 잡아먹고 집을 헐어 때기에 이릅니다. 창을 잡고 군사들 사기를 북돋워 주던 제천 선비 입암 주용규가 적탄에 쓰러지면서 대엿새를 버티던 의병들은 동문을 나와 청풍 거쳐 제천으로 들어갑니다.

의암 대장이 체천에 있다는 소문 들은 충청·경기·경상·강원도 쪽 의병들이 다투어 제천으로 모였는데, 춘천에서 일떠서 왜관찰 조인승曹寅承을 벤 이소응李昭應(1861~1928)도 있었습니다. 이소응이 제천으로 오는 길에 김백선으로 하여금 다만 나라와 상전들 영을 좇을 뿐이던 관포수에서, 나라와 겨레를 구하려는 의병장으로 그 몸을 바꾸게 만들었던 맹영재와 만나게 됩니다. 옥산 이정규가 쓴《종의록》에 나오지요.

이습재李習齋(이소응)는 춘천에서 패하고 나서 지평군수 맹영재가 의병을 일으켰다는 소식을 듣고 몸소 가서 청원하다가, 맹영재가 잡아 가두어 죽이려고 했는데, 마침 적병이 지평군 경내에 들어오니 맹영재는 그를 환영하러 군사를 거느리고 나가다가 부하에게 총 맞아 죽었다. 선비 이찬영李粲永이 이 기회를 타서 장정 수십 명을 거느리고 나무몽둥이로 옥문을 부수고 습재를 구출하여 제천으로 왔다.

이소응과 이찬영만 제천으로 온 것이 아니었습니다. 안동 왜관찰 김석중金奭中을 베어 버린 문경 선비 이강년李康秊이 와서 유격장遊擊將을 맡았고, 원주 선비 한동직韓東直은 군사를 거느리고 와서 참장參將이 되었으며, 심상희沈相熙와 함께 여주에서 의병을 일으킨 이인영李麟榮도 왔으니, 모두가 화서 이항로에 연원 둔 선비들이었지요. 저마다 날치부대 이끌고 막된 가왜假倭들 다스리러 다녔던 유장들이었으니, 지평의진이 처음 뭉쳤을 때 실곡 이필희는 예천 왜군수 류인형柳仁馨 목을 베었고, 조암釣庵 이범직李範稷(?~1896)은 천안 왜군수 김병숙金炳肅 멱을 따고 선유사로 내려온 신기선申箕善을 잡아 가두었지요. 신기선이 가지고 내려왔던 고종 선유문宣諭文 한 어섯으로, 왜놈 꼭두각시가 되어 버린 고종 놓인자리를 잘 보여 줍니다.

삭발 건에 대해서는 어찌 차마 다 말할 수 있으리오. 그 요망한 적도들이 미친 듯이 겁박하여 위로부터 아랫사람에 이르기까지 어찌 이럴 수가 있겠는가? 이것은 결코 과인의 뜻이 아니었노라. 그리고 팔역의 백성들이 분연히 의병을 일으켜 도처에서 봉기할 때 서로 유언비어를 퍼뜨려 피차 살해하므로 경군이 무장을 하는 지경에까지 이르렀으니 이것도 어찌 과인의 뜻이 그러하였겠는가? 아! 경군과 의병은 모두 과인의 적자赤子이노라. 이를 비유하면 열 손가락을 깨물 때 어느 손가락이 아프지 않겠는가? 아마 오랫동안 서로 싸웠다면 모두 죽고야 말았을 것이다. 과인의 말이 여기까지 미치게 되니 눈물이 흐르고 가슴이 서늘해지는고여. 그러므로 외방으로 내려간 경군들은 즉시 서울로 돌아오고 각읍 의병들은 모두 고향집으로 돌아가, 다시는 의심스러운 마음을 갖거나 과인에게 걱정을 끼치지 말기 바라노라.

전망戰亡한 이춘영 대신 안승우로 중군장 삼은 류인석은 가흥참에 틀고앉아 의병 토벌에 피눈이 된 왜병을 쓸어 없애고자 합니다. 무두리와 함께 왜군 병참 기지가 있는 가흥참 왜병을 깨뜨리지 않고서는 옴치고 뛸 수 없는 때문에서였지요. 곡식 200섬을 실어 나를 수 있는 조운선 20척으로 경상·충청 쪽 여러 고을 구실을 뱃길 260리 서울까지 올려보내는 곳인데, 왜놈들이 꽉 틀어쥐고 있어 서울에는 곡식이 동나고 충청좌도와 경상도 북녘에는 소금이 없어 쩔쩔매는 판이었습니다. 조선왕조 때 정거장인 참站이 있어 역말로 불리던 곳이지요.

가흥참加興站을 두려빼기 위한 싸움에 나선 호좌창의진 선봉장은 김백선 장군이었는데, 앞장서 한목으로 의병들 몰고나가는, 말 그대로 선봉장이 아니었습니다. 전군이 있고 후군이 있으며 좌군 우군에 유격군으로 나뉜 낱낱 부대들이 저저금 제사날로 작전을 벌이는 것이었으니, 지위주는 데가 나뉘어 있었던 탓이었지요. 총대장은 류인석이었지만 총대장 명령 한마디에 선봉장이 후군과 좌우군 거느리고 한꺼번에 움직이는 것이 아니었던 것입니다. 그때에 후군장은 춘천 선비 신지수申芝秀이고, 좌군장은 전승지 우기정禹冀鼎, 우군장은 제천 선비 안성해安城海였는데, 김백선 선봉장이 이끄는 선봉 부대는 대장소에서 몸소 꾸려나가던 남다른 부대였습니다. 《종의록》을 보겠습니다.

김백선은 의기가 출중하고 비록 남보다 먼저 창의한 공이 있으나, 성질은 녹록하지 않고 완악하며 익힌 바는 거칠고 마구되어 허랑하고 방달한 사람을 좋아하고, 단엄한 범절을 지키는 사람은 미워하여 입암을 비롯하여 이하 노소 사류士類는 상투를 끄들리고 뺨을 맞는 욕을 당하지 않은 이가 없었다. 더욱이 민의식은 안에서 속삭이고 여러 사람을 밖에서 헐뜯으니, 김백선은 안승우에 대하여 이를 갈며 군사軍事를 문란케 하고 장명將命을 거역하는 일이 하나둘이 아니었으나, 선생(류인석)은 그의 선창한 공을 보아 관대히 용서하고 포용한 적이 역시 한두 번이 아니었다.

김백선 장군 됨됨이와 마음씨를 적어 놓은 것인데, 이 글만 보면 모질고 사나우며 터무니없이 흰목이나 쓰는 거친 악소패, 곧 요즈막 문자로 깡패를 말하는 것 같습니다. 그런데 짜장 그러한 것일는지? 이 글은 먼저 김백선 장군을 처형시킨 양반계급 눈길을 보여 주는 것으로 봐야 하니, 김백선은 포수였습니다. 그것도 용문산 넘나들며 범 잡던 멧총댕이 도꼭지였지요. 얼굴 하얗고 손목 가느다란 책상물림 선비들과는 그 타고난 됨됨이부터가 다를 수밖에 없는 것이지요. 무엇보다도 그리고 무엇이 옳고 무엇이 그른 것인지를 타고난 바탕에서 알고 있는 어쑵한 무인이었습니다. '사람됨이 장대하고 기력이 있고 뛰어나게 용기가 있었으며 힘은 지붕을 뛰어넘었'던 김백선이 국모 원수를 갚자고 했다가 자빡 맞자 화승대를 부숴 버리는 것으로 왜적을 물리칠 것을 하냥 다짐한 다음 의병을 일으켰다는 것이 그 됨됨이를 웅변하여 줍니다. 그리고 안팎에서 여러 유장들을 하리놓고 쑤석여 김백선으로 하여금 장령도 거스르게 만들었다는 민의식閔義埴은, 감영에서 감사 다음가는 자리인 종오품 도사道事를 지낸 벼슬아치 출신입니다. 이런 사람이 멧총댕이 출신 평민 의병장 밑에서 참모인 종사(從事)로 있었던 것은 무엇보다도 여흥 민씨 푸네기였던 까닭에서지요. 중전마마가 왜놈들한테 끔찍한 죽임을 당한 다음 민종식閔宗植은 홍주에서, 민승천은 안성에서, 민긍호閔肯鎬는 원주에서, 민용호閔龍鎬는 강릉에서 의병을 일으켰던 것입니다. 여주민판서 사촌아우였던 민의식 또한 마찬가지였으니, 평민 의병장밑에 종사로 들어가게 된 까닭이지요. 더구나 류인석은 자기를따르는 여러 문인과 양반들에게 김백선을 우러러 모시라는 땅불쑥한 부탁을 한 바 있었습니다. 민의식은 김백선을 부를 때 꼭 '사또'라고 하고, 저를 '소인'이라고 낮추었다니, 반상의식으로 쇠덮개 두른 양반 사대부들한테 비웃음 받은 까닭이었지요. 《종의록》은 이어집니다.

하루는 군대를 주포에 주둔시키고 비밀리 그(김백선)의 의형 고아장高牙將(고씨성 참모장)에게 통지하되 대진에 있는 지평포군 출신들을 다뽑아서 자기가 있는 곳으로 오게 한다면, 그날 밤으로 군사를 들어 돌려쳐서 사류들을 다 죽이겠다고 하였다.

고씨라는 사람은 본래 용렬하고 어리석으며 조심성 있고 착하므로 선생이 사랑하기를 수족같이 해서 항상 좌우에 두고 먹을 것을 밀어 주고 입을 것을 밀어 주니, 고씨가 선생을 애모하기를 사랑하는 아버지같이 하였다. 때문에 차마 선생을 죽일 수가 없어서 사실대로 고하니 선생은 고씨에게 명하여 의에 의거하여 대답하게 하고 곧 선봉에게 명하기를 "군대는 그곳에 머물게 하고 단신으로 와서 대명하라. 만약 다시 완악하게 거역하면 마땅히 군률을 실시하겠다."고 하였다. 이날 밤은 물샐틈없이 계엄하였다.

김백선 장군에게 다가오는 죽음의 그림자인데, 김백선 장군 살매를 아퀴지은 것이 "사류들을 다 죽이겠다."는 말이었습니다. "붓대나 쥐고 입만 살아서 거들먹거리는 탕짱짜리들을 먼저 없이한 다음 왜적을 치겠다."는 말이었으니, 줄밑걷어 보면 까닭이 있습니다. 코 세고 술 잘먹는 어쑵한 무인과 갈피 맞는 예의범절만 앞세우는 쫀쫀한 문인 사이에 규각나는 것은 오히려 마땅한 것이지만, 그렇다고 해서 처음부터 척을 진 것은 아니었습니다. 더구나 의암 선생을 친아버지처럼 우러르며 따르던 사람으로서 선생이 믿고 아끼는 문인들한테 사납고 모질게 대할 수는 없는 것이지요. 그리고 그런 타고난 바탕을 지닌 사람이었다면 제아무리 빼어난 무인이었다고 하더라도 선봉장으로 모셔 들이지도 않았을 것이구요. 거느리고 있던 버금장수인 오장문을 "관부가 담긴 고리짝 뚜껑을 열어 흩어 버리고 백성들에게 겁을 주었다."는 알쏭달쏭한 죄목 붙여 목을 잘라 버리는 양반 목대잡이들 사납고 모지락스런 짓거리에 꿈이 깨어진 김백선 장군은 의진을 떠나 옛살라비 지평으로 돌아갑니다. 그러나 왜적을 쳐부셔야 한다는 대의로 풀쳐생각하고 총댕이 100여 명을 더 모아 충주성으로 돌아가지요. 그리고 사나운 물너울처럼 덮쳐오는 왜병과 밤낮없이 싸우는 판인데, 죽을둥살둥 싸우고 있던 손아래 포군 한 사람이 다치는 일이 일어납니다. 왜병 총에 맞은 것이 아니라 삼화부

사 출신 이경기李敬器 중군장 종사가 싸움을 다그친다며 칼을 뽑
아 들고 포군 하나를 쳤던 것이지요. 추서지 못할 만큼 커다란
생채기가 난 것은 아니었지만 싸울아비들은 몹시 노여워하였습
니다. 김백선 장군이 대장소에서 오라지게 되는 모습으로,《종의
록》입니다.

다음날 아침밥을 먹은 다음 남산에서 얼마 동안 진법 훈련을 실시하고
있을 때 김백선이 건장한 군사 삼십 명을 뒤따르게 하고, 칼을 휘두르며
진을 버려둔 채 들어와 장검을 높이 들고 곧바로 선생이 앉아 있는 앞으
로 나아가니 다섯·발자국 내에서 변이 날 것 같았다. 온 진영의 상하가
다 심신이 비월飛越하여 어찌할 바를 알지 못하여 조마조마하고 있을 때
에 선생은 안색이 자약自若해서 마치 아이들의 장난을 보듯이 평화로운
말소리로 천천히 말하기를 "선봉은 취했는가? 왜 또 망동하느냐. 내가
항상 술에 빠지지 말기를 경계했는데, 왜 듣지를 않느냐?" 하셨다. 김이
비록 완패하나 이같이 불법을 자행하고 보니 격동하기 쉬운 의기를 가
진 사람으로서 평일에 선생의 덕의를 신봉한 것이 깊기 때문에 마음이
불안하지 않을 수 없어서, 고집으로 일으킨 반역의 기운이 갑자기 땅에
떨어져, 칼을 버리고 자기도 모르게 땅에 엎드리고 말았다. 좌우에 명하
여 포박하였다.

김백선 장군이 제천 본바닥을 나온 것은 3월 16일(음)이었고,
가흥참 가까이 갔을 때는 3월 19일이었습니다. 한나절 길밖에 안
되는 곳까지 사흘 위로 걸렸던 것은 제천에서 충주로 넘어가는

길목에 있는 매루니라는 곳에서 머물러 있었던 탓이었지요. 박달 재에 있던 좌군과 원서에 있던 우군이 저마다 10초, 곧 100명씩 군사를 데리고 왔으니, 김백선 선봉 부대와 합쳐 모두 300명이었 습니다. 그때에 가흥참에는 충주에 나가 있던 병력이 들어오면서 의병 300명으로는 당해 낼 수 없게 많은 왜병들이 모여 있었습니 다. 그래서 제천 대장소에 알롱[傳令] 보내어 군사를 더 보내 줄 것 을 청하였으나 들어주지 않는 중군이었지요. 중군 안승우가 했다 는 말입니다.

"조치가 이미 정해진 만큼 일은 기틀을 잘 마련하는 데 있지 군 사가 적은 것은 걱정할 바가 아니다. 더구나 내부를 비우고 외부 에 주력하는 것은 잘못된 헤아림이 아니겠는가."

의병들이 가흥참 언저리에 다다랐을 때였습니다. 왜병들이 가 까운 마을에 들어가 불을 지르는 것을 보게 되었지요. 불같이 성 난 김백선 장군은 선봉부대 100명 총댕이들 이끌고 가 왜병 여러 놈을 죽이고 달아나는 왜병 쫓아 가흥참까지 가게 됩니다. 그때 부터 의병과 왜병 사이에 박터지는 싸움이 비롯되었는데, 100명 대 몇 배가 넘는 왜병 사이 싸움이니 우선 '껨이 안되는' 것이었지 요. 거기다가 왜병이 지닌 것은 1분에 40방씩 네둘레 어디고 돌려 가며 쏠 수 있는 회선포, 곧 기관포와 1분에 8~10방씩 나가는 스 나이더 소총·무라다 소총이었고, 의병들이 지닌 것은 심지에 불 붙여 들고 다른 한손으로 철환과 화약을 꼬질대로 비벼 넣고 쏘 는 화승대였습니다. 마치 사냥꾼과 '그린베레'가 싸우는 꼴이네 요. 12시간에 걸쳐 그야말로 죽을 작정으로 싸웠으나 의병들은 많은 숫자가 죽거나 달아나 버리는 진 싸움이었지요. 그때에 좌군과 우군이 김백선 선봉대와 같이 싸웠는지는 알 수가 없습니다. 중군 이춘영 및 안승우 부대, 유격장 이강년 부대, 선봉장 김백선 부대가 모여진 호좌창의진이었는데, 총대장 류인석은 그야말로 상징적 존재로서 낱낱 부대들 저저금 홀로 선 부대로 나뉘어 제사날로 싸우다가 끔찍하게 무너진 것으로 보이니, 한마디로 한결같은 목대 얼개가 없는 데서 온 슬픈 이야기지요. 김백선 장군이 중군장 안승우한테 퉁바리 맞은 다음 "선비짜리들을 먼저 없이 한 다음 왜적을 치겠다."고 하였다는 모진 말이 나오게 되는 뒷그림인데, 《종의록》에 적힌 김백선 장군이 군률을 받게 되는 모습입니다.

처형에 임하여 선생이 울면서 이르시기를 "세상에서 혹 타인을 일러 내 아들보다 낫다고 한다면 실상 무리하다고 할 것이다. 그러나 오늘날 네가 나에게 있어서는 실지로 내 아들보다 낫다. 네가 아니었더라면 내가 죽은 지 이미 오랠 것이다. 내 자식이 어떻게 나를 오늘까지 살게 했으랴. 이는 실지로 내 자식보다 나은 것이니 내가 너에게 받은 은혜가 크다. 이제 하려고 하던 것을 완수해서 마땅히 군사를 해체할 때라면 네가 비록 나의 어깨나 다리를 상하게 했다 하더라도 내가 감히 원망하고 미워할 수가 없다. 그러나 너와 내가 생사와 화복을 초월해서 이 열에 나선 것은 기필코 하려고 하는 것을 이루어 놓기 위해서이다. 그러므로 하려고 하는 것을 이룩하고자 한다면 군사를 가지지 않을 수 없고, 군사를 가지려면 기율이 없을 수 없다. 만약 기율이 없다면 각인의 자식을 무엇으로써 제어하겠는가. 지금 대의를 펴지 못했는데 만군萬軍의 기율이 너로 인하여 없어진다면 제갈공명이 울면서 마속을 베는 것과 같이 하지 않을 수 없다. 너는 원망을 말라."고 하셨다.

길게 이어지는 아귀찬 주자주의자 말인데, 한마디로 의병들 기율을 잡기 위하여 네가 죽어 주어야 하겠다는 말이니, 무엇을 위하여 잡아야 되는 기율인 것인지 벌어지는 입이 다물어지지 않을 뿐이네요. 그런데《기려수필》에 나오는 적바림은 많이 다릅니다.

적병은 충주성에서 물러나 가흥에 주둔하였다. 김백선이 병력 300을 이끌고 추격하여 연전연승하기를 4~5일에 이르렀다. 그러나 백선도 중과부적이라 본진에 보고하기를 약간의 원병이 있으면 적을 섬멸할 수 있겠으니 청컨대 다소의 병력을 보내 주시오, 하였으나 중군장인 안승우는 보내지 않았다. 백선이 과연 대적하지 못하고 마침내 패하였다. 백선이 본진에 돌아와 안승우를 보고 크게 노하여 칼을 빼어 죽이려 하니 승우가 겁내어 피하였다. 대장 류인석은 군중에 이런 법이 없으니 그리 말라고 하였다. 이에 백선이 잘못되었음을 알고 스스로 허리띠를 풀어 주면서 이것으로 나를 묶어 죄를 다스립시오, 하고 묶었다. 류인석은 법으로 행할 것을 바라고 있었으므로 백선이 애걸하였으나 한 가닥의 소원도 들어주지 않고 형을 집행하고 만 것이다. 백선이 늙은 노모가 있으니 한번 보고 죽기를 원했으나 인석은 또 역시 들어주지 않고 군법을 시행하여 원근의 듣는 사람들 원성을 들었다. 이로부터 군의 사기가 크게 떨어졌다.

'군의 사기가 크게 떨어'진 만큼이 아니라 김백선 장군의 분하고 답답한 죽음과 함께 제1차 의병전쟁은 그 가림천을 내리게 되니, 김백선 장군과 하냥 용문산에서 범 잡던 총댕이들 얼추가 죄 흩어져 버렸던 까닭에서였지요. 그로부터 얼마 뒤 중군장 안승우 또한 관군과 싸우다 잡혀 죽으니, 32살 때였습니다. 장기렴張基濂이 거느리는 관군이 제천으로 쳐들어 왔을 때 종사從事 홍사구洪思九와 함께 부대를 이끌고 힘껏 싸우던 안승우였는데 마침 작달비가 쏟아져 내려 꺾은대를 쓸 수 없어 돌멩이를 집어던지며 드잡이 싸움을 벌이던 끝이었지요. 왜적과 맞싸울 수 있는 오직 하나뿐인 된닥달 된 싸울아비들이었던 용문산 총댕이들 놓친 류인석 뒷소식으로, 《매천야록》에 나옵니다.

동로와 서로의 출정 장졸들이 모두 돌아왔다. 이때 여러 도의 의병들이 모두 해산하고 류인석도 관서와 해서를 경유, 압록강을 건너 청나라로 들어갔다. 그는 지나가는 곳마다 노비와 식량을 요구하여, 일시 소란하다는 비방을 받기도 하였다. 그리고 관서유사關西儒士들의 연원은 모두 이항로로부터 시작된 데다가 그들은 또 류인석의 충의에 감명을 받아 그를 따르는 사람이 수천 명이나 되었다. 그들은 요동의 어느 산중으로 들어가 큰 촌락을 이룬 곳이 두어 곳이나 되었다. 그곳에서 류인석은 공자의 묘우廟宇를 지어 예의를 익히고 농사에도 열중하였으므로 변속邊俗이 감화를 받았다. 이에 청나라 사람들도 짐을 싸가지고 그곳으로 옮겨왔다. 그 소문이 우리나라까지 전해졌다.

미륵당취 일해보살 마하살

새야새야 파랑새야
전주고부 녹두새야
웃녘새야 아랫녘새야
함박쪽박 딱딱후벼

삼베 무명 바짓가랑이 치맛자락에 자개바람 일게끔 종종걸음 쳐 봐야 찔레꽃머리 넘기느라 얻어다 먹고 꾸어다 쓴 장리쌀에 장리돈에 환자쌀 갚고 나서 수십 가지에 이르는 이지가지 구실 가렴잡세까지 물고 보면, 새앙쥐 볼가심할 것도 없었습니다. 찔레꽃머리라고 불리우던 보릿고개는 나중 일이고 우선 앉은자리 징글징글 기나긴 한겨울 날 끼닛거리마저 아득하여, 쌀낟알갱이라고는 밥에 뉘 섞이듯 한 보리곱살미 뚜껑밥으로 아침은 일찍 먹고 점심은 건너뛰었다가 시래기죽 아니면 고구마나 감자 쪄 저녁은 얼른 먹고 해가 떨어지자마자 코그루 박아 긴긴해를 넘기었는데, 그것마저 어려운 집에서는 물 붓고 끓여 낸 술지게미로 겨우겨우 목숨줄을 이어가고 있었으니, 하나같이 수건머리요 패랭이짜리며 민머리 알상투에 나무비녀 뿔비녀 지른 붉은 정강이 손시린 농투산이. 종. 백장. 갓바치. 몽구리. 숯무지. 쇠점일꾼. 여리꾼. 떠돌뱅이. 들병이. 다먹기떼. 고공살이. 상머슴. 곁머슴. 업저지 같은 빨간 상놈과 상놈도 못 되는 종놈·종년이나 장사치 아니면 바치쟁이나 그 밑에 달려 있던 '아랫것들'이었지요.

그때에 풀잎사람들이 그토록 끔찍하게 굶주리는 애옥살이였던 것은 이른바 '삼정문란' 탓이 가장 컸지만, 겨레살매였습니다. 이른바 세계사 흐름. 서양 자본주의 힘센 나라인 북미합중국 도마름이었던 왜노 못된 짓 탓이었으니, 조선 팔도 골골샅샅 왜상倭商들 풀어 온갖 물화를 훑어갔고, 그렇게 홀태질한 돈으로 바탕 좋은 조선쌀을 터무니없는 헐값으로 훑어갔던 것이었지요.

여기서 '왜노'라는 말은 이 중생이 지어 낸 말이 아닙니다. 종짓굽이 떨어지기도 앞서부터 할아버지한테 귀에 못이 박히도록 들어왔던 말입니다. 우리 조선 사람들은 예전부터 일본을 가리켜 '왜노倭奴'라고 불렀으니, 아마도 임진왜란을 겪은 다음부터일 것입니다. 왜인들은 이 말을 츱츱하다고 여겨 몹시 싫어하였기 때문에 말할 때나 글자를 쓸 때 모두 '일인日人'이나 '일본日本'으로 고쳐 썼으니, 이른바 '병자늑약'을 맺게 되면서부터였지요. 일제 때 항왜운동을 하였던 집안에서는 일본을 '왜', 일본 사람을 '왜놈'이라고 불렀고, 그 뒷자손들 또한 이제도 그렇게 부르고 있습니다. '왜노'를 힘주어 말하면 '왜놈'이 되는 것이지요.

"옳다. 이제는 잘되었다. 하늘이 어찌 무심하랴. 이놈의 세상은 얼른 망해야 한다. 망할 것은 얼른 망해 버리고 새 세상이 와야 한다. 이대로 지낸다면 어디 백성이 하나라도 살아남겠나."

이때에 펄럭인 깃발이 '동학東學'이었습니다. 사발통문 한 번 돌리면 봄 잔디에 불 붙듯, 땅속으로 물 습배이듯, 장판지에 콩기름 배고 문창호에 놀 번지듯 번져서 풀 버히듯 버히어도 버혀진 풀에 새싹이 나오듯 다시 또 꾸역꾸역 솟아나오는 '아랫도리사람들'인 것이었으니, 사람 대접을 받아보자는 것이었지요. 길 가던 이는 우물이나 내 쪽을 보고 절하면 되고, 산에서 나무하던 이는 낫 가는 숫돌물 앞에서 절하면 되니, 입도식入道式은 무엇이고 삼팔주三八呪는 또 무슨 하나객담이더란 말인가.

동학에 들어가는 '입도' 때는 반드시 하늘에 제사를 지냈는데, 맑은술과 물고기와 과일 세 접시만 쓰도록 하였답니다. 또 반드시 미륵님께 제사를 올렸다네요. 동학을 하는 마을에서는 강당을 세워 새벽부터 저녁까지 《동경東經》을 익혔고, 어린아이들은 모두 「격검궁을가擊劍弓乙歌」를 입에 달고 있어 논두렁이나 밭두렁에서도 그 소리를 들을 수 있었으며, '시천주侍天主'를 읊어 대는 소리가 좁은 길에 가득하였답니다. 서로 도인道人이라며 높여 주는 예가 매우 직수굿하였으며 나이나 지체를 따지지 않고 일매진 예로 대하였다지요. '접주接主'라고 불리우는 사람 가운데 남보다 뒤처지는 이가 있더라도 마음을 다하여 섬기었구요. 관아나 못된 양반 지주집을 들이쳐서 빼앗는 것은 반드시 '행군行軍'이라고 하였고, 거두어들인 곡식은 '군수미軍需米', 돈은 '군수전軍需錢', 삼베는 '군포軍布'라고 하였답니다. 입도한 지 오래된 이를 가리켜 '구도舊道'라 하고 새로 들어오는 이를 '신도新道'라 하였으며, 동학에 들어오지 않은 사람들을 '속인俗人'이라고 하였답니다. 속인 가운데 동학을 손가락질하는 사람은 무슨 수를 쓰든지 반드시 동학에 들어오게 하여 '늑도勒道'라고 부르며 이렇게 말하였답니다. "우리 도는 5만 년 동안 다함없는 훌륭한 도이다."

가멸진 사람들 가운데는 천량을 빼앗길까 두려워 동학에 들어가는 사람도 있었으나 양반들은 목이 떨어지는 한이 있더라도 들어가지 않으면서 동학 무리를 피하여 네둘레로 흩어지거나, 들때밑들 모아 이른바 '민포民砲'를 짜 앙버티었지요. 동학 무리들은 아무리 못된 양반 지주라고 하더라도 사사로이 목을 베지 않았고, 기껏 몽둥이로 두들기거나 회초리로 볼기를 때리었으며 백성들한테 아주 큰 죄를 진 사람만 주리를 틀었는데, '주리풍년'이 들었다고 하였답니다. 못된 양반 지주나 양반 공다리들이 그만큼 많았다는 말이 되겠네요. 갑오년 앞서부터 떠돌던 민요民謠가 있었는데, "곡식이 없는데도 풍년이 들었으니 첫 번째 알 수 없는 일이며, 학행을 닦아 문장도 갖추지 못하였으면서 선비가 들끓고 있으니 두 번째 알 수 없는 일이며, 임금이 없는데도 세상이 평안하니 세 번째 알 수 없는 일이다."

징이 울렸습니다.

죽창을 들었습니다.

'보국안민輔國安民', '척왜척양斥倭斥洋.' 충청도 공주 무너미고개 뒷산에서부터 봉황산 뒷기슭에 이르기까지 30~40리를 잇달아 동학군이 들어차니, 마치 흰옷 입은 농군들로 병풍을 두른 것 같던 갑오년 동짓달 초아흐레. 우금고개를 무너뜨릴 듯 입을 모아 부르짖으며 오르고 또 되오르던 조선 농군들은 꽃잎처럼 떨어져 갔으니, 아즐가. 조선이라는 나라살매가 다하였음인가. 대일본제국 육군 소좌 미나미가 이끄는 왜병 19대대 병정들이 갈겨대는 세계에서 가장 앞서 가는 크루프 기관포와 양총 앞에 아얏 소리 한번 못 지르고 무너지는 죽창, 쇠창, 활, 환도, 꺾은대인 것이었지요. 1894년 9월 28일 이노우에 공사가 왜 황실에 급전 때려불러온 왜병은 히로시마에서 최신식 잠개로 특수훈련 받은 특공병대였습니다. 크루프 기관포는 1분에 40방씩 네둘레 어디나 대고 갈겨 댈 수 있는 네덜란드제였고, 손잡이를 통하여 총알을 넣을 수 있는 스나이더 소총과 무라다 소총만 해도 1분에 8~10방씩 쏠 수 있었다네요. 화승대는 유황과 총탄을 집어넣고 꼬질대로 꾹꾹 눌러다진 다음 불 붙인 심지가 다 타들어 가야 총알 한방이 나가게 되어 있는 산포수들이 쓰던 것이었습니다. 화승대는 20보 안팎이었다니 기껏 3, 40미터쯤 나가는데 왜병이 쏘는 양총은 400야아드, 곧 800미터 위로 나가는 것이었으니, "껨이 안 되는" 싸움이었습니다. 공주성과 우금고개와 청주성을 지키는 왜병은 각 200명이고 관군은 2천 800명이었는데, 갑오년에 일떠선 농민군은 모두 30만 위였지요.

해월선생 시대에 서장옥, 호 일해라는 사람이 있어 도중道中 의제儀制 등 모든 것을 많이 만들었다.

그 사람은 본래가 불도佛道에 있어 30여 년간 많은 수양이 있던 선객禪 客으로 이름이 있는 사람이다. 그의 사람됨이 신체는 비록 조그만하나 용모가 이상하여 사람으로 하여금 경외지심敬畏之心을 일으키게 하였 다. 그 사람은 도승道僧이라거니, 그 사람은 이인異人이라거니, 진인眞 人이라거니, 궁적窮賊이라거니 세인의 비평은 한참 동안 많이 있었다. 그러자 갑오란시甲午亂時를 당하여 남접南接이라고 지목을 받는 전봉 준全琫準과 서로 밀통이 있다 하여 한참 동안은 '사문지난적斯文之亂賊' 이오 '국가지역적國家之逆賊'이라는 성토를 받아온 일이 있었다.

해월선생 시대에는 불도佛道인 서일해와 유도儒道인 서병학徐丙學 · 윤 성화尹成和 등이 선생 앞에 있어 도道의 서사庶事를 많이 의론하여 왔음 으로 하여 그 시대의 의식과 제도는 정당한 동학도東學道에서 나온 그 식이 아니오, 거진 반이나 불도 퇴물이나 유도의 조박糟粕으로서 주어 대기로 골동반骨董飯격으로 하여온 것도 속이지 못할 사실이다.

일해선사一海禪師 서장옥徐璋玉은 서인주徐仁周라는 딴이름으 로 움직이기도 하는데, 해월海月 최시형崔時亨 법통받아 동학 남 접 우두머리로 기운차게 움직였던 난사람입니다. 몰리고 쏠려 헐 수할수없게 된 농투산이들이 벌떼같이 일떠섰던 저 갑오년에 서 포徐布가 먼저 일떠섰으므로 기포起布라 하고, 법포法布가 뒤에 일떠섰으므로 좌포坐布라 하였는데, 서포는 서장옥이 목대잡는 두럭을 말하고 법포는 법헌法憲 최시형이 목대잡는 두럭을 가리키는 말이었지요.

"서장옥이 제자 황하일黃河一 시켜 전봉준을 동학에 입도케 하였다"는 적바림이 있는 바, 남접 가림천 뒤 목대잡이로서 김개남金開南·전봉준 무장 봉기를 채잡았던 난사람이 서장옥인 것입니다. 30년 참선 수행을 가진 선승으로 불도를 버리고 그 가르침이 바히 다른 동학에 들어가는 귀동반정歸東反正하여 스승으로 받들던 해월과 쌍구슬을 이룰 만큼 뛰어난 바탕을 보인 끝에 남접이 일떠서게 하는 뒷전 목대잡이가 되었다는 것은, 우리가 알고 있는 내림줄기 좇는 선승들 삶 모습을 뛰어넘으니, 서장옥을 미륵사상 물려받은 미륵패로 보는 까닭이지요. 불교가 이 땅에 들어오면서부터 우리 역사에는 두 개 불교가 있었으니, 체제불교와 미륵불교가 그것입니다. 그때 권세자루 쥔 무리들 들러리 노릇이나 하여 제 한몸 배나 기름지게 하고 절집 겉모습에 번쩍이는 금칠이나 하여 인민대중들 등골 뽑아먹는 호권불교 곧 체제불교와, 더러운 이 땅을 뒤집어 이제 이곳을 그대로 깨끗한 땅으로 만들자는 미륵불교가 그것이지요.

궁예弓裔부터 비롯하여 묘청妙淸 거쳐 신돈辛旽까지 이르렀던 미륵사상은 주자 이데올로기로 안받침된 조선왕조가 세워지면서 땅속으로 스며들어 목숨줄을 이어가게 되니, '당취黨聚'가 그것입니다. 이제도 막되먹은 따디미(가짜 중)를 가리켜 '땡초'라고 부르는데, 이것은 당취 → 당추 → 땡추 → 땡초로 그 부르는 소리가 바뀌게 된 것이지요. 이제 바로 여기를 속속들이 꿈나라인 용화龍華 세상으로 만들자는 것이 미륵사상인 바, 권세자루 쥔 무리

머슴 출신 의병장이었던 신돌석 장군은 이른바 '건국 공로훈장'
이나마 받았지만, 멧총댕이 출신 의병장이었던 김백선 장군은 나
라에서 주는 무슨 종이쪽 한 장 받은 바 없습니다. 태어나서 뼈를
여물렸던 곳이 양평군 청운면 갈운리인지 양동면 금왕리인지도
또렷하지 않구요.

짙은 천량 지녀 즈런즈런하던 탕창짜리들은 의병을 내쳤고, 진
잎죽에 짠지쪽일망정 보리곱살미 한 술이라도 여퉈 주는 것은 물
탄 재강에 먼산나물로 지옥살이 이어가던 농투산이들이었지요.
지평면은 물론이고 '의향의 고장'이라는 문장 안되는 빗돌 세워
놓은 양동면에 김백선 장군 자취 알려 주는 알림판도 없고 알림
표도 없으며, '역사 양평'을 자랑한다는 숱한 알림책자며 좀책 그
어디에도 김백선 장군 성명삼자는 없습니다.

용문산 총댕이 김백선 장군

> 사람됨이 장대하고 기력이 있고 뛰어나게 용기가 있었으며 배우지는 못
> 하였으나 능히 대의大義를 알고 소절小節에 구애받지 않았다.

《기려수필》'김백선조'에 나오는 대문이며, 김백선이 용문산 총
댕이들 이끌고 왔을 때 이춘영 · 이승우가 크게 기뻐하며 했던 말
입니다.

"장군이 이르렀으니 염려할 것 없다."

들에 붙어 금부처나 만드는 체제불교와는 뒤쪽으로, 중생들이 사는 모듬살이 틀거리를 새롭게 바꾸어 짜자는 혁명승려 동아리가 바로 '당취'였던 것이지요.

이 중생이 산문山門에 있던 70년대 가운데 때까지도 '미륵패'라는 불교 별파가 있었는데, 삼일수하三日樹下 나그네로 동가식서가숙하는 객중들인 그들은 하나같이 사나운 눈매에 어기차 보이는 몸매들이었지요. 당취 본때 보이기라는 '금강산참회'니 '지리산참회'니 하는 무서운 말들이 입에서 입으로 이어지고 있었습니다. 저잣거리 힘부림얼개에 고분고분 미좇아가며 떡고물이나 받아먹는 체제불교 채잡이들이나 권세자루 쥔 무리와 가멸진 악지주惡地主들 동여다가 그 지은 바 죄업 크기에 따라 목만 내놓고 진흙구덩이 속에 묻어 버려 시나브로 굳어가는 진흙에 조여 열반하게 만드는 것을 '금강산참회'라 하고, 손가락 발가락이나 아예 손발을 끊어 내는 것을 '지리산참회'라고 한다는 것이었습니다. 이른바 정통 불교사라는 데서 한눈길도 주지 않는 이가 일해선사 서장옥인 바, 일해선사가 미륵당취였던 까닭입니다. 당취 저 혼자 힘만으로는 미륵세상을 만들어 낼 수 없으므로 그때 중생들한테 뜨거운 손뼉을 받고 있던 동학이라는 그늘대 속으로 들어가 그들 꿈을 이뤄내고자 하였고, 그런 무리들 대표가 일해미륵이었던 것이지요.

일해미륵에게는 홀로 선 당취 부대가 있었고, 그 본바닥은 지리산이었습니다. 지리산에는 이제도 '일해굴一海窟'이라는 바위굴이 있습니다. 당취 부대를 이끌고 농군 부대와 나뉘어 홀로된 싸움을 해 내며 남북접 사이 다리가 되어 세차게 싸우던 일해 미륵은 우금고개 싸움과 청주성 싸움에서 무너진 다음 가뭇없이 그 자취를 감추는데, 종요로운 고비를 맞을 적마다 기도 드리던 지리산 일해굴로 가 길렀던 머리칼을 다시 삭도칼로 밀고 미륵존불 기도에 들어갔던 것이지요.

서장옥은 지리산 화엄사華嚴寺에 머무른 적이 있는데, 삼전대사三田大師로 불리었다고 합니다. 동학 별파인 신유갑파申由甲派 도꼭지였다지요. 신유갑申由甲이라는 이름자를 보면 밭 전田자 세 개로 이루어졌으므로 삼전대사로 불리었던 것이겠지요. 이로움이 밭과 밭 사이에 있으니 벼 아래 그치라는 정감록 비결 '이재전전 도하지利在田田稻下止'에서 따온 것인지, 밭 가는 농군들한테 논밭을 나누어 주어야 한다는 '경자유기전耕者有其田' 한울갈피 좇아 지은 것인지 알 수 없습니다만, 삼전대사 신유갑파라는 이름자가 가슴을 치네요. 빈틈 없는 농군 편이었던 서장옥이었습니다.

지리산 당취였던 서장옥은 김개남·손화중孫化中 부대에서 당취들로 짜여진 별동대를 이끌었다고 합니다. 2·3차 의병전쟁에서 가장 뜨거웠던 것이 지리산싸움이었습니다. 갑오년에 살아남은 김개남·손화중 부대 농군들은 지리산으로 들어갔고, 삼전대사가 거느리는 지리산 당취와 힘을 합뜨려 왜병과 싸웠던 것이지요.

우금고개에서 농민군을 깨뜨린 미나미 19대대는 지리산을 된장질하고 다니니 이른바 '남조선 대토벌 작전'입니다. 1909년 9월 1일부터 비롯하여 한 2개월간 이어졌으니, 지리산을 사북으로 한

삼남 태안 농민군 씨를 말리겠다는 것이었지요. 영광·강진·장흥 앞바다에 싸움배 띄워 농민군을 지리산으로 몰아넣고 기름 짜듯 조여 들어가는 왜병이었으니, 그로부터 50여 년 뒤 이현상 항미 빨치산들이 그랬듯이 옴치고 뛸 수 없는 농민군들이었지요. 지리산 '토벌'을 끝낸 왜병은 남쪽으로 내려갑니다. 우금고개와 청주성싸움에서 살아남은 농군과 전라·경상 여러 고을에 있던 농군들을 남해 바다 속으로 밀어넣어 '남조선 대토벌 작전' 마침표를 찍자는 것이었지요.

마지막 젖 먹던 힘을 다하여 장흥·강진·병영·해남을 두려 뺀 농민군은 장흥 대월리에 모여 마지막 서슬을 세웠으니, 12월 8일이었습니다.

그러나 미나미 특공대와 그 졸개인 관군이 지닌, 세상에서도 가장 앞서가는 잠개 앞에서는 당해 낼 도리가 없는 조선 농군이었지요. 크루프 기관포와 화승대는 처음부터 싸움이 되지 않는 것이었으니, 세계 최강인 북미합중국 침략군 앞에 맥없이 무너질 수밖에 없던 요즈막 아프카니스탄·이라크 군과 똑같은 경우였습니다. 현대전은 '쪽수'가 아니라 '화력'입니다. 제 아무리 쪽수가 많다고 해도 화력에서 밀리면 쪽을 쓸 수 없습니다. 농민군은 12월 15일 석대벌에서 싸우고 17일 온산촌에서 싸웠으나 죄 몰사주검할 수밖에 없었습니다. 그렇게 갑오농민전쟁은 가림천을 내렸지요.

왜병·관병에게 붙잡혀 목이 잘리거나 유지뱅이라고 불리우던 짚둥우리에 얼굴이 씌워진 채 불타 죽은 농군만 해도 강진 320

명, 장흥 300명, 해남 250명, 나주 250명입니다. 무안·함평·영암·광주·능주·담양·순창·운봉·영광·무장 같은 데서 죽임당한 농민군은 50명에서 100명씩이었구요. 김개남포에서 고부 접주였던 최경선崔景善은 12월 11일 이제 화순인 동복에서 잡혀 한양으로 끌려갔는데, 왜병한테 목이 잘린 최경선 부대 농민군은 220명 가운데 157명이었습니다. 1909년 9월 1일부터 한 2개월간 이어진 이른바 '남한 대토벌 작전'에서 103명 의병장과 4천 138명 의병이 살륙 또는 체포되었고, 1907년 8월부터 1909년까지 살륙 당한 의병은 1만 6천 700여 명 부상자는 3만 6천 770여 명이라고 합니다.

서장옥은 그때에 어디에 있었을까? 그는 뭐가 들어 있는지 모르게 뿌우연 눈에 역적질 할 사람 눈이라는 겹동자였으며 늙은 갈가마귀 소리처럼 곰삭은 수리성이었답니다. 절집에 있을 때 동학군 출신 망백望百 늙은 스님한테서 들었던 이 말을 바탕삼아 그려본 미륵당취 서장옥 모습입니다.

한껏 시위를 당기고 나서 깍짓손 막 떼려는 활 모양 성긴 수염 돋은 턱 쪽이 넓고 위로 올라갈수록 조붓하여지는 얼굴이 똑 분바른 계집사람 그것처럼 희기만 한데, 주사朱砂를 찍은 듯 붉은 입술이며 고집스레 비틀리며 우뚝 솟은 코에다가, 굵고 깊은 이랑이 파여진 이마며가 우선 데면데면하여 보이지 않지만, 무엇보다도 그 눈 속에 박혀 있는 망울이니, 겹망울. 광대뼈 쪽으로 주욱 찢어져 올라가면서 화등잔만하게 큰 눈에는 온통 안개가 낀 듯

아지랑이가 어린 듯 당최 맑은 기운이라고는 하나 없이 똑 땡감 우려내는 뜨물빛깔로 온통 부우옇기만 한데, 쏟아져 나오는 눈빛 은 또 혼불처럼 파란 인불빛이 나는가 하면 금방이라도 닭의똥 같은 눈물이 뚝뚝 떨어질 듯 물무늬처럼 아아라하기만 한 것이어 서, 까닭 모르게 무서우면서도 우러러 보여 두려움 없이 그 빛을 마주받기가 어려워…….

'정부기록보존소'에서 1994년 3월 비매품으로 펴낸《동학관련 판결문집》에 나오는 대문입니다.

판결선고서

충청북도 청주군 거居
피고 서장옥(농민, 년49)
충청북도 청주군 거
피고 손사문孫思文 (학구學究, 년44)

우 피고 서장옥과 피고 손사문에 대흔 안건을 검사 공소에 유由ᄒ야 차此를 심리ᄒ니 피고 서장옥은 무자년(1888)붓허 동학을 전상專尙 ᄒ더니 갑오년(1894) 간에 중민衆民을 선기煽起ᄒ야 기其 세가 전봉 준·김개남·최시형과 막상상하幕相上下ᄒ얏고 피고 손사문은 계미년 (1883)붓허 동학을 전상ᄒ더니 갑오년에 청주 북면 등지에 설접設接ᄒ 외 응종應從ᄒᄂ 자가 수만 명이라 동년 9월 간에 전봉준에게 왕투합 세往投合勢흔 기 사실이 피고 등 진공陳供에 증證ᄒ야 명백明白흔지라

차를 대명률大明律 제사편祭祀編 금지사무禁止師巫 사술조邪術條 일응一
應 좌도난정지술左道亂正之術 위수자율爲首者律에 조조ᄒᆞ야 피고 서장옥
피고 손사문을 병幷히 교교絞에 처ᄒᆞ노라

광무 4년 9월 20일

평리원 平理院

검사 태명식太明軾 검사 한동리韓東履 검사 김상직金商直

입회 평리원

재판장 김영준 金永準

판사 오상규 吳相奎

판사 이징선 李徵善

판사 김기조 金基肇

판사 박경양 朴慶陽

주사主事 이린상李麟相

서장옥과 함께 자리개미 당한 손사문은 1896년 1월 2세 교주
인 해월 최시형한테서 의암義庵 손병희孫秉熙·귀암龜庵 김연
국金演局과 함께 송암松庵이라는 도호道號를 받은 손천민孫天民
인데,

1898년 4월 5일 원주에서 접주였던 송경인의 돌아섬으로 잡힌
최시형이 죽은 다음 도통을 전수받은 손병희한데 최시형을 따라
순도殉道하여야 한다고 거세게 내대었으나, 손병희는 송암 손천
민에서 성도주誠道主라는 이름을 주었으니, 귀암 김연국은 신도

평리원 판결선고서에 맞춰 보면 서장옥이 태어난 해는 1852년이 됩니다. 청주 사는 음선장이라는 농군이 갑신년(1884) 7월부터 사위 서장옥한테서 동학을 배웠다고 하니, 서장옥 33살 때였지요. 광무光武 4년은 고종 37년인 1900년. 처가를 이음줄로 북접北接과 이음고리를 맺으며 승속을 넘나들던 사위가 자리개미 당한 두 달 뒤 장인 또한 잡혀 무기징역에 떨어지니, 서장옥 각시와 자식들은 또 어떻게 되었을까. 궁금하기 짝이 없는 것이 서장옥 발자취입니다.

1894년 갑오봉기가 일어났던 때로부터 1900년 여름 충청도 어딘가에서 붙잡힐 때까지 발자취를 알 수가 없습니다. 김개남과 전봉준이 무너졌을 때 북접의 종교주의를 이겨 낼 수 있는 오직 하나뿐인 남접 도꼭지임에도 무슨 발자취가 나타나지 않는 것입니다.

여기서 눈이 번쩍 뜨이게 하는 것이 1900년 3월 4일 속리산에 들어가 기도와 제천의식을 치르려다가 왜경에게 뽕나버린 서정만徐定萬·정해룡鄭海龍 무리의 움직임입니다. 이들은 소백산맥 얼안에서 300명쯤 모여 속리산이 있는 보은報恩으로 움직였다는 것인데, 모두 상복을 입고 있었으니 국모 원수를 갚겠다는 것이었습니다. 그들은 속리산 천왕봉에 올라 하늘에 제사를 지내며 서울로 올라가 국모 원수를 갚고 최시형의 애매한 처형을 풀어 내고자 하였지요. 그들은 그리고 300명쯤이 아니라 수천 명이라고도 하였습니다. 서정만은 제갈공명 같은 재주를 지녔고 정해룡은 양 옆구리에 사람을 끼고 성을 뛰어넘어 가는 천하장사라고 하였으니, 인민들 슬픈 꿈이 담긴 것이었습니다.

서장옥이 자리개미당한 1900년쯤부터는 활빈당活貧黨 움직임이 더욱 거세어졌는데, 그 가운데 소백산 언저리에 둥지를 튼 무리들이 가장 유명하였으니, 서정만·정해룡을 서장옥 분부 좇았거나 적어도 그 동무들 움직임으로 보는 까닭이지요. 이들이 그 뒤 반외세 의병전쟁을 거쳐 만주와 시베리아 벌판의 독립전쟁과 빨치산 싸움으로 그 넋을 이어갔던 것이라고 생각한다면, 지나치게 수꿈 꾸는 것일까?

갑오봉기가 무너진 다음에도 6년을 더 살며 미륵당취 길을 걸었던 서장옥이었으니, 큰산(지리산 다른 이름)을 사북으로 하여 여기저기서 속달뱅이 맞싸움이 이어졌는데, 이러한 날치싸움 목대잡이가 일해미륵이었고, 일해미륵이 채잡는 미륵당취였습니다. 문학적 상상력 또는 역사적 상상력만으로 해 보는 말이 아닙니다.

스님 눈물 같은 바위굴 속으로 훨씬 허리 굽혀 여남은 발짝쯤 들어가자 엄장 큰 사람이라도 활갯짓하며 갈 만한 너비로 곧게 뚫려지다가 왼쪽으로 곱꺾여 이어지는데, 드날목 쪽에서 들어오던 바람이 몰록 잔풍하여지면서 한 사람이 겨우 지나갈 수 있게 좁좁하여지다가 다시 또 넓어지더니 오른쪽으로 모꺾으며 훨씬 허리 굽혀 들어가자 아이오, 총림 퇴설당만한 큰 방이 나타나는 것이었습니다. 여초麗初때 대이승大異僧 무기선사無己禪師가 금강정정金剛正定에 들었던 곳이라는 금대金臺 노한주老閑主 말이었지요. 1960년대 끝 무렵이었습니다. 허공으로 북을 삼고 수미산으로 망치를 삼아 삼계를 처부수려는 눈 푸른 납자한테만 그문을 열어 준다는 전설이 있는 천고의 미륵도량이라고 하였습니다. 신라 적 붉은바지 농민군 봉기 때와 고려 적 농군봉기며 임진왜란과 임술봉기 때는 농군과 의병들 피란처였고, 갑오봉기 때는일해스님 서장옥 기도처였다는 그곳은 항쟁의 여순麗順 다음 빨치산 채잡이들 비트로 쓰였는데, 끝까지 뽕나지 않은 데라고 하더군요. 순조 11년인 1811년 일떠섰던 평서 대원수 홍경래 봉기군 후군장이었던 이제초李濟初 장군 밑에서 철갑군으로 있다가사송벌 싸움 때 관군에게 무너진 다음 향산에 숨어들어 중이 된노노 스님한테 들었다고 하였습니다. 구오사미 시절 솔거스님이그린 유마상 모신 용추사에서 일해미륵을 시봉한 적도 있다는 그극로비구는 사라져 버린 역사의 뒷이야기를 많이 아는 마지막 당취였지요.

일해미륵 미좇던 당취 뒷자손들은 일제 때 큰산을 두리로 해서항왜 빨치산 싸움을 벌였으니, 구구빨치입니다. 남조선 단독 정부가 세워지면서 들어간 이들은 구빨치가 되고, 6 · 25가 터지면서 들어간 이들은 신빨치가 되어 항미 빨치산 싸움을 벌였으니,모두가 헐수할수없게 된 농군들이었지요. 그리고 1948년 겨울 열여덟 살 신랑 찾아 천왕봉 올라갔던 열일곱 살 새각시가 싸우다죽은 신랑이 쓰던 38식 장총 물려받아 싸울어미로 나서니, 정순덕鄭順德입니다. '지리산 여장군' 정순덕이 경찰 토벌대와 싸우다가 다리에 총을 맞고 잡힌 것이 1963년 11월 12일 새벽 2시쯤으로, 남조선 마지막 농민군이었지요.

지리산 여장군이 그 싸움에 들었었는지는 알 수 없지만, 농군들
로 이루어진 인민유격대가 농촌을 해방시키는 모습을 알려 주는
적바림이 있습니다. 1950년 12월 21일(목)치 〈경남로동신문〉에
실린 다음과 같은 기사입니다. '경남도 빨치산 ○○부대는 신원
전투에서 승리'라는 제목입니다. 철필로 써서 '가리방으로 긁은'
것으로 2면 1장짜리 타블로이드판입니다. (맞춤법과 띄어쓰기는 본
딧글대로임)

지난十二월五일 경남도 빨찌산 ○○ 부대는 적의군사행동상 중요집결처
인 신원을 해방시켰다

이지서방어전은 경남도내 각지서중제二위로 경고히구축되어 능히
一,000명의 공격은 능히방어할수있다고 호언장담하였던것이였다 그러
나 연전연승하는 용감한 빨치산들의 능단한 전투력에는 놈들이 감히 방
어해낼수없었든것이다 영용한 빨치산 부대들은 적의화점을 중심하여
각진지에서 오전六시까지 전투배치를 끈마치고 비상한태세로서 지휘관
이 명령하는 전투신호만 고대하고딘바 뜨더어 제2소대가 적의 一화점
을 공격하는것으로부터 치열한전투는 시작되엇다

각진지에 배치된 중기와 경기부대들은 맹열한 엄호사격으로 진공부대들
의 전투에 많은 방조를주엇으며 한편 기습부대들은 빛발치듯이 퍼붓는
탄환속으로 높이 웨치는 돌격소리와 함께 적진에 뛰어들어가 四방으로
지서주변 돗대에 기여올라가서 수류탄을 투하하여 포대를파괴하였다

빨찌산부대들의 맹렬한 칭명공격에 겁을먹고 당황한 적들의 화력은 좌절되었고 사분오열로 분산된 수명의 적들은 산산히도주하였다

원쑤들의 완강한 발악을 물찌르는 치열한 이전투는 오후+2시에 용감한 빨찌산들의 빛나는승리로서 끝낫다

이전투의 성과는 적사살 四九명 포로10명 경기二정 자동소총二정 보총 三七정 까一빙 二정 수천발의 탄환과 기타 많은 전리품을 로획하였다

빨찌산들의 승리와함께 신원면민들은 총동원하여 인민을위하여 원쑤들과의 피의투쟁을하는 영용한 빨찌산들을 환영하엿으며 二일간이나 비밀리에 보관하엿든 각종 푸란카一트를 드높이들고 우렁찬 만세소리를 울리면서 가두와 농촌에서 성대한 시위운동이 있었다 그들은 이렇게 앞날의승리를위하여군은결의를표시하엿다

집에 있는 사람들이

　　　　화포화승 제조하여

의병을 후원하면

　　　　쉽사리 성공하리

부탁이오 반심없이

　　　　이진 저진 접대하라

오라 오라 돌아오라

　　　　창의소로 들아오라

만일 만일 오지 않고

　　　　왜적에 종사하여

불행히도 죽게 되면

　　황천에 돌아가서

무슨 면목 가지고서

　　선황 선조 뵈올소냐

　　의병전쟁을 떠올릴 때마다 애잡짤하여지는 마음이니, 왜 이렇게도 못싸웠다는 말인가? 그러나 이내 도머리를 칠 수밖에 없으니, 갑오농민전쟁이 그 가림천을 내리게 되는 우금고개 싸움 때도 그렇듯이 의병들이 지니고 있던 병장기 가운데 가장 뛰어난 것이 화승총이었다는 것을 잊고 있었던 것입니다. 아프카니스탄과 이라크에서 보여 주었듯이 이제는 더구나 그러하지만 백여 년 앞 그때에도 낱낱 사람끼리가 아닌 무리 싸움에서 승패를 가름하는 것은 화력이었지요. 어느 쪽에서 가장 앞서가는 잠개를 지니고 있느냐에 따라 그 싸움은 판가리가 나는 것입니다. "군이나 경찰 10여 명이면 소위 의병 100여 명을 능히 이길 수 있다."고 보는 왜군경 쪽 적바림이 있습니다. 한마디로 현대 무기와 고대 무기의 싸움이었습니다. 병력 수의 많고 적음이나 어떤 전략과 전술을 쓰느냐는 싸움 방법 앞서의 골칫거리였던 것이니, 지배국인 영국군보다 뛰어난 힘의 소총을 지녔던 식민지 미국이 독립전쟁에서 이길 수 있었던 까닭이었고, 이스라엘이 둘러싼 아랍 여러 나라를 이겨 낼 수 있는 까닭 또한 앞서가는 화력에 있는 것이구요.

　　1907년 8월 대한제국 병대를 흩뜨려 버린 일제가 가장 먼저 해치웠던 두 가지가 있으니, 같은 해 9월 6일 널리 알린 이른바 '총포급 화약류 단속법'과 '성벽처리 위원회 구성'이 그것입니다. 화약·탄환·총포류는 물론하고 궁·시·도검·창류와 왕조시대 갑옷과 투구에 이르는 모든 병장기를 덮잡기 하는 것과 온나라 종요로운 시읍에 있던 성벽을 무너뜨려 버리는 것 그것이었습니다. 겨레의 생명과 재산을 지켜 낼 수 있는 울타리와 연장을 죄 없애 버린 것이지요.

의병전쟁은 한마디로 38식 소총과 화승총의 싸움이었는데,

왜군경이 거의 썼던 38식 소총은 장·중·단·기騎 4종이 있었은데 5방을 장탄하여 쏘는 단발식이었고, 의병들이 지닌 병장기는 구식 대포와 궁시·도창·몽치·돌맹이 같은 것들이었습니다. 왜군경에게는 그리고 네둘레 어디로도 1분에 40방씩 갈겨 댈 수 있는 기관총까지 있었구요. 38식 소총의 유효 사거리는 한 400야드 곧 한 800미터에 매분 8방에서 10방까지 쏠 수 있는데, 의병들은 먼저 화승 곧 길다란 불꾸러미 심지에 부싯돌로 쳐 불을 붙여들고 다른 한손으로 총알과 화약을 꼬질대에 비벼넣고 쏘는 것이었는데, 20보 안팎이었다니 기껏 3, 40미터쯤 나갔다고 볼 수 있겠네요. 박성수 교수가 쓴 '1907~10년간의 의병 전쟁에 대하여'에 보면,

화승총은 서구의 경우, 18세기 절대 왕조의 상비군이 상용한 기본 화기였다. 라이플이 나타나기 이전의 구식 소총인 화승총은 말하자면 산업혁명 이전의 무기라 할 수 있고, 일본군이 이를 고병기라 한 것도 무리가 아닌 표현이었다. 참고로 그 성능을 열기하면 유효 사거리 80야드(약 73

미터)에 무게 12~8파운드 숙달된 사수면 매분에 1발식 속사할 수 있다고 한다. 그러나 화승총에는 총신에 강선이 없어 명중율이 극히 낮고 치명상을 입히지 못하는 결점이 있고 속사에는 반드시 수명의 보조 사수가 있어 철환과 화약을 장전해 주어야 하고 불의에 기습 공격을 당하면 응전할 수 없다. 또 반대로 야암이나 안개를 이용한 기습 작전에 화승총은 화약에서 풍기는 냄새와 섬광 때문에 사용이 불편하다 뿐만 아니라 한 손으로 발사할 수 없기 때문에 기총으로 사용할 수도 없다.

의병들은 입버릇처럼 여러 격문에서 기계 불리를 개탄하고 있는데, 비만 오면 무용지물이 되고마는 화승총이었습니다. 그러나 화승총은 만들기 쉬웠고, 그 총탄과 화약을 대기도 쉬웠지요. 평남 덕천德川에서 기의起義한 김관수金觀洙는 "기산하를 호소하야 용의군勇義軍을 초출抄出하여 결사대를 단결"한 다음 "총검을 기후원중에서 타조打造"하였다고 하며, 철환과 화약은 직접 제조하거나 각동리에서 징발하여 사용하는 편법을 썼다고 합니다. 격문에 "대진군용大陣軍用 만만시급萬萬時急하니 화약매호 2근, 철 10개, 마혜 1죽, 각종 단목필"을 내납하다는 등 내용이 허다한 것을 보더라도 그 조달이 아주 용이했던 것을 알 수 있고 그 제조 방법도 간단했다고 하니, 헌병대 적정휘보와 전남 경찰의 한 보고에 따르면 동도 장성군 북하면北下面 월성리月城里의 솥 제조업자 강화백姜化白(31세)은 한 번 솥을 굽는 데 솥 40개와 설철屑鐵(쇠부스러기) 약 500근이 나온다고 하며 의병들은 이 설철을 이용하여 철환을 만들었다고 합니다.

의병장 조운석趙雲錫이 밝힌 탄환과 화약 만드는 법이라며 왜 헌병대가 적어 둔 바에 따르면―

1. 탄환 제조법:탄환 제조는 각지의 시장을 돌아다니는 주물상이나 과부鍋釜(노구솥) 등을 제조하는 상인에 의뢰하여 제조하고 있다.

2. 화약류의 제조:화약류는 충청북도 청주군 화적化積 거주 전도일全道一(전포수군 30세)이란 자가 화약 제조법을 알고 있는 것을 이용하여 그로 하여금 제조케 하며 그가 타출 또는 바쁠 때를 대비하여 경상북도 상주군 화북면化北面 용화龍華 부근의 농민에게 그 제조법을 가르쳤다.

3. 각 부락의 농민들은 화약 제조법쯤은 누구나가 다 알고 있기 때문에 적도들이 행동 중 화약이 떨어지면 즉시 촌민에 명하여 제조케 하여 화약을 보충하고 있다고 한다.

4. 화약 제조의 재료는 우뇨牛尿의 찌꺼기, 온토로溫土爐의 밑흙, 유수柳樹의 탄, 유황의 4종을 혼합하여 제조하고 있다고 한다.

이와 같이 화승총은 손쉽게 만들어 쓸 수 있는 병장기였습니다. 그러나 양식총을 만드는 것은 불가능한 데다 손에 넣기도 어려웠는데, 더구나 어쩌다 손에 넣는다고 할지라도 그 총알을 구하기가 쉬운 일이 아니었습니다. 매킨지 기자가 경기도 양근 땅 아신 강가에서 만났던 의병들이 왜병·관병한테서 빼앗은 양총에 넣을 총알을 구할 수 없다며 발을 구르던 까닭이 여기에 있었지요. 의병들이 왜인 농가나 미국인 선교사들한테서 빼앗은 양총 또한 총알이 골칫거리였습니다.

동학농민군은 우금고개에서 일본제국 육군 소좌 미나미가 이끄는 왜병 19대
대 병정들이 갈겨대는 세계에서 가장 앞서 가는 크루프 기관포와 양총 앞에
아얏 소리 한번 못 지르고 무너졌다. 사진은 일본군이 사용했던 기관총.

1908년 12월 8일 저녁에 설교차 전남 장성군 남산면南山面 봉덕鳳德 교회당을 방문한 미국인 선교사 윌슨은 돌연 그의 거실에 들어선 13명의 의병을 보고 까무라치게 놀랐습니다. 가까스로 무엇 때문에 날 찾았느냐고 윌슨이 물어보자 그중 한 의병이 소지한 엽총을 보이라고 했습니다. 윌슨이 내어 준 엽총을 받아 쥔 의병은 이거 얼마냐고 물었지요. 윌슨이 미국에서 50원을 주고 샀다고 대답하자 의병은 돈을 줄 터이니 이 총을 우리에게 팔라고 했습니다. 윌슨이 거절하는데도 불구하고 의병은 27원을 던져 놓고 총과 탄환 70발을 가져가 버렸다고 합니다. 일설에는 의병들이 한국인 교사 김도인金道仁을 뒷산으로 불러 대금 23원을 윌슨에게 갖다 주라고 했다니 윌슨이 순순이 총을 내어 준 것만은 확실합니다.

화승총을 왜군경은 한총·조총이라고도 불렀다네요. 마필 좌우에 1문씩 지워 운반하여 전남 보성 복내 주둔군 기병 숙사를 포격했던 2문의 구식 대포가 있었고, 정읍 내장사에서 왜군은 50본의 화살을 노획하기도 하였으며, 창검을 꼬나쥔 의병들과 만났던 것은 허다하다고 하였습니다. 돌멩이와 죽창을 쥐고 싸웠다는 말은 박성수 교수가 60년대 첫때까지 살아 있던 의병장 백남규白南圭옹에게 직접 들었다고 하였구요.

양총만이 의병들의 꿈이었습니다. 양총만 있다면, 그리고 양총알만 있다면 왜군경들을 무찌를 수 있다고 굳게 믿는 의병들이었습니다. 그래서 화승총을 어떻게 고쳐서라도 왜군경들이 꼬나쥐고 휜목잦히는 신식 양총을 가져 보고자 그토록 애태웠던 것이지요. 전라북도 얼안에서 싸웠던 후기 의병장 김영백金永伯 장군은 정읍군에 있는 어느 산속에서 화승총을 고쳐 장전식 소총으로 바꾸는 것이었습니다. 왜헌병대에서 저희들 위쪽에 했던 일러바침에 나온다네요.

수괴 김영백 이하 약 30명의 적은 6월 29일 월성리 헌병에 격퇴되기 일주일 전부터 암건嵓巾 산중(월성리 서방 약 2리)의 한 한촌 능하리 부근에 가서 총기 제조에 착수하였다. (중략) 제조 방법은 화승총의 개조지만 순연한 화승총이 아니라 약실부의 우측, 즉 화약을 끼어 발화시키는 부분에 엽총용 뇌관을 끼어 발조 장치로 방아쇠를 당기면 격경대용의 금구가 강하게 뇌관을 때린다. 이 작용으로 뇌관으로부터 약실 내의 화약에 도화되어 탄환이 발사하게 되는 것이다.

김백선 장군이 주자교 광신도들인 양반 유생들 손에 목이 잘리는 것을 보고 조밥 흩어지듯 한 용문산에서 범·곰 잡던 총댕이들은 다 어디로 갔을까? 아니, 그들과 하냥 싸우던 의병·승병들 가운데 살아남은 이들은 또 어디로 갔을까?

다 같이 동포로서
　　우로지택 같이하여
사해지내 개형제라
　　어찌하여 잊을소냐
삼각산 높이 올라
　　조선천지 조망하니

일월도 명랑하고
　　산천도 수려하다
이렇게 좋은 금수강산
　　왜노에게 뺏길건가.

　이속吏屬 곧 각색 아전붙이, 병정, 금점꾼, 질그릇 굽던 점놈, 과객, 내외사內外社 들었던 중과 속한이, 당취黨聚, 따디미, 영학당英學黨, 남학당南學黨, 남조선南朝鮮패, 활빈당活貧黨으로 이름 바꾼 화적패, 동학당東學黨, 등짐장수, 봇짐장수, 필묵장수, 담살이, 하급병졸, 풍수風水, 술사術士, 거지, 종, 따기꾼, 들병이들, 깡반, 옹반, 숫반, 농투산이, 생일꾼, 떠돌뱅이 훈장…… 시골에 숨어들어 글방·술방·엿방을 차리거나 또는 머슴으로 숨죽이고 있다가 두물머리 건너 임진나루 거처 황해도·평안도 올라 압록강 건너 만주벌 가서 독립군이 되거나 큰산 가서 구구빨치가 되었는데…… 이런 노랫소리가 들려오는 듯합니다.

대한광무 갑오년에
　　왜적이 침범하여
옛법을 모두 고쳐
　　개화하기 시작했네
관제도 모두 고쳐
　　의복도 모두고쳐
이리저리 몇년만에

인심은 산란하고
이회저회 무슨회가
　　그렇게도 많은지
청년회도 일어나고
　　동양회도 일어나고
교육회도 일어나고
　　설교회도 일어나고
학회도 일어나고
　　일진회도 일어났네
보국안민 버러두고
　　난국난민 웬말이냐

20세기가 막 비롯되는 1900년 3월 '남조선발령南朝鮮發令'이라는 것이 충청북도 보은報恩 군수한테 보내왔는데, 보낸 사람은 '남조선 정南朝鮮 鄭'으로 되어 있었습니다. 그리고 잇달아서 남조선 정만鄭萬(서정만 곧 서장옥으로 보임), 정해룡鄭海龍, 정뢰성鄭雷聲으로 되어 있으니, 그때 사람들한테 널리 퍼져 있던 '남조선 사상'과 '정감록' 입김을 엿볼 수 있습니다. 이들은 이 「남조선 발령」이라는 글발을 여러 읍으로 빠르게 옮겨 주라는 말을 덧붙이고 있습니다. 「발령」 알맹이를 추려 보면,

1900년 3월 7일 발정發程할 예정인데 어느 농민들은 털끝만큼도 해코지하지 않을 터이니 안업효경安業孝敬하라, 최시형이 이루지 못한 척왜양

주信道主, 춘암春庵 박인호朴寅浩는 경도주敬道主라는 차도주次道主 자리에 앉히는 법대도주法大道主 손병희 대종주大宗主였습니다. 그러나 1900년 7월 풍기豐基에서 치러진 설법식 다음 손천민이 왜경에 잡혀 처형되고, 1902년 김연국이 잡혀감으로써 동학 지도부는 무너져 버렸습니다. 그리고 1901년 3월 미국으로 가려다가 안 되자 이상헌李祥憲이라는 딴이름으로 일본에 간 손병희는 이른바 개화와 친일로 그 몸짓을 바꾸어 버렸던 것입니다.

서장옥 이름이 나오는 또 다른 적바림이 있습니다. 같은 책에 실려 있지요.

판결선고서

충청북도 청주군 거 농민
피고 음선장陰善長
년66
우 피고 음선장에 대한안건案件을 검사 공소에 유ᄒ야 차를 심리ᄒ니 피고가 갑신년분 7월붓터 기서其婿 서장옥에게 동학을 수受ᄒ얏스며 갑오년분에 입산은피入山隱避타가 5년 후 환향還鄕흔 사실이 피고 진공에 증ᄒ야 명백흔바 서장옥은 좌도위수로 기위己爲 복법伏法흔 지라 차를 대명률제사편 금지사무사술조 좌도난정위종자율에 조ᄒ야 피고 음선장을 태笞 1백 징역 종신終身에 처ᄒ노라.

광무 4년 11월 일

창의斥倭洋倡義할 것과, 명성황후의 맺힌 마음을 풀어 줄 것을 밝히면서, 이렇게 함으로써 나라의 고스락을 건져 낼 것이라고 하였습니다. 그리고 이제 세상이 어지러운 것은 동서남북 4학이 제솜씨를 못부리기 때문인데, '남조선도 또한 조선'이므로 이제 만세萬世의 명인名人이 나타나 명세命世의 경륜을 가지고 이를 풀어 낼 것이라고 하였습니다.

그런데 여기에 나오는 '남조선사상'이라는 것은 무엇일까? 「갑오 농민전쟁 이후 동학 농민의 동향과 민족운동」을 쓴 이영호 교수는 "남조선사상은 조선 후기에 이르러 민간 사이에 이상화된 은둔적 민중사상인데, 그 이상사회를 구상화한 것이 '정감록'이라고 한다. 이러한 남조선사상을 종교사상으로 발전시킨 사람은 김제 모악산母岳山의 강증산姜甑山인데, 그가 도를 깨닫고 활동을 시작한 시기는 1901년 7월 5일이기 때문에 그가 남조선사상을 계승하였다 하더라도 이 글에서 취급한 소백산맥 지역의 운동세력과는 무관한 것으로 여겨진다. 소백산맥 지역의 동학 농민세력은 북접 교단의 동학을 비롯한 당시의 종교사상에 대한 대안으로서 사회 변혁의 내용을 담은 남조선사상과 정감록사상을 혼합하여 제시한 것으로 해석된다. 이러한 해석의 가장 유력한 증거는 이들의 활동이 반외세의 봉기에 목적이 있었다는 점에서 찾아진다"하고 있는데, 아니지요. '남조선사상'이라는 것은 그런 종교적 사상을 말하는 것이 아니라 새로운 세상을 그리워하는 혁명의 사상인 것입니다. 남조선이라는 말이 남녘땅 조선을 가리키는 방위 개념이나 온갖 어려운 고비 속에서도 살아 남은 조선 사람을 말하는 종교적 개념이 아니라, '새로운 조선'을 말하는 것입니다. 사람들은 남산을 가리켜 앞산이라고 부르지 남쪽에 있는 산이라거나 나머지 산이라고 부르지 않습니다. 앞으로 마땅히 와야만 될 훌륭하게 이루어진 세상을 기다리는 인민들의 애잡짤한 마음이 담겨 있는 사상인 것이지요. '남조선 발령'에서 "남조선도 또한 조선"이라는 말은, 새로운 세상이야말로 너무도 마땅히 조선이 되어야 한다는 말로 받아들어야겠지요.

「복합장명만고사적伏閤章明萬古事蹟」이라는 상소장이 있습니다. '남조선 발령'을 띄우기에 앞서 서장만을 소수疏首로 정해룡·정뢰성·김당골·양지동 같은 14명 이름으로 된 소장이니, 대궐문에 엎드려 상소하는 것을 가리켜 '복합'이라 하고, '장명'은 밝히는 글이며, 아주 먼 옛날을 '만고'라 하고 '사적'은 발자취를 말하니, '옛날부터 내려오는 지나온 발자취를 대궐문 앞에 엎드려 밝히는 글'이라는 말이 되겠군요.

임오군변 뒤로 흥선대원군이 청나라에 잡혀갔던 일과, 1898년 1월 대원군 부인 민씨가 죽었을 때 그 아들·며느리인 고종과 민중전이 데면데면하였던 것을 가리키며 조정을 꼬집어 때립니다. 그런 다음 수운水雲과 해월海月이 죽임당함으로써 삼강오륜의 핏줄이 끊어졌다고 명토박으면서, 왜국이 쳐들어와 왜당倭黨이 떼를 지어 나라살림살이를 어지럽히고 있다고 땅을 칩니다. 임진왜란 때는 오성鰲城·한음漢陰이 옥새玉璽를 간직하였으나 이제는 그럴 인물도 없으므로, 자기들이 하늘님 분부 받아 나라의 운수를 지켜 내야겠다는 다짐으로 끝을 맺습니다.

그때에 동학 북접에서 내대던 종교적 신비주의를 바닥에 깐 동
학주의와는 팔팔결로 다른 것을 알 수 있습니다. 수운과 해월의
법통은 쳐주지만 의암義庵 힘은 알아 주지 않습니다. 무엇보다도
반봉건 자리에 서서 왜국의 쳐들어옴과 왜인보다 더 왜인 같은
친왜 무리들을 꼬집어 뜯고 있습니다. 그리고 한 번도 있은 적이
없는 민족적으로 아슬아슬한 고비를 이겨 내어 나라를 튼튼하게
해야겠다는 다짐을 어기차게 드러내고 있습니다. 여기서 유교 이
데올로기인 효를 가지고 고종을 꼬집는 것이나 수운과 해월이 이
룬 보람을 봉건적 테두리 속에서 풀이한다든지 지나치게 하늘님
에 기대며 정감록을 끌어대는 것 따위 테두리를 보여 주지만, 이
것은 그러나 그때 사람들 마음자리 잴대에 기대어 뜻을 펴보겠다
는 것으로 봐야겠지요. 5·18때 광주 도청에서 죽음을 걸고 앙
버티던 항쟁 채잡이들이 "미7함대가 광주를 구하러 온다"는 거짓
아지프로로 바랄모가 끊어져 버린 광주 인민들 마음에 어떤 꿈을
주었던 것이 떠오르는군요.

황현黃玹이 어디까지나 유가 이데올로기 자리에서 적바림하여
둔 《매천야록梅泉野錄》에 「속리산 동학당의 제용왕문祭龍王文」이
라는 대문이 나옵니다.

전감찰前監察 최재호崔載浩는 관군을 인솔하고 속리산을 수색하여 동학
도 40명을 체포하고 그들의 문서를 빼앗아 보고하였는데, 그중 제용왕
문은 다음과 같다.

'경자년(1900) 3월 15일 자시子時(11시부터 다음날 1시)에 선봉대원수

중봉삼황中鋒三皇, 후봉오제後鋒五帝는 행차하여 장차 한강을 건너 경성京城을 들어가려고 합니다. 이런 연유로 북해北海 용국龍國에 제물을 바치오니 주인이 제향한 후 용왕은 선봉, 흑제장군黑帝將軍은 후봉이 되어 수군병마水軍兵馬 3,000명을 거느리고 3월 15일 인시寅時(상오 3시부터 5시)에 한양漢陽을 도착하기 바랍니다. 만일 이 영을 어기면 별도로 태형笞刑 300대를 가하여 어별魚鼈(물고기와 자라)의 불순한 죄를 적용하여 북방 불모지로 유배하고 흑룡국黑龍國을 모두 혁파할 것입니다.'

그리고 깃발에는 '南朝鮮山如陸谷四明後峰'이라는 11자를 큰 글씨로 써 놓았다. 그때에 보은군 군리郡吏 이한호李漢鎬는 청주대淸州隊와 합류하여 활빈당活貧黨 30여 명을 쫓아내고 청산군靑山郡에서는 동비東匪 3명을 체포하였는데, 제우濟愚의 제사를 지내고 경성으로 향할 예정이라고 하였다.

그들은 제각기 효복孝服 한 벌씩을 가지고 다녔는데 제사 때 입는다고 하였다.

서장옥을 그리워하던 서정만두력은 저 갑오년 때와같이 일떠서고자 싸움 얼개를 짰던 것으로 보이니, 그들이 덮잡힌 여러 크고 작은 깃발과 싸움옷들이 그것을 웅변하여 줍니다.

맨 위에 '南朝鮮'이라고 좌로 쓰인 풀빛 비단으로 만든 대기大旗 1면은 서정만 앞에 세운 대장기이고, 붉은빛 비단으로 만든 기와 청·황·홍·흑·백색 명주와 흰빛 명주로 만든 팔괘기八卦旗, 그리고 풀빛 명주기 1면이 뒤를 좇으니, 서정만을 도와 왜군경과 그 앞잡이 조선 관군을 무찌를 정해룡 · 정뢰성 · 김당골 · 양지동 같은 우두머리 싸울아비들 앞에 세울 깃발이었겠지요. 붉은빛 비단기는 주작기朱雀旗로 '해日'와 '달月' 두 부대를 뜻하고, 푸른색 명주기는 청룡기靑龍旗이고, 누런빛 명주기는 한복판 정가운데에 세우는 기이고, 검정빛은 현무기玄武旗, 흰빛은 백호기白虎旗를 나타내니, 싸울아비들이 맡은 싸울자리를 깃발빛으로 나타낸 것이겠군요.

싸울옷들은 죄 풀빛 명주로 지어졌는데 등허리에 '시천오제侍天五帝'라고 씌어 있었다고 합니다. 송화색松花色으로 된 싸울옷 하나에는 앞섶에 풀빛으로 '세천왕시世天王侍'라고 씌어 있는데, 도꼭지 서정만이 입을 것이었던 듯합니다. 1900년 3월 6일 이제 충청북도 옥천군인 청산군靑山郡에서 붙잡힌 동학교도 3명은 풍신風神, 용신龍神, 호신虎神, 명신明神, 상신翔神, 지신地神, 수성신水星神 같은 글자가 적힌 적삼고의를 입고 있었다고 하는데, 아마도 부대 짜임과 얽힘이 있겠지요.

서정만 두럭에서는 서로 짬자미를 하였으니, 북을 한 번 때리면 "일심정기一心正氣", 두 번 때리면 "훤화일금喧嘩一禁", 세 번은 "심축心祝"하고 소리친 다음 북향사배北向四拜를 하였다지요. 그리고 다섯 번이면 앞으로 나아가고, 여섯 번이면 그 자리에 앉고, 일곱 번이면 앞선 사람이 일어나 춤을 추는데, 사람들이 꽹과리를 치는 것으로 매겨져 있었다네요. 이 모두가 짜임새 있게 싸우기 위한 싸울꾀였던 것으로 보입니다.

의병들 뒷이야기입니다. 1909년 9월 1일부터 한 2달 동안 '남한 대토벌 작전'이 이루어졌던 전라남도를 한허리로 한 언저리 얼안 모두는 살륙·방화·약탈·폭행 따위로 그야말로 생지옥이었습니다. 남자가 하나도 없는 식구와 산속으로 숨어들어 간 여느 인민들까지가 모조리 살륙과 체포의 대상이었으니까요. 《매천야록》에 그때 일됨새가 나옵니다.

왜병들이 길을 나누어 호남의병들을 뒤져내었다. 그들은 위로는 진산珍山·금산錦山·김제金堤·만경萬頃으로부터, 동으로는 진주晉州·하동河東, 남으로는 목포木浦에서부터 그물치듯 네둘레를 둘러쌌다. 그리고 순사들이 마을을 샅샅이 뒨장질하고 집집마다 캐내어 조금이라도 믿지 못하겠으면 곧바로 사는 사람을 죽였으므로, 이때부터 길에는 오가는 사람들 자취가 끊어지고 이웃 마을끼리도 발길이 끊어졌다.
한편 의병들은 끼리끼리 짝지어 네둘레로 흩어져 달아났으나 숨을 곳이 없기 때문에 힘이 센 사람은 앞으로 달려나가 왜군경들과 싸우다 죽고, 힘 없는 사람들은 땅을 기어 달아나다가 칼에 맞아 죽었다. 의병들은 차츰차츰 쫓기어 강진康津·해남海南 같이 땅이 끝나는 곳까지 쫓기게 되었다.
이때 죽은 사람들이 자그만치 수천 명이었으며, 고제홍高濟弘·심남일沈南一 같은 이가 앞뒤에 걸쳐 왜병들에게 오라지워졌다.

밥통이 오그라붙어 열반한 최서해

340

땅끝처럼 사라졌어

최서해는 아주 불행하였던 글지였습니다. 똥구녁이 찢어지는 애옥살이에서 굶기를 밥 먹듯 하며 자라나 이제 초등학교인 소학교 3학년 또는 5학년까지만 마쳤고, 독립단 나간 아버지를 찾아 흑룡강으로 갔던 것이 16살 때였습니다.

그때부터 나무장수, 국수집 머슴, 두부장수, 생일꾼 같은 밑바닥 일을 하며 독공부를 하였습니다. 독립단을 따라다니기도 하였구요. 경성으로 올라가 노숙자 생활을 하다가 저잣거리 여러 가겟방을 돌며 여리꾼 노릇을 하였습니다. 그러다가 경기도 양주 봉선사奉先寺로 갔던 것은 춘원 이광수가 다리 놓아주면서였으니, 불목하니 노릇만 해도 밥은 먹여 준다는 말을 듣게 되었던 것이지요.

봉선사에서 불목하니 쉼직한 행자(行者) 노릇을 하다가 다시 경성으로 갔습니다. 그리고 〈동아일보〉에 처녀 소설 「토혈吐血」과 《조선문단》에 단편 「고국故國」을 선보인 것이 1924년이었으니, 24살 때였습니다. 이듬해 문제작 「탈출기脫出記」를 같은 잡지에 선보여 문학동네에 성명삼자를 돋을새김하였지요. 《한국문학통사》라는 책에 나오는 조동일趙東一 꿰아매김입니다.

최서해가 내세운 주인공은 단순한 피해자가 아니고 자각의 주체여서 세계의 횡포에 적극적으로 맞섰다. 가족이 겪는 고난을 마음 아파하며, 죽지 않고 연명하기 위해 끈덕진 생명력을 발휘할 뿐 아니라 자기에게 강요되는 빈곤을 사회구조의 문제로 인식해 분노하고 투쟁했다. 자기 체험에 입각해서, 세계의 횡포에 맞서는 자아의 투쟁을 전개하며 독자 또는 중립적인 제삼자의 위치에 설 수 없게 했다. 그래서 현진건의 소설에서 이룩된 객관적 사실주의와는 다른 비판적 사실주의 또는 투쟁적 사실주의를 구현했다.

〈탈출기〉가 벗에게 자기 행동에 대해 동의를 구하는 편지 형식으로 전개되는 것은 그런 의미에서 주목할 만하다. 무슨 말이든지 다 하겠다면서 쓴 편지이므로 가족을 데리고 만주에 가서 수탈당하고 모욕당한 쓰라린 사연을 밑바닥까지 털어 놓을 수 있었다. 그렇게 해서 공감을 확보하고서, 포악하고 허위스럽고 요사한 무리를 옹호하는 세상을 믿고 산 것이 잘못임을 깨닫고 '험악한 제도'를 쳐부수기 위해 가족과 이별하고 투쟁을 하러 나선 데 대해 동의를 구했다.

몸소 겪은 일들을 바탕으로 무산대중에 대한 뜨거운 자비심과 동정을 가졌던 그는 「박돌의 죽음」, 「기아와 살륙」, 「홍염」 같은 빈궁문학 대표 작가가 되었습니다. 25년 '카프' 곧 '조선프롤레타리아예술동맹'에 들었고, 〈중외일보〉 기자와 〈매일신보〉 학예부장을 지내며 갈피없는 세속살이를 하다가 위문협착증, 곧 밥통이 오그라붙어 먹은 것을 삭일 수 없게 되어 죽었습니다.

그때에 최서해는 세나는 글지였지요. 얼추 글지들이 부당하게 빼앗기고 부당하게 억눌러서 죽음 같은 삶을 죽지 못해 살아가는 노동자·농민들 삶에 관념으로만 '존재전이'하여, 다시 말하면 그들이 왜 빈궁하게 되었으며 그 빈궁에서 벗어날 수 있는 해결책이 무엇인지 파고들어 가지 않고, 빈궁에서 벗어나기 위한 피어린 싸움에 대한 귀띔조차 하지 않으면서, 일제 검열에 걸릴 것을 빤히 알면서도 과격한 계급투쟁적 개념어들이나 늘어놓든지 민족허무주의나 읊어대는, 관념의 숲을 헤매는 얼치기 지식인 문학 흉내나 내고 있었는데, 최서해는 달랐습니다. 그 자신이 부당하게 빼앗기고 부당하게 억눌려 사는 '인민대중' 가운데 한 사람이었고, 몸소 겪은 것들이었으므로 그가 쓰는 글들은 하나같이 진활眞活한 것이었지요. 물론 소설은 투쟁 선언문이 아닙니다. 그리고 최서해 소설이 무산대중들 투쟁을 변증법적으로 발전시키지 못하고 구체적 삶을 통하여 그 전망을 보여 주는 데까지는 나아가지 못하였다는 테두리가 있지만, 무산대중 삶을 진활하게 보여준 거의 유일한 글지였습니다.

이른바 잘나가는 '인기작가'가 되면서부터 그 삶은 달라지기 비롯합니다. 팔자처럼 따라붙던 '빈궁'과 '방황'을 어느만큼 벗어나 '안정'을 찾았으나 '카프'에서 이름이 지워지는 창피를 당하지요. 최서해는 '카프'에 들어가기는 하였으나 그 얽이에서 바라는 외통 길 가르침바늘을 따르지는 않았습니다. 우리나라 애초 현대 조각 가인 김복진金復鎭이 지은 「카프 강령」입니다.

"일체의 전제 세력과 항쟁한다. 우리는 예술을 무기로 하여 조선 민족의 계급적 해방을 목적으로 한다."

일간지 기자에다가 총독부 기관지 문화부장으로 모심을 받았으니 갑자기 '명사'가 된 것이지요. 모서가는 데도 많고 기름진 갖은 요리에 값비싼 곡차잔이 끊어지지 않았습니다. 술 양이 그렇게 세지는 않았으나 술을 아주 좋아하고 술보다도 친구를 더 좋아하는 서해였습니다.

최서해는 「고국」이 당선되면서 조선문단사에서 먹고 자는 입주 기자로 있었는데, 사장이 방인근方仁根(1898~1975)이었습니다. 《새벽길》, 《마도魔都의 향불》 같은 통속소설을 쓴 대중작가였는데 부자였으므로, 방 사장이 사는 곡차만 해도 엄청났을 것이구요. 그때 글지에 대한 사회적 모심이 어느 만큼이었는지를 알 수 있는 바탕이 있습니다. 《한국문학통사》에 나옵니다.

《신인문학新人文學》1934년 8월호에 신문과 잡지의 원고료, 잡지 발행 부수, 문인의 월수입에 관한 자료가 실려 있다. 원고료는 신문 연재소설의 경우 하루치에 평균 2원 정도 지불하고, 잡지는 《신동아》와 《신가정》에서만 4백자 원고지 한 장의 원고료를 25전으로 하고, 다른 잡지는 고

정된 원고료가 없다고 했다.《신가정》은 8천 500부,《신동아》는 8천 부 발행하고,《삼천리》는 1만 부를 발행하다가 6천 부를 발행하는데 원고료를 거의 내지 않는다고 했다. 문인의 월수입을 보면, 전문학교 교수는 150원, 중학 교사는 120원, 신문사 부장은 80원, 기자는 60원인데, 오직 창작만 하고 신문소설을 연재하면 60원이고, 그렇지 않으면 고정수입이 없다 했다. 연재소설 없이 가장 많이 버는 사람이 김억金億인데 유행가 작사료와 잡지 고료를 합쳐 월수 70원이라 했다. 채만식蔡萬植은 가명으로 탐정소설까지 써서 60원 벌이를 하는 것으로 나타났다. 이하윤異河潤은 유행가 작사료가 30원, 박영희朴英熙와 함대훈咸大勳은 원고료가 20원인 것으로 나타났다. 그 정도 벌이를 하는 문인도 흔하지 않았던지 예를 더 들지 않았다.

술에는 안주가 따르게 마련입니다. 기름기 없이 바짝 말라붙었던 속에 이지가지로 기름진 음식들이 들어가니 속에서 놀랐을 것입니다. 놀라서 창자가 미쳐 버렸던 것이지요. 그래서 단식을 하는 경우에도 풀 때 곧바로 밥을 먹어서는 안 됩니다. '보식補食'이라고 해서 죽물로 속을 달래야 합니다.

10여 년 전 설악산에 있을 때 일입니다. '새들의 고향'이라는 보람판 걸어 놓고 목공예를 하는 노인이 있었습니다. 목공예라기보다 묵은 나무 밑동이나 뿌리를 다듬어 무슨 책상이나 탁자 또는 치렛거리 같은 것들을 만드는 나무쪼시였지요. 그런데 곡기를 끊고 술만 마시며 사는 게 20년도 넘었다고 했습니다. 밥 대신 먹는 것이라며 소주만 마셨습니다. 끼니마다 밥주발 뚜껑에 따라 먹는

데 맨날 2홉들이 한 병 쯤은 마시는 것 같았습니다. 라면만 먹으며 산다는 사람도 있다지만 어떻게 소주만 마시며 살 수 있다는 말인가. 당최 믿어지지 않았지만 그것은 진짜였고, 낯빛이나 몸도 야릇해 보이지 않았습니다.

그런데 그가 죽게 되었다는 것이었습니다. '걸레스님'으로 유명짜하던 중광重光 스님과 함께 가 보았는데, 오늘 내일 하는 그 노인 곁에 웬 젊은 보살짜리가 있는 것이었습니다. 술만 마시며 목공예를 하는 '예술가 선생님' 소문 듣고 찾아와 '도우미' 노릇을 한다는 보살이었는데, 관세음보살. 밥을 먹였다는 것이었습니다. 반찬 있는 밥을 먹고 힘을 내서 '훌륭한 예술품'들을 많이많이 만들어야 한다며 반어거지로 밥을 먹게 하였다는 것입니다. 뼈시린 고독지옥 속에 살다가 살갑게 부니는 젊은 보살 향기로운 머릿기름 내음 살내음에 사대육신 팔만사천 마디가 녹작지근하여진 것인지, 그 노인 살매가 그렇게 전정前定된 것인지 모르겠습니다만, 그런 일도 있었습니다.

우리 현대 문학사에서 가장 팔자 사나웠던 문인으로 최서해를 꼽고 싶습니다. 불행했던 문인들이 많지만 최서해한테는 못 미칩니다.

다음 이야기는 10여 년 전 봉선사에서 식객으로 있을 때 들은 이야기입니다. 이 중생한테 최서해 이야기를 하여 준 이는 운경雲耕이라고 태허泰虛 스님 운암雲巖 김성숙金星淑과 사회주의 운동을 하다가 감옥까지 갔다 온 혁신불교동맹 출신 스님으로, 그때 나이 90이 넘는 극노승이었습니다. 「사찰 토지는 국가에, 혁신불교동맹의 당면 주장」이라는 제목입니다. 〈조선인민보〉1946년 5월 7일치.(띄어쓰기만 손보았음)

계급 없고 죄악 없는 평화사회의 건설을 목표로 종래의 모든 봉건적 잔재를 일소하고 신불교를 건설하고저 재경 유지 불교도의 발기로 그동안 준비하여 오든 혁신불교동맹이 지난 4월 8일 남산정 동본원사 내에 창립되었는데 전조선의 불교청장년을 총망라하여 다음과 같은 당면 주장을 내걸고 맹활동을 전개하리라 한다

당면 주장

▲ 승니僧尼와 교도를 구별하자

▲ 사원을 일반에게 개방하자

▲ 사찰 토지는 국가 사업에 제공하자

▲ 불건전한 포교당을 숙청하자

▲ 승니는 생업에 근로하자

▲ 석가불만 본존으로 신봉하자

▲ 간소엄숙한 새 의식을 실시하자

◇ 중앙위원

박봉석朴奉石 조명기趙明基 김달진金達鎭 곽○순郭○淳 김○렬金○烈

민동선閔東宣 장상봉張祥鳳 성○훈成○動 정두석鄭斗石 외 20명

최서해보다 조금 아래인 나이로 수습승려 과정인 행자생활을 하였는데, 최서해 행자는 밤마다 행자실 구석에 엎드려 등잔불 아래 무엇인가를 끄적거렸다고 하였습니다. 최 행자가 끄적거리는 것이 소설이라는 것을 알게 된 절 소임자들은 밥하고 빨래하고 나무하고 여러 법당이며 방사들 청소하는 절 일이나 열심히 하는 틈틈새새로 염불이나 제대로 익힐 것이지, 신둥부러지게 무슨 잡스러운 소설 나부랭이냐며, 밤에도 많은 일을 시켰다고 합니다. 봉선사 대중 가운데도 절 살림을 맡은 원주院主 스님이 유난히 최 행자를 괴롭혔는데, 최 행자가 원주 스님을 절 마당 눈구덩이 속에 메다꽂고 절을 나갔다고 합니다. 다음해인가 최 행자가 봉선사를 찾아왔는데 '하이칼라 신사'가 되어 있었다고 합니다. 최행자, 아니 작가 최서해가 '꽃같이 어여쁜 기생 아씨'와 함께 와서 법당 참배를 하는 것을 보고 세월난 소설가가 된 것을 알게 되었다고 합니다.

똥구녁이 찢어지는 찰가난으로 굶기를 밥 먹듯하던 끝에 밥이나 굶지 않으려고 절집에서 행자생활을 하던 가엾은 문학청년 최서해는 절을 뛰쳐나가 드디어 인기작가가 되었고, 8년 동안 기운찬 창작 활동을 하였습니다. 인력거 타고 요릿집 가서 '곡차'도 원없이 먹고 '꽃같이 어여쁜 기생 아씨들'과 '연애'도 원없이 하면서, 그래도 사바세상은 살아볼 만한 데라고 한숨 돌리며 억압받고 고통받는 무산대중들 꿈과 희망을 대변해 줄 수 있는 야심작 구상을 하는 판인데, 밥을 먹을 수가 없게 된 것이었으니. 소설 써서 원고료 받아 이제 겨우 밥은 먹을 수 있게 되었는데, 밥통이 오그라붙어 밥을 삭일 수가 없게 된 것이었으니. 최서해를 우리 현대 문학사에서 가장 운수 사나웠던 문인이라고 하는 까닭이지요.

동만주 연변에서 조선문학을 공부하는 조선족 대학생들이 요즘도 가끔 봉선사를 찾아 최서해문학 자취를 더듬어 보고 있답니다. 조선문학 가운데서도 20년대 빈궁문학을 공부하는 학생들에게 봉선사 찾아보기는 빼놓을 수 없는 일이라고 하더군요. 조선족 문학도들한테 이처럼 기려지는 최서해지만 이곳에 사는 문학도들은 최서해가 봉선사에서 행자 노릇을 하며 「고국」과 「탈출기」와 「토혈」을 고쳐 쓴 「기아와 살륙」 애벌글을 썼다는 것도 잘 모르며 또 굳이 알아 보려고도 하지 않으니, 최서해문학이여 영원하라!

다음은 최서해가 쓴 짧은 줄글입니다. 〈조선지광 朝鮮之光〉 1928년 정월호에 실려 있는데, '조선을 안 뒤라야'라는 제목입니다. "현단계의 조선 사람은 어떠한 예술을 요구하는가?" 하는 물음에 김기진金基鎭, 이익상李益相, 한설야韓雪野, 김동환金東煥, 이기영李箕永, 윤기정尹基鼎, 박팔양朴八陽, 염상섭廉想涉, 변영로卞榮魯, 임화林和 같은 문인들이 자기 생각들을 말하고 있습니다. 최서해 글에서 진서眞書는 언문으로 고쳤고 맞춤법과 띄어쓰기도 요즘 식으로 고쳤습니다.

조선은 어떠한 문학을 요구하는가. 꿈 같고 태양 같고 밥 같은 문학인가. 또는 줄이 굵고 호흡이 큰 문학인가. 추상秋霜 같은 문학인가. 진천뢰震天雷 같은 문학인가. 나는 아직도 이 문제에 명확한 해답을 내 머릿속에서 발견치 못하였다. 만일 이 문제의 해답을 내가 할 수 있다면 그것은 내가 조선을 아는 때일 것이다. 나는 조선을 모른다. 나는 조선에 낳아서 조선서 자란 사람이지만 아직도 조선의 음악과 조선의 희비喜悲를 잘 모른다. 조선은 고사하고 평범한 일상생활에 있어서도 어머니와 아내의 심경을 이해치 못해서 때로는 모자지간에 검극劍戟이 서게 되고 때로는 부부지간에 선전포고가 오락가락하게 되는 것이 내 생활이다. 이처럼 나는 아직도 모든 것을 이해하기에 족한 지식이 없다. 그를 이해할 만한 지식을 가지지 못하고 어찌 그의 요구에 응할 수 있을까. 어떤 분의 주장은 "민중이란 고원高遠한 이상이나 임박한 현실적 노력보다는 목전의 향락과 환희적 공상에 흐르기 쉬워서 문학도 그러한 것을 잃는 예가 많다. 그러니 우리는 그러한 요구에 응할 것이 아니라 그 민중이 가지 않으면 안 될 문학을 의식적으로 지어 주자." 한다. 나도 여기는 공명共鳴이다. 더 이의가 없다. 그러나 이것도 조선(민중)을 알고야 할 일이다. 이리 치나 저리 치나 문제의 해결책은 결국 한 가지이다. 누구나 병자를 보면 그가 괴로워할 것과 약을 먹어야 할 것을 알 것이다. 하지만 그가 어떠한 병인지 또는 어떠한 약을 먹어야 할는지는 의사가 아니면 병자 자신도 모를 것이다. 그러니 병자의 요구에 응하고 병자에게 주지 않으면 안 될 약을 지으려면 먼저 의사가 돼야 할 것처럼 조선의 요구에 응하고 조선에 주지 않으면 안 될 문학을 지으려면 나부터 조선을 잘 안 뒤에 능하리라고 믿는다.

— 정묘丁卯 12월 6일 오정

바둥이 오그리붕어 엄벙한 차세해

최서해가 이뉘를 버린 것은 32살 때였습니다. 조운曹雲(1900~?)을 통하여 사귐이 있었던 가람嘉藍 이병기李秉岐(1891~1968)는 최서해를 기리는 시조를 썼습니다. 「서해를 묻고」 두 번째 수입니다.

별과 바람 끝에 검을 대로 검은 그 손
잡은 광이 두고 붓을 다시 드시리까
상머리 血痕과 紅焰 맘이 되어 태오이다.

방인근이 쓴 회상기 한 어섯입니다.

함경도 사투리의 거센 목소리에 20이 조금 넘은데 고생에 주름이 잡힌 늙은 청년이었다. 나는 그를 잡지 편집과 영업을 도와주는 사람으로 채용하였다. 운이 좋은 셈이었다. 그러나 몇 달 있다가 아마 서울 생활이 그의 생리에 맞지 않고 문학 공부에 신통치 않았던지 그 자리를 떠 버리고 어느 절로 가서 중이 되었다. 가서 불도보다도 문학 공부에 열중하고 글을 쓴 모양이다. 몇 달 후 다시 우리집으로 와서 숙식하면서 잡지 일을 도와주었다. 우리집 건넌방에 죽치고 들어앉아서 소설을 쓰는데 고치고 또 고치고 몇 달 만에 완성한 것이 단편 〈탈출기〉였다. 이 작품은 문단에 센세이션을 일으키고 그의 출세작이 되었다. 그의 빈곤의 체험, 반항의식을 노출한 거센 문장으로 쓴 것이다. 일종의 프롤레타리아 문학의 싹이라고 할 만하였다. 그때 한참 유행하기 시작하였다. 위병은 낫지 않아서 언제나 위산통을 가지고 다니며 먹었다. 걸걸하니 술 좌석에서도 잘 떠들면서 술은 많이 하지 못하였다. 그러다가 내가 하던 잡지가 망하게 될 무렵 영광靈光 시조작가 조운의 누이동생 분려芬麗와 사랑해서 결혼하는데 우리집 마루에서 육당六堂 주례 하에 문인 결혼식을 거행하였다. 간소하면서도 재미있는 혼인식이었다.

시골 보잘것없는 문학청년이 서울 와서 잡지 기자, 신문 학예부장까지 되었으니, 그리고 문단에 데뷔하였으니, 결혼까지 하고 대단한 출세라고 할 수 있었다. 그러나 언제나 북청北青, 성진城津을 그리워하였다. 술을 좀 과음하기 시작해서 위장이 점점 나빠졌다. 어머니를 서울로 모셔다가 며느리도 보게 하고 조금 고생을 면하게 하는 효성을 하였다. 이렇게 좀 살 만하게 되고 작품도 쓸 만하게 되자 그의 병은 침중해졌다. 마침내 입원해서 치료하다가 30여세란 약관으로 요절하고 말았다. 반짝이는 별이 떨어진 셈이다. 그것은 도향稻香, 빙허憑虛, 유정裕貞, 효석孝石과 비슷하다. 문단장을 미아리 공동묘지에서 지내고 비석만큼은 큼직하게 해 세웠다. 어린 아이들과 어머니와 며느리는 북청으로 가서 고생고생하다가 어머니도 며느리도 다 저세상으로 가고 아이들은 행방불명이다. 최후가 역시 비참하다고 할 수 있다.

최서해한테 곡차를 많이 먹여 일찍 열반하게 만드는 데 한 부조 하였던 방인근은 통속작가였습니다. 아람치 털어 〈조선문단〉이라는 월간 문예지를 내었던 사람인데 나중에는 손을 들고 말았지요. 그때나 이제나 장사 안되는 제대로 된 문예지를 내어 제대로 된 문학을 길러내 왔던 그 쌓은 보람만큼은 높이 새겨 두어야 할 것입니다.

  호를 춘해春海라고 지어준 것은 이광수였습니다. 이녁 호인 춘
원春園과 춘 자 돌림 한 항렬이니, 춘해가 춘원 물잇구럭이었던
까닭이지요. 그런 춘해가 통속소설 장바닥으로 두 팔 걷어부치고
나섰던 것은 〈조선문단〉을 다른 사람한테 넘긴 다음부터였습니
다. 《마도의 향불》을 〈동아일보〉에 이어실은 것이 1932년 11월 5
일부터 1933년 6월 12일까지였는데, '인기 작가'였지요. 그때부터
5년 동안 〈매일신보〉에 《방랑의 가인歌人》, 같은 신문에 《청운백
운靑雲白雲》을, 〈조선일보〉에 《쌍홍무雙虹舞》를, 〈매일신보〉에
《새벽길》을 이어실었다가 끝나자마자 바로 책으로 박아 내었습
니다. 그때나 이제나 신문 연재소설은 인기가 좋았고 박아 낸 책
들은 또 '베스트 셀러'가 되었습니다. 통속 연애소설만이 아니라
그때에 세나던 '정탐소설' 쓴 것까지 합쳐 그가 펴낸 통속소설들은
수십 권이 됩니다. 이른바 '베스트셀러 제조기'였지요.

  그런데 모를 일입니다. 그렇게 끊임없이 하늘 밑에 벌레들이
참되게 사는 길을 좀 먹고 생때같은 얼을 시멘트 콘크리트로 만
드는 곡두약 같은 통속 대중소설 수십 권을 '베스트 셀러'로 만들
었으면 그 많이 주는 신문 원고료와 인세 거둠새만 해도 엄청날
터인데, 춘해 늘그막 삶은 슬프고 끔찍한 것이었습니다. 아마도
술못과 고기숲에서 가리산지리산하였던 때문이겠지요. 1970년
대 끝 무렵 《관촌수필冠村隨筆》 글지 이문구李文求(1941~2002)한
테 들은 이야기입니다.

  이문구가 문협 기관지인 〈월간문학〉에서 편집일을 할 때였답

최서해는 〈석류〉라는 시조로
유명한 조운의 누이동생과 혼
인했다. 위 사진은 조운(좌)과
최서해. 아래 사진은 최서해가
잠시 머물렀던 전남 영광 조운
생가이다.

니다. 1960년대 끝 무렵 1970년대 첫무렵이었다지요. 마감에 쫓겨 정신없는 판인데 누가 찾아왔답니다. 초라한 차림새에 등 굽고 말도 더듬는 노인이었는데, 자기가 작가 방인근이라고 하더랍니다. 깜짝 놀라서 "예전에 《조선문단》 내시던 방아무 선생이시냐?"고 하였더니, 그렇다면서 원고 뭉치를 내놓더라는 것이었습니다. 마음먹고 쓴 단편소설이라고 해서 읽어 보았더니, 말이 안 되는 잡설이더라는 것입니다. 원고료를 달라는 방 노인한테 차삯이나 하시라며 얼마를 드렸는데, 그때부터 달마다 한 차례씩 꼭 말이 안 되는 원고를 들고 찾아와 원고료를 달라는 것이어서 여간 답답한 게 아니었답니다.

통속소설 밑바탕 얼개는 '순정'과 '애욕'입니다. 사람들마다 지니고 있는 맞서는 마음이니, 정신과 육체라고 해도 좋고 이상과 현실이라고 해도 좋겠지요. 통속소설에는 애욕을 멀리하고 순정만 그리워하는 것이 있고, 뒤쪽으로 순정을 멀리하고 애욕만 다루는 것이 있으며, 순정과 애욕을 넘나들며 허우적거리는 것이 있는데, 마찬가지입니다. 돈과 살과 좋은 이름만 찾아 허우적거리는 저잣거리 장서방네 셋째 아들과 이서방네 넷째 아들들 이야기니까요. 요즈막에는 '상업주의 소설'이라고 하더군요. 소설 장사꾼이라는 말이지요. 소설이라는 이름 아래 소설을 더럽히고 소설가라는 이름으로 소설가를 더럽히는 무리들은 많습니다. 일제 강점기 때도 그러하였고 요즈막도 그렇습니다. 춘원이 《혁명가의 안해》라는 정신병자 넋두리 같은 장편소설 명색에서 진정한 혁명가들 얼굴에 똥칠을 하였듯이, 노동해방과 인간해방을 위하여 고통스럽게 싸우는 운동가들 얼굴에 똥칠을 하는 정신병자 넋두리 같은 이야기를 소설이랍시고 써내는 엉터리 가짜 소설가들도 많습니다. 소설 장사꾼들이 넘쳐나는 세상입니다. 무엇을 어떻게 썼느냐 하는 소설 됨됨이는 따지지 않고 무조건 많이 팔리는 것만이 '장땡'인 세상입니다.

우리 문학사를 간추렸다는 「문학전집」어디에도 작가 방인근은 없습니다. 32살만 산 최서해는 있는데 78살까지 살았던 방인근은 없습니다.

* 최서해 崔曙海(1901~1932)

본이름 학송鶴松. 함북 성진城津에서 남. 20살 때 간도에서 혼인하였으나 가난으로 말미암아 헤어졌고, 다시 혼인하였으나 이번에는 부인이 죽었음. 창작집 《홍염》과 장편소설 《호외시대號外時代》를 남기었음. 경성의전병원에서 수술을 받았으나 출혈이 심하여 염통이 움직임을 멈추었음.

남로당을 위한 변명

지리산으로 갔던 것은 이 중생이 삭도물도 채 마르기 전이었다.

구례구라는 간이역에서 완행열차를 내린 이 어린 햇중은 구례 거쳐 화엄사까지 걸어서 갔다. 섬진가람물 위로 으깨어져 깔리는 숨 막히게 눈부신 황덕불빛 놀을 바라보며 다라니만 읊조리다가 화엄사를 떠난 것은 이튿날 달구리였다.

섬진가람 따라 화개로 간 이 중생은 쌍계사에서 승소僧笑 한 그 릇 얻어먹은 다음 지리산으로 올라갔다. 불땀 좋은 참나무 장작 태운 숯잉걸을 뿌린 듯 저릿저릿 가슴 졸이는 피바다를 이루고 있는 단풍숲 헤치며 아버지와 아버지를 넣은 해방 전후 헌걸찬 정신들 떠올리며 산길 삼십 리를 톺아올라 칠불암七佛庵 자리에 닿은 이 중생은, 실신하듯 그 자리에 쓰러져 버리었다.

신선들이 노닐었다는 저 가락 시절 운상원雲上院과 함께 아자방亞字房으로 유명짜하던 그 삼한 옛절은 군경 토벌대에 의하여 불타 버린 채로 하꼬방 같은 생철움막 한 채만 있었는데, 아무도 없었다. 지리큰뫼가 우는 것처럼 맑고 서러운 종소리가 열흘간이나 들려왔다고 하였다. 토벌대가 지른 불에 종각이 타면서 범종이 우는 것이었고, 아자방이 있는 선방인 벽안당碧眼堂과 설선당設禪堂 그리고 법당과 산령각이며 요사채에 불길이 휩싸이면서 내는 소리였다. 그때에 죽은 지리산 사람들이 700명이 넘는다고 하였다. 목화송이처럼 탐스러운 잣눈이 쏟아지던 날이었다고 하였다. 1948년 12월 초순이었다고 하였다. 지리산이 마을로 걸어 내려오는 날 새 세상이 열릴 것이라고 굳게 믿고 있는 지리산 자락 사람들이 하던 말이었다.

칠불암만이 아니었다. 대원사가 타고 법계사가 타고 연곡사가 탔다. 영원사가 타고 벽송사가 타고 금대가 탔다. 영각사가 타고 용추사가 탔다. 사방 천 리 지리큰뫼 안에 있던 쉰이 넘는 크고 작은 절들이 죄 잿더미가 되었다. 절만 탄 것이 아니라 절 안에 있던 문화재들이 죄 타 버리었다. 가락국 유래를 적은 왕산사지王山詞誌와 마적도사馬跡道士 철인鐵印을 간직하고 있던 법화사가 탔다. 솔거率去가 그린 용추사 유마상維摩像과 숱한 경판들이 불탔다. 일곱 짐 통나무를 세 아궁이에 갈라 넣고 불을 한 번 지펴놓으면 100일 간 식지 않는 가락국 때 온돌로 1천 년 이상 내려오던 아자방과 또한 1천 년 이상 내려오며 난세마다 이적을 보여 주는 것으로 유명하던 칠불암 범종과 석조여래좌상이 불탔다. 왕건 어머니인 성모석상과 그 시녀로 보이는 돌조각상을 모시고 있던 천왕봉 성모사聖母詞가 탔다. 미군정청 경무부장이었던 조병옥이 천년 고찰들을 불 지르고 온 경찰 토벌대장이 자랑스럽게 보고하자 그 사람 따귀를 올려붙이며 하였다는 말이다.

"이 무식한 자야. 공비를 잡으라고 했지 누가 문화재를 태우라고 했어!"

귀중한 문화재들을 간직하고 있던 절들만이 아니었다. 지리산 품안에 있던 숱한 여염집들이 불탔고 그 속에 살던 숫진 사람들이 죽었다. 칠불암 범종이 열흘 간이나 울었다는 것은 지리산이 노하고 있다는 증좌였다고 하였다. 임진왜란 때도 칠불암이 불타면서 지리산 태안이 피바다가 되었는데 400년 만에 다시 동족 손에 피바다가 되었다고 하였다. 〈부산일보〉 1960년 5월 19일치 기사이다.

당시 3연대 2대대 정보참모 김모 대위를 사람들이 '염라대왕'이라고 했고 죄상 유무를 캐지 않고 죽인 탓이었는지 'ㅅ' 자 형으로 갈린 '피의 계곡' 망령의 분묘에서 밤이면 개나리꽃처럼 푸른 불꽃을 일으켜 바리케이드를 싼 망초병들이 도망쳐 온 사실이 있었다. 얼마 뒤 지리산 중턱 이천여 호가 그 당시 소실당하여 폐허가 되었음을 알았다.

1963년 10월 16일 새벽. 산청군 생초면 평촌리 고읍초등학교 앞 논바닥에서 남부군 소속 빨치산 안완도安完道(39세)와 강우형姜佑馨(33세)이 토벌대와 교전 끝에 죽었다. 그리고 한 달 쯤 지난

11월 12일 두 시께 산청군 삼장면 내원리 800미터 산속에서 10분간 격렬한 총소리가 난 끝에 빨치산 두 명이 쓰러졌다. 이홍이李洪伊는 죽었고 '지리산 여장군'으로 불리우던 정순덕鄭順德(30세)은 오른쪽 다리에 관통상을 입었으나 살아 있었다. 남부군 마지막 빨치산이었다.

다음은 사형을 구형당한 정순덕이 법정에서 한 말로 1964년 3월 〈부산일보〉에 실렸다.

'여공비 정에 사형'이라는 제목 아래 김두수 검사가 "13년간 공산유격대로서 양민을 학살한 행위는 마땅히 살인 행위"라고 논고했을 때였다. "담담한 표정으로 법정에 나섰던 정 피고는 검사의 논고가 떨어지자 '조금이라도 감형하면 개새끼놈'이라고 살기띤 반말로 고함을 쳤다. 또한 박진구 국선 변호인이 극형을 면하도록 유리한 변론을 하자 '집어치워라.'고 대들면서 '나에게 무슨 변론이 소용 있나…… 죽여 달라.'고 뇌까렸다."

정순덕에게 무기징역이 언도되었다는 같은 신문 기사이다.

양민을 학살한 행위는 형벌의 책임이 무겁기는 하나 농촌에서 자라난 무식한 아녀자로서 16세 때 결혼, 6개월 만인 6·25 동란 때 남편을 따라 입산한 것이 동기가 되어 정치적인 확고한 신념없이 13년 동안 산에서 짐승 같은 생활을 하면서 남편의 부산물이 되었다고 판단되어…….

이 기사는 그러나 잘못된 것이다. 지리산 여장군 정순덕이 이현상 선생 밑에서 빨치산 투쟁을 하게 된 것은 1948년 말이니, 여순병란 직후였다. 혼인한 지 몇 달 만에 이현상이 지휘하는 김지회부대로 들어간 신랑이 전사하였다는 소식 듣고 입산하여 작식대作食隊로 있었다. 그러다가 신랑이 쓰던 38식 장총 들고 미제의 앞잡이들과 싸우는 빨치산이 되었던 것이다. 조선 나이로 17살 때였고 교전 중 부상을 입어 잡히기까지 꼭 15년 동안 민주조선·평등조선·해방조선을 위하여 가열찬 싸움을 벌였던 것이다.

이 중생이 정순덕 장군을 찾아가게 되었던 것은 시인 신동문申東門 선생과 술자리를 갖게 되면서였다. 〈경향신문〉 문화부에 있으며 김삿갓 발자취를 미좇아다니는 연재기사를 쓰던 1964년이었다고 하였다. 경남 진주를 가게 되었는데 '지리산 여장군' 이야기를 듣게 되었고, 형무소로 찾아갔다고 한다. 자기한테는 면회 올 사람이 없다며 한사코 만나기를 거부하는 바람에 당황한 소장이 자꾸 나와 보라고 하자 정 장군이 말하더라는 것이다.

"나를 찾아온 사람이 누구인가?"

"시인이다. 시인 신 아무개라는 사람이다."

"시인? 시인이 무엇을 하는 사람인가?"

멱통에 비수를 들이대듯 갑자기 시인이 무엇이냐고 물어오는 바람에 당황하던 소장이 이렇게 말하였다고 한다.

"에에 또 시인이라는 것은 그러니까 세상이 슬프고 세상이 괴로워서 인생이 막막해진 사람들한테 한 점 반딧불 같은 희망이라도 주고자 애쓰는 사람들 아니겠는가 생각하는 바이다. 정순덕 당신 같은 사람들을 위하여 노래 불러 주는 사람."

"좋다. 그런 사람이라면 만나 보겠다."

정순덕 장군을 찾아 음성에 있는 '꽃동네'에 갔던 것은 1986년 이맘때였다. 그러나 직계 존비속이 아니면 안 된다는 오 아무개 신부의 이상하게 완강한 거부로 만나 뵙지 못하고 정순덕 장군을 찾아 헤매는 이야기를 쓴 단편 「역사를 찾아서」를 〈실천문학〉에 발표하게 되었다. 이 중생이 정 장군을 찾아갔던 것은 값싼 동정심 때문이 아니었다. 정 장군을 모시고 살 작정이었다. 그러면서 일제로부터 비롯된 우리 조선 농촌이 어떻게 무너져서 호미를 쥐던 어린 새각시가 장총을 들고 어떻게 싸우다가 어떻게 깨어질 수밖에 없었던가 하는 것을 대하장편 농민소설로 써 볼 작정이었던 것이다. 그런 야심찬 구상을 하고 있었는데, 아뿔사. 정 아무개라는 사람이 정 장군과 친척이라는 거짓말로 정 장군과 만났고, 책을 내 버린 것이었다. 머리말에 이 중생이 쓴 「역사를 찾아서」를 읽고 정 장군을 만나 책을 내게 되었다는 말이 나온다. 그런데 말도 안 되는 반공 작문을 만들어 버린 것이었다. 더 기가 막히는 것은 벼랑 끝에 선 정 장군한테 인세의 얼마를 주기로 해서, 기막히는 이야기를 죄 털어놓았었는데 준다던 돈을 한 푼도 안 준다는 것이었다. 그래서 어떻게 좀 돈을 받게 해 줄 수 없겠냐며 박원순 변호사를 찾아왔다는 것을 박 변호사한테서 직접 들었다.

《이현상 평전》을 교정쇄로 읽는 동안 이 중생은 내내 대방광불
화엄경만 불렀다. 볼을 타고 흘러내리는 눈물은 멎지를 않았다.
귀를 물어뜯는 외마디 소리였고 눈앞을 어른거리는 중음신들이었
다. 어느덧 한나절이 지나갔는데 밥을 먹을 수가 없었다. 찬물만
마시던 끝에 마침내 참지 못하고 30도짜리 화학주 병 마개를 따게
된 것은 스탈린이 죽으면서 남로당 숙청이 급물살을 탈 때였다.

「인민 항쟁가」 노랫말을 쓴 시인 임화를 필두로 이승엽 · 이원
조 · 맹종호 · 설정식 · 배철 같은 이정而丁 선생 곁붙이들이 줄
줄이 끌려가는 대목이었다. 이 가운데 징역 15년에 재산몰수 판
결을 받은 윤순달과 징역 12년에 재산몰수 판결을 받은 이원조를
뺀 나머지 모두 사형 판결과 재산몰수 판결을 받는다. 빠른 속도
로 형 집행이 이루어진 다음 그때까지 연금 상태에 있던 이정 선
생이 정식으로 구속기소 된다. 그리고 그 3년 뒤에 이정 선생은
형장의 이슬로 사라지게 된다. 이른바 '미제국주의 고용 간첩 박
헌영 · 리승엽 도당의 조선 민주주의 인민 공화국 정권 전복 음모
와 간첩 사건'이다. 일제 때는 일제간첩, 해방 뒤에는 미제간첩이
었다는 죄목으로 죽어 간 조선민주주의인민공화국 제3인자 이승
엽을 보자.

이승엽李承燁. 1905년 경기도 부천에서 뱃사공 아들로 태어
나 어렸을 때 부모를 따라 인천으로 이사하였다. 1923년 2월 보
성 법률학교를 중퇴하고 고려공산청년회에 가입하면서 공산주의

운동을 시작한 그는 모두 7년간 징역을 살며 줄기차게 항일운동을 한다. '경성콤그룹' 일원으로 박헌영·이현상·이관술·김삼룡 들과 활약하다가 다시 검거된 1940년 위장전향을 하고 석방된다. 그리고 미곡상조합 사무원을 하다가 인천식량영단 이사를 지낸 것이 일제와 미제의 첩자로 몰리게 되는 빌미가 된다. 그러나 1943년 조동호·정재달들과 '화요파 공산주의 그룹'을 결성하고 함경도에서 노동운동을 하던 '자유와 독립 그룹' 및 여운형의 '독립동맹'과 교류하면서 1945년 '건국동맹'과 함께 무장항일 독립투쟁을 위한 '군사위원회'를 조직한다. 1948년 7월 월북하여 사법상이 되었고 1950년 '서울 해방' 때는 전국위원장을 겸하는 서울시인민위원회 위원장을 하였고 1952년에는 조선민주주의인민공화국 인민검열위원회 위원장을 하였다.

박진목朴進穆이라는 독립운동가가 있었다. 일제 때부터 항일운동으로 징역살이를 하다가 해방이 되면서 남로당에 들어가 대구 지역에서 활동하다가 6·25를 맞게 된다. 의용군으로 낙동강 전선에 나갔다가 퇴각하는 인민군과 함께 북상하던 중 서울로 들어간다. 그리고 동족끼리 서로 죽이고 죽는 이 말도 안 되는 상잔을 끝내야 된다는 생각에서 선배 독립운동가들과 만나며 종전운동을 벌이기로 한다. 9·28 때 미국대사관 사람이 박진목을 찾아와 종전운동을 찬동한다며 북에 가서 의향을 타진해 보라고 한다. 미군의 안내로 삼팔선을 넘은 박진목은 치열한 미군 공습 아래 평양 방공호에서 이승엽을 만나게 되는데 "남조선의 대표성이 있어야 하니 다시 내려가 이승만이나 미국 쪽 신임장 같은 것을 받아가지고 와야 정식으로 종전 협상을 할 수 있다."고 한다. 그래서 부푼 가슴으로 삼팔선을 넘어오자마자 방첩대에 끌려가 곤욕을 치르다가 미군한테 인계되는데, 서울 CIC로 끌려가 갖은 곤욕을 겪는다. 평화통일론이 곧 이적행위가 되므로 이승만을 만나지 못하고 "눈에는 핏발이 서린 듯하고 얼굴은 토기가 있고 단아하면서도 만만치 않은 패기에 찬 모습"인 국회부의장 조봉암 선생을 만나 같은 뜻임을 알고 교류를 하게 된다.

'김창룡이 특무대장에 있는 한 종전운동이나 평화운동은 안 된다.'는 생각에서 김창룡 퇴진운동을 하다가 특무대에 잡혀가 죽을 고생을 하고 육군형무소 생활을 하던 끝에 석방되었으나 5·16 군사반란이 일어나면서 다시 도망다니다가 자수하여 겨우 자유의 몸이 된다. 파란만장한 삶을 적은 《민초民草》에 나오는 대문이다. 서울시 인민위원장 이승엽 초청으로 최익환崔益煥 선생과 함께 서울시 인민위원회가 있는 보성중학교 들목 어느 이층집 '잘 차린 성대한 술상' 앞이었다. 이승엽에 대한 느낌이다.

이승엽은 항일 민족해방운동을 한 사람이고 해방 후에도 조선공산당 기관지 〈해방일보〉 주필로서 공산주의 이론에 밝은 인물로 알려져 있었다. 지금은 조선노동당 중진이기 때문에 그가 종전운동을 찬성하고 협조만 한다면 민족적으로 그런 다행한 일이 없다고 여겨졌다. 처음 대하는 그는 인품이 원만해 보이고 얼굴은 좀 검은 편이고 그 호탕한 웃음은 만만한 인물이 아닌 것 같아 보였다. 이승엽은 최익환 선생의 항일운동 경력을 알고 있었기 때문에 민족해방운동 선배로 정중히 대하고 있었다.

김일성 수상과 의논해서 이 전쟁을 끝내게 해 달라고 최익환 선생이 말했을 때 이승엽이 한 말이다.

"선생님, 우리가 전쟁을 하고 싶어 합니까. 미국이 불법적으로 38선을 넘어 북침해 들어왔기 때문에 우리는 방어하고 격퇴한 것뿐입니다. 우리나라가 언제 미국을 해친 일이 있습니까? 뉴욕이나 워싱턴이나 어느 미국 농촌에 가서 우리가 미국 사람 빰 한번 때린 일이 있으며 그들의 영토를 침범하고 해롭게 한 일이 있습니까? 우리는 한 번도 미국을 해친 일이 없습니다. 그런데 그들은 우리 강토를 침범하고 평화로운 시민에게 무차별 폭격을 가하여 국토를 초토화하고 있지 않습니까. 절대로 우리가 싸우고 싶어 싸우는 것은 아닙니다. 일제가 우리나라를 강점할 때 미국이 일제에 협력했습니다. 당시 미국무장관 태프트와 일본수상 가쓰라 회담을 보더라도 미국은 우리 민족의 철천지 원쑤입니다."

이승엽이 했다는 최후진술이다.

"저희들에게 어떠한 엄중한 판결이 내린다 하더라도 달게 받겠습니다. 생명이 둘 있다면 그것을 모두 바치더라도 아직 제가 범한 죄악을 씻기에는 부족합니다. 저희들의 범죄 행위를 교사 조종한 미 제국주의자들은 우리 인민과 전 세계 인민 앞에서 마땅히 처벌받아야 할 것이며 또 반드시 처벌을 받을 것이라고 확신합니다."

일제 때 조국 광복투쟁을 벌였던 이들은 거의가 공산주의자들이었다. 이른바 민족주의 계열에서도 광복투쟁을 벌이기는 하였으나 그 숫자는 보잘것없었고 그나마 운동도 신간회가 해산된 다음에는 거의 사라져 버리었다. 일제 때 독립운동 주도권을 잡았던 것은 맑스·레닌주의로 무장된 공산주의자들이었던 것이다. 이강국 선생을 비롯하여 배철·박승원·조일명·조용복·맹종호·임화·설정식·이원조 선생들 모두가 쟁쟁한 독립운동가들이다. 개중에는 운동을 휴지하거나 친일 상처가 있는 분들도 있지만 그이들의 가열찬 독립운동 투쟁사에서 보면 한 작은 티끌에 지나지 않는다. 그런데 묘한 것은 이 분들 모두가 남로당 출신으로 이정 선생과 가까웠던 이들이라는 점이다. 이른바 '미제 간첩사건'이라는 것은 한마디로 박헌영 선생을 때려잡기 위한 조작사건인 것이다. 김일성과 박헌영 사이 권력투쟁 산물이었던 것이다. 박헌영 선생 최후진술이라는 것을 보자.

"검사총장의 론고는 전적으로 지당합니다. 저의 마수에 걸려 수많은 사람들이 추악한 범죄를 범하였으며, 불행하게 되었습니다. 따라서 이 모든 불행에 대하여서와 일체 범죄 행위에 대하여서는 저에게 전적으로 책임이 있다고 생각하기 때문에 검사총장이 론고한 바와 같이 저의 죄악의 엄중성으로 보아 사형은 마땅한 것입니다. …… 제가 미국 간첩들의 두목이고 그들은 나 자신이 희망하는 범죄를 감행하게끔 모든 것을 비호 보장하여 온 장본인인 까닭에 전적으로 저에게 책임이 있습니다. 끝으로 제가 과거에 감행하여 온 추악한 반국가적, 반당적, 반인민 매국

역적 죄악이 오늘 공판에서 낱낱이 폭로된 바이지만 여기 오신 방청인들뿐만 아니라 더 멀리 인민들 속에 알리어 매국역적의 말로를 경고하여 주시기 바랍니다."

이게 말이 되는가? 그리고 이 이상한 공판을 보러 온 '방청객들'은 김일성파 핵심들 말고는 없었다.

1964년 초봄 어느 날 어느 친구가 박진목을 보고 일본 잡지 〈중앙공론〉에 난 마쓰모도 세이죠의 「북의 시인」이라는 제하의 글을 보았느냐고 한다. 잡지를 구해 보았더니 1951년 7월에 이승엽과 미국인 '노블'이라는 사람 사이를 연결시켜 준 것으로 되어 있었다. 《민초》를 보자.

나를 이북으로 보내 이승엽과 만나도록 해 준 그 미국인이 '노블'인지 모르나 이승엽은 나를 보고 미국에 협력하고 협조를 얻어 북쪽 정권을 넘어뜨리고 남로당계가 집권해 보자고 한 일은 물론 없었고 미국과 일본을 욕하는 데 주저하지 않았다.

이들이 남로당을 영도하는 최고 책임자인데 그렇다면 남로당을 미국 스파이 · 일본 밀정들이 만들었고 그들이 조직하고 지도해서 활동한 것이 되는데, '미군 나가라.' · '친일파 처단하라.'고 좌익이 외치고 싸우던 그 일들이 전부 미국이 시켜서 했다는 결과가 되고, 수많은 남로당원이 미군정과 싸우고 우익 진영과 대립해서 죽이고 죽고 한 그 일들이 미국 정보기관의 지시에 의해서 일어난 일이 된다.

박헌영 일파가 미국 스파이고 일본 밀정이라면 그들을 그런 자리에 앉게 해서 그 활동을 하게 한 장본인이 김일성 그가 되는데 그가 도리어 그들을 그러한 죄명으로 처형한다는 것은 정치적으로나 인간적으로나 용납될 수 없는 일이다. 사실이라면 같이 책임져야 할 것이다. 남로당 계열을 숙청하는 구실이 너무나 졸렬하고 가소로운 일이라 하지 않을 수 없다.

박헌영 이승엽 그들이 무엇을 바라서 미국 스파이를 하고 일평생 가면을 쓰고 살아야 한단 말인가. 너무 지나친 장난이다.

이 책에는 이 중생 선고先考 함자가 나온다. 대전에서 이관술·이현상 선생과 함께 조직 활동을 하는 김봉한金鳳漢이다.

아버지가 집에 들르신 것은 해방이 되고도 한 달포쯤 되어서였다고 한다. 그동안 아버지는 어디서 무엇을 하셨던 것일까? 이 책에도 나오지만 8월 18일 밤 명륜동에 있는 김해균 선생 댁에 계셨을 것이라는 생각이다. 이관술·이현상 선생을 모시고 서울로 가셨을 것이다. 그리고 이정 선생을 비롯한 경성콤그룹 지도부 선배들의 '레포' 또는 '오르그'로 바쁘게 움직이셨을 것이다. 그러다가 인민공화국 토대인 인민위원회, 곧 농촌소비에트를 조직하기 위하여 참으로 오랜만의 귀향을 하셨을 것이다. 이때가 아버지를 넣은 주의자들에게는 가장 행복한 시절이었을 것이다. "소작인의 아들로 태어났기에/소작인의 애비로 늘거야 하는/그따위 세상은 싫다!/땅을 다고! 땅을 다고!(이상운, 〈농민의 소리〉)" 소리치는 농민들 곁으로 달려가며 아버지는 두 주먹을 부르쥐시었을 것이다. "이십여 년 동안 캄캄한 땅 밑에/사나운 눈보라 캄캄한 땅 밑에/모진 일제와 싸우던"(권환, 〈박동무〉) 선생님 모시고 아름다운 인민의 낙원을 만들기 위하여 밤을 낮 삼아 뛰어다니면서도 아버지는 행복하셨을 것이다.

역사란 무엇인가. 아니 하늘이란 무엇인가. 푸른 하늘을 어디에서 찾을 수 있을까. 하늘은 필연일 수 있는가. 하늘의 도리는 옳은가 그른가. 아무래도 일제보다 미제가 더 강자인 것 같다. 동만 항일 빨치산은 권력을 잡았고 지리산 항미 빨치산은 중음신이 되었으니 말이다.

남로당 최후 지도부인 김삼룡·이주하 선생이 비서였던 안영달 밀고로 붙잡히면서 이현상 선생이 이끌던 지리산 인민유격대는 고립무원 상태가 된다. 휴전 회담이 진행되는 동안 단 한마디도 유격대에 대한 언급이 없었다. 그리고 마침내 휴전이 되면서 이승엽 선생과 그 일행들은 이승을 떠난다.

김삼룡金三龍 선생한테는 아드님이 있었다고 한다. 이승렬李承烈 선생과 사이에 태어난 그이는 이 중생과 동갑이 된다. 그이는 시방 어디에 있을까. 이순금 선생이 업고 평양으로 가셨을까. 아마 그렇지는 않을 것이다. 경성콤그룹 동지인 오라버니 이관술은 해방된 지 1년도 안 되어 미제가 조작해 낸 이른바 '조선정판사사건'으로 대전 형무소에 계신데, 김삼룡·이주하 선생은 6·25가 나던 해 6월 28일 하오 3시 남산 숲 속에서 '개밥'이 되고 마는 것이었으니, 무슨 경황이 있었겠는가. 아마도 어느 집에 맡겨 두었다가 다시는 그 집을 찾지 못한 채 월북하였을 것이다. 살아 있다면 자랑스러운 부모님 함자도 모른 채 고아원을 전전하다가 어느 저잣거리에서 나날의 삶이 버거운 기본계급 무지렁이로 살고 있을 것이다.

"아, 삼룡이 심 좋구 말 잘허구 인품 좋았지."

김삼룡 선생 고향인 충북 중원군 엄정면 용산리에 사는 어릴 적 친구가 했다는 말이다. 비슷한 것으로 임화가 처형된 다음 북에서 떠돌았다는 말이 있다.

"그 사람 사상은 나빠도 사람은 좋아. 그 사람 사상은 나빠도 작품은 잘 썼거든."

여기서 '사상은 나빠도'라는 앞가지만 떼어 버리면 '인간성 좋고 작품 잘 쓰는 임화'가 된다. 기가 막힌 것은 임화 부인인 지하연池河連이다. 남편 임화林和를 따라 월북한 지하연은 창작집 《도정道程》을 내어 촉망받던 신예 작가였다. 만주에 피난 가 있다가 뒤늦게 임화가 체포되어 재판 받는다는 소식 듣고 평양으로 달려왔을 때는 이미 임화가 죽었다는 소문이 떠돌고 있었다. 치마끈도 제대로 매지 못한 반실성 상태로 남편 소식을 수소문하며 다니다가 평북 희천 근처 산속 교화소로 끌려가 중노동을 하던 끝에 1960년 초 병사하였다고 한다.

김삼룡 선생보다 며칠 뒤 충남 대덕군 산내면 낭월리 뼈잿골에서 이관술 선생과 함께 이뉘를 버리신 이 자식은 살아 이 글을 쓰고 있는데, 김삼룡 선생 아드님은 어디에 계시는가. 더욱 기가 막히는 일은 이순금 선생이 이정 선생 재판에 증인으로 나왔던 점이다. 아마도 당신이 그렇게도 '경애하는 동지'이던 이정 선생을 가리켜 "일제 때는 친일 밀정이요 미제 때는 친미 스파이였던 악질 반동 매국역적"이라고 증언할 수밖에 없었을 것이다. 그런 참혹한 통과제의를 거쳐 최고인민회의 대의원을 하며 1980년대까지 살아 계셨다고 한다.

남로당 운동가들 삶을 들여다보노라면 기가 막히는 경우가 한둘이 아니지만 더구나 눈에 밟히는 것이 시인 유진오兪鎭五이다. 오장환吳章煥 추천으로 시집《창窓》을 내면서 해방 시단의 떠오르는 별로 촉망받던 유진오는 울부짖는 것 같은 특유의 격정 넘치는 시낭송으로 듣는 이들 피를 끓게 하던 '스타 시인'이었다. 해방된 이듬해 9월 1일 시방 동대문 운동장인 훈련원 광장에서 10만이 넘는 '국제청년데이' 군중들을 향하여 "눈시울이 뜨거워지도록/두 팔에 힘을 주어 버리는 것은/누구를 위한 붉은 마음이냐?/누구를 위한 벅차는 우리의 젊음이냐?/어느 놈이 우리의/분통을 터뜨리느냐?/우리들 젊음의 힘은 피보다 무서웁다"고 부르짖은 죄로 구속된다.

'문학은 인민대중의 행복을 위하여 복무하여야 한다.'는 절대 명제로 무장된 인민시인 유진오가 남로당 문화부에서 파견하는 '문화 공작대'로 지리산에 오르게 된 것은 1949년 2월 말쯤이었다. 눈보라 치는 지리산 골짜기를 한 달쯤 헤매며 인민유격대 싸울아비들을 위문한 유진오는 산을 내려오던 길에 남원에서 같이간 영화동맹원 홍순학洪淳鶴(29세)·음악동맹원 유호진兪浩鎭(21세)과 함께 우익 주민자경단인 민보단에 붙잡힌다. 남로당 문

共匪總頭目、李鉉相射殺
十八日下午智異山無名高地

공비총두목을 사살一주
서남전투경찰대(西南戰
鬪警察隊) 제二연대유격
대는 지난십八일새벽一
시三십분을 기하여 서
三섭산을 개시하고
등을

오二시경 공비총두목인 이종해왔다 그런메전기을떡임하고
서남전투경찰대(西南戰鬪警察隊) 제二연대유격 李를사살하고 그의부하 시에는 재산
대는 지난십八일새벽一 五명을각자사살하여동공 당미(金北錦山郡北面外
서三섭분을 기하여 서 당미무배를선탈시키는한편 당里)에본적을두고 서
三섭산을 개시하고 헌종三정 동신탄五 대서대문구복인원동(西
등을 핵을 핵주 U S 九석장종 내자대문구복인원동(西
(智異山) 지구 반학봉의 大門區北阿峴洞) 에거주
(般若峰) 밀백소령(白 하면서 해방전고창
一성 쏘익식자동소총一성명은 (高敞中) 재학사
소령(小將) 일대에안하여 수 탄九섭四발 탄장(彈倉)에 조선공상당에가입하
색전은 현개장 울었다한다 정문학교로 보성전문학교
오십一시경 경남하동군 二개등을 목화하는어 普導
화개면(慶尚河東郡花開 三년의 三년을 수료하였으며
面) 무명고지(OQ七五 혁한전과를 해방후에 박헌영
三一〇六八) 에서 남공 제二십일새력 서대명동 비서 남로당(南勞
객대남부군단사령관及제 (明洞) 중앙경찰병원에 부장등
五지구部령위원장인 이현 (篇) 중앙당부연락부장등

完全掃蕩도在邇

이승만 대통령이 빨치산 토벌을 직접 독려하고 있다. (바탕 사진) 빨치산 남부군
총사령관이었던 이현상은 1953년 9월 18일 주검으로 발견되었는데, 주검을 서
울로 이송해 20여일 동안 전시한 후 토벌군이었던 차일혁이 섬진강변에서 화장
해 주었다. 왼쪽 사진은 이현상의 죽음을 보도한 1953년 9월 23일자 동아일보
신문이고, 오른쪽은 이현상 사진.

화부장이던 국문학자 김태준金台俊(45세)과 함께 사형선고를 받고 서대문 형무소로 돌아갈 때였다. 비슷한 시기에 체포되어 함께 사형선고를 받은 여순병란 지도자 김지회 정인 조경순趙庚順(20세)과 같은 군용차를 타게 되었다. 그런데 두 손을 결박당한 조경순이 차에 잘못 오르자 유진오가 뒤에서 또한 결박당한 두 손으로 조경순 엉덩이를 밀어올려 승차를 도와주었다. 무사히 차에 오르게 된 조경순이 유진오를 돌아보며 애살포시 수줍은 웃음기를 보였다고 한다. 그때에 유진오 나이 스물여덟이었다. 김태준은 수색 형장에서 총살당하고 유진오는 무기로 감형된다.

해가 바뀌면서 6·25가 일어났다. 그리고 서대문 형무소에 갇혀 있던 수백 명 좌익수들은 모두 해방되었다. 그러나 그 가운데 유진오는 없었다. 같은 좌익수라고 하더라도 서울 감옥에 있었느냐 지방 감옥에 있었느냐에 따라서 그 좌익수 운명은 생사를 달리하게 되었으니, 전정된 명운인가. 이승만이 몰래 서울을 벗어나 남쪽으로 도망치면서 전국 형무소에 있던 좌익수들은 그 형기에 관계없이 모두 처형시키라는 명령을 내렸던 것이다. 유진오는 1950년 3월 쯤 전주 형무소로 이감된 것으로 보여진다. 서대문 형무소가 좌익수들로 넘쳐나자 형량이 높은 사람들을 본적지를 중심으로 한 연고지로 이감시킨 것이었고, 이것이 유진오의 비운이었다. 선배 좌익시인 이용악李庸岳과 이병철李秉哲은 해방되어 서울 인민들을 선전선동하다가 9·28 때 북으로 갔다. 유진오 어머니와 갓난아이를 업은 '몹시 귀티나는 새댁'인 부인이 전주 근교를 샅샅이 훑고 다녔으나 유진오 시신은 찾을 수가 없었다. 전주 형무소에 있던 좌익수들을 뼈잿골로 끌어다가 학살시켰다는 것을 알 리가 없었던 것이다. 뼈잿골에서 학살당한 좌익수 8천 명이상은 대전형무소에 있던 이들만이 아니었다. 충남북과 전북 경북에 강원도 춘천형무소에 있던 이들까지 끌어다가 학살시켰던 것이다. 이로써 '그리운 인민의 나라'를 노래하던 유진오와 이 중생 아버지는 이관술 선생과 함께 땅보탬되는 인연을 맺게 되었으니, 또한 전정된 명운인가.

「쩐의 전쟁」이라는 드라마를 보다가 깜짝 놀랐던 적이 있다. 조직폭력배보다 더 무섭다는 사채업자로 승승장구하는 주인공이 무슨 사람 얼굴이 그려진 티셔츠를 입고 있었는데, 체 게바라 얼굴이었던 것이다. 자본주의 총아인 사채업자가 입고 있는 공산주의 혁명가 얼굴이 담긴 티셔츠―. 무지막지한 자본주의자들은 마침내 공산주의 혁명가마저도 상품으로 만들어 버린 것이다. 지리산 골짜기 골짜기마다 있는 빨치산 비트며 그 루트들을 관광상품으로 만들 계획이라는 기사를 본 적이 있다. 그런데 같은 공산주의 혁명가라도 이현상李鉉相 선생 같은 이는 왜 '상품'으로 만들지 않는 것인지 모르겠다.

사람들은 참 이상하다. 저 라틴아메리카 혁명가 체 게바라는 알아도 조선 혁명가 이현상은 모른다. 마오쩌뚱·호치민·티토·카스트로, 그리고 김일성은 알아도 이현상은 모른다.

게바라를 넣어서 위에 든 반제국주의 혁명가들은 모두 혁명에 성공해서 자신들이 꿈꾸었던 새 세상을 열었던 사람들이다. 그런데 아름답고 훌륭한 새 세상을 만들고자 30년 동안 밤을 낮 삼아 뛰어다녔던 불요불굴한 우리 조선의 혁명가 이현상은 그 꿈을 펼쳐보지 못한 채 돌아가셨다. 그와 뜻을 함께하는 이들이 모여 만들었던 남조선노동당이 사라지면서 설 자리를 잃고 말았다. 돌아가신 뒤에도 그 넋이나마 저세상으로 가지 못하고 지리큰뫼 건공중을 떠도는 중음신이 되어 버린 것이다. 김삼룡 선생은 최후 진술에서 "나는 아무런 할 말이 없소이다. 나를 더 이상 욕 보이지 말고 죽여 주시오."하고 짧게 끊었다는데 이현상 선생은 무슨 말을 남길 틈도 없었다.

기억하는 사람이 있는 한 사라지지 않는 것이 역사라는 이름의 장강대하일 것이다. 그러나 기억하는 것만으로는 안 되니, 기억 또한 사라져 버리기 때문이다. 그래서 반드시 있어야만 하는 것이 그 기억을 적어두는 기록이다.

역사를 기록하는 사람들을 가리켜 세상에서는 역사가라고 부른다. 그런데 그 역사가라는 사람들은 우리 조선의 혁명역사를 기록하지 않았다. 그 잘난 역사가들이 도림쳐 버린 역사의 빈칸을 채워넣은 것이 작가 안재성安載成이다. 이른바 역사가라는 이들은 이 엄청난 일을 해 낸 작가 안재성에게 모자를 벗어야 한다. 그리고 따뜻하게 풀쳐주며 쓴 술 한 잔이라도 올려야 한다.

반 백 년이 넘어서야 비로소 그 이름을 드러낸 이현상 선생이시다. 지금 이 순간에도 이 서럽고 원통한 조선반도 허공중을 떠돌고 계실 이현상 선생은 조금 풀쳐지실까. 아니라고 고개를 내저으실까.

 "'오얏꼬 돈부리'에 배가 부른/ '스끼야끼' '사시미'에 기름이 끼인/ '마사무네' 속에 醉夢을 꾸던 너이들아/ 민족반역자 친일분자들"(권환, 「어서 가라」)이 떵떵거리며 살고 있는 이 땅에 아직 해방은 오지 않았다며 가열찬 학습과 그 실천을 다그치고 계실까. 미친 듯 휘날리는 한미 FTA 깃발 아래 남로당 어르신들 생각하노라니, 황사바람 숨막힌다.

 유진오 시인이 살아 계셨다면 이 책을 위한 축시를 쓰셨을 것이다. 그리고 이 책을 써낸 사람을 붙잡고 울며 밤새도록 잔을 뒤집었을 것이다.

 아름다운 세상을 그리워하는 인민들 이름으로 메꽃 한 다발을 바치노니, 사자 어금니 같은 작가 안재성에게 영광 있으라!

 ─『이현상 평전』(안재성 지음) 발문, 2007년 7월

377

범 무서운 줄 모르는
하룻강아지

노무현 대통령 취임 50일째 되던 날 김용옥金容沃이 〈문화일보〉 기자 신분
으로 인터뷰를 하러 가면서 노 대통령께 다음과 같은 친필을 전하는 장면을
TV로 보고 눈을 감고 싶었다.

'노자'의 대가라라고 자처하는 자의 글씨로는 차마 볼 수 없이 광기가 도
를 넘을 뿐만 아니라, '盧武鉉(노무현)'을 '慮武鉉(여무현)'으로 잘못 써서
주는 데도 노 대통령은 고맙다고 하니, 그 황당함도 유유상종이 아닐
수 없다.

인제대학교 석좌 교수인 진태하陳泰夏씨가 《한글한자문화》
2007년 12월 호에 쓴 글 가운데 나오는 말입니다. "도올은 더 이상
교수들의 명예를 훼손하지 말라."는 진교수 '분노감'은 이어지니,

TV에서 노자 강의를 하면서 스스로를 자랑하여 "한자를 4, 5만 자 안다."
고 기염을 토하던 자가 '여로불변慮盧不辨' 곧 '慮'자와 '盧'자도 구별 못하
니, 원숭이가 까불면 나무에서 떨어진다더니 참으로 옳은 말이다. 어떤
변명으로도 씻을 수 없다. 《강희자전康熙字典》에 실린 한자를 모두 알아
도 5만 자가 안되는데, 무슨 수로 자기가 4, 5만 자를 안다고 허풍을 치
는지 그간의 내용은 가히 짐작할 수 있는 것이다.

국영방송에서 노자 강의를 하면서 자주 '꼴린다'는 상말을 쓰는 김용옥
과 신문기자들이 '죽치고' 있다느니, '그놈의 헌법'이라느니, '군에서 썩
는다'느니, 이런 막말을 하는 노 대통령은 너무나 유유상종의 격이 비슷
하다.

덧붙이는 말입니다.

호를 '도올'이라 하면서 거의 한글로 쓰기 때문에 그 뜻을 아는 이가 드
물다. 또 한자를 쓰면 '도올檮扤'을 읽을 사람이 거의 없다. 또 읽어도 그
뜻을 어떤 의미로 취했는지 알기 어렵다. '도올'에는 '사나운 짐승', '흉악
한 사람', '악목惡木' 등의 나쁜 뜻이 있는데, 그 기괴한 호대로 혹세무민
하는 것을 모르고 국영방송에서 협조하고 있음은 무지가 횡행하는 시대
라 아니할 수 없다.

너무 기가 막혀서 입이 떨어지지 않는 이야기이니, 이런 경우
에는 무어라고 말해야 되는 것인지 모르겠습니다. 환부역조換父
易祖라는 말이 있습니다. 지체가 낮은 사람이 옳지 않은 간사위로

자손이 없는 지체 높은 집을 이어서 자기 아버지와 할아비를 바꾸는 것을 가리키는 왕조시대 넉자배기이니, 더 심한 욕이 없습니다. '환부역조한 놈', '환부역조할 놈'이라면, 상종 못할 '인간말자'라는 말이었지요. 김 아무개라는 '압도적 인간'이 '노씨'를 '여씨'로 바꾸었으니 여기서 더 가는 욕이 없겠습니다. 그런데 환부역조 당한 줄도 모르는 사람은 "좋은 휘호를 주서서 고맙다."고 활짝 웃고 있습니다. 이런 꼴을 보며 이른바 '개그 콘테스트'에도 못 나갈 질 낮은 우스개라고 웃고 넘어가야 할는지요. 이런 사람들이 다스리고 가르치는 나라에서 살 수밖에 없는 풀잎사람들만 불쌍할 뿐인가요.

잘못 쓰이거나 잘못 읽히고 있는 말들이 너무 많습니다. 너무도 마땅하다는 듯이 쓰이고 읽히는 말들을 들어 보겠습니다.

대표적인 것이 '보편'이라는 말일 것입니다. 모든 것에 널리 퍼져 흔하거나 또는 그런 것, 모든 것에 두루 들어맞거나 또는 그런 것을 이르는 그 '보편적' 말이지요.

'보편普偏'이 아니라 '보변普徧'이라고 쓰고 읽어야 합니다. 그런데 모두들 '보편적으로' 쓰고 읽으니, 이런 말을 한다는 것 자체가 그야말로 쇠귀에 경 읽는 꼴이겠습니다만—

徧=치우칠 편, 편벽될 편, 간사할 편이니, 편견偏見, 편모偏母, 편성偏性, 편식偏食, 편애偏愛…… 따위 70여 가지 낱말들이 있습니다.

徧=두루 변이니.

보변普徧, 주변周徧, 공변公徧, 변독徧讀, 변력徧歷, 변조徧照 같은 것들이 있고, 徧과 遍은 두루 쓰는 글자입니다.

조선왕조 영조 35년인 1759년 엮어 만들어진《전운옥편全韻玉篇》과 요즈음 만들어진 옥편에도 나옵니다. 그리고《불교대사림》에도 '보변삼매普遍三昧', '변조광명遍照光明', '변조법계遍照法界'로 뜻을 똑똑히 풀이하고 내는 소리도 똑똑하게 하고 있습니다. 이것은 불교학자들이 진서眞書 상식이 모자라는 세속학자들과 다르게 학문의 티없음을 굳게 지켜내고 있는 본메본짱이라고 할 수 있겠지요.

유명짜한 고려 공민왕 때 개혁 승려 신돈辛旽 법명이 변조遍照인데, 모두들 '편조'라 읽고 씁니다. 이 많이 모자라는 중생이 어떤 글에서 '변조'라고 썼더니 '편조'라고 고쳤더군요. 소설과 '드라마'에서도 그렇고 논문이며 학술서적에서도 다들 '편조'라고 하지요. '변조'를 '편조'라고 변조하는 세상입니다. 후백제를 일으킨 진훤甄萱 대왕을 악착같이 '견훤'이라 읽고 쓰는 데는 할 말이 없구요.

시냇물이나 도랑물을 시멘트 콘크리트로 덮어 버리는 것을 가리켜 '복개'라고들 하는데, '부개'라고 읽고 써야 한다면 놀랄 사람들이 많겠지만, 참말입니다. '복개'가 아니라 '부개'가 맞습니다.

覆=엎어질 복, 넘어질 복, 배반할 복이니,

복분覆盆, 복선覆船, 복수覆水, 복주覆舟, 복철覆轍 같이 다 '엎어 진다'는 뜻입니다. '되풀이 한다', '다시 한다'는 뜻으로 쓰이는 말들에는, 부검覆檢, 부계覆啓, 부시覆試, 부심覆審, 부주覆奏 같은 것들이 있습니다.

덮을 부, 덮개 부, 감출 부, 널리 미칠 부로 읽는 경우로는, 覆蓋 (부개=덮개·뚜껑), 覆載(부재)=하늘은 뭇 목숨들을 덮어 감싸 주고 땅은 또 뭇 목숨들을 실어 살려 준다는 천부지재天覆地載의 준 말 같은 것이 있습니다. '복개공사'가 아니라 '부개공사'인 것이지요. 복면覆面이 아니라 부면이고 복면강도가 아니라 부면강도이지요. 그런데 모두들 '복'이라고 읽고 씁니다. 송장을 두 번째 검증하는 것을 가리키는 말인 '부검覆檢'을 '복검'이라 하고, 왕조시대 임금 명령을 받아 처리한 이가 그 결과를 아뢰는 '복명復命'을 가리키는 말인 '부계覆啓'를 '복계'라 하며, 초시初試에 급제한 이가 다시 보던 상급 단계 과거인 '부시覆試'를 '복시'라 하고, 일제 때 지방법원 윗 단계 법원에서 했던 재판인 '부심覆審'을 '복심'이라 하며, 임금께 '엎드려 다시 사뢴다.'는 뜻인 '부주覆奏'를 '복주'라 씁니다. 온갖 사전이며 왕조실록 번역본에도 '부'를 '복'이라 읽고 쓰니, 천인이 찢으면 천금이 녹고 만인이 찢으면 만금이 녹는다던 옛사람들 말은 정말로 이를 두고 이름인가요.

'매형妹兄'이라는 말이 있습니다. 푸네기 사이 부름말에서 높음과 낮음, 곧 존비尊卑 차례가 뒤바뀌고 부름말 제 몸의 뭉뚱그린 생각마저 뚜렷하지 않은 대표적 쓰임말이지요.

형제兄弟=남자 동기同氣 사이에서 언니와 아우에 대한 부름말
입니다.

자매姉妹=여자 동기 사이에서 손위 누이와 손아래 누이에 대한
부름말입니다.

자형姉兄은 손위 누이 남편이고 매부妹夫는 손아래 누이 남편
입니다. '매妹'는 손아래 여동기女同氣를 일컫는 글자이고, '형兄'
은 손위 남동기男同氣를 일컫는 글자인데, 뒤죽박죽이 되어 버렸
습니다. '매妹'자와 '형兄'을 합쳐서 '매형妹兄'이라는 부름말의 쓰
임말을 만들어 '국어사전'에 버젓이 올리고 있으며, '매형妹兄'을
손위 누이 남편인 '자형姉兄'과 같은 뜻이라고 풀이하고 있습니
다. 이것은 우리말 사전을 엮는 이들이 진서에 대한 밑바탕 알음
알이가 없음을 웅변하여 주는 것이지요.

정다산丁茶山이 우리나라 속어俗語를 어원적으로 고증하여 지
은 《아언각비雅言覺非》에 보면 이런 말이 있습니다.

> 수娉라는 것은 형兄의 아내인데, 우리나라 풍속에 아우의 아내도 제수弟
> 娉라 하고 (중략) 매妹(손아래 누이)라는 것은 여제女弟(손아래 누이)인데,
> 우리나라 풍속에 자부姉夫(손위 누이 남편)도 매부妹夫(손아래 누이 남편)이
> 라고 하니, 모두가 도리에 어긋난 말이다.

잘못 불리어지고 있는 역사적 인물 이름은 변조스님 신돈 경우

만이 아닙니다. 대표적인 것이 '진훤대왕'과 '강한찬 장군'이겠습니다. 후백제를 일으킨 '진훤대왕'을 가리켜 모두들 '견훤'이라고 부르며 또 쓰고 있는데,

견甄=질그릇 견, 질그릇 만들 견, 살필 견, 표할 견, 진陣 이름 견, 밝은 견, 면할 견, 새가 나를 견으로 읽지만, '질그릇 만드는 사람 진'으로 읽습니다. 사람 이름이나 성씨 경우에는 '진'으로 읽어야 옳은 것이지요.

거란군을 물리친 것으로 유명한 강감찬 장군이 있습니다. 모두들 그렇게 읽고 쓰지요. 그런데 강감찬姜邯贊이 아니라 강한찬이 맞습니다.

감邯은 '조趙나라 서울 한'자입니다. 고장 이름 경우 '한'으로 소리 내고, 사람 이름 경우 '한'으로 소리내야 합니다. 강한찬 장군이 왜 강감찬 장군이 되었을까요? 아마도 처음 역사기록에 강한찬 장군 공적을 올린 사람이 우부방阝(고을 읍 변) '달 감甘' 자를 보고 '감'으로 읽었을 것입니다. 진서 실력이 달리다 보니 일어난 일이었지요. 요즈음도 동사무소나 우체국에 이름을 진서로 써 가지고 가면 제대로 못 읽는 사람들이 많습니다. 옛날이라고 해서 크게 다를 게 없겠지요.

중국 전국시대 진秦나라가 조趙나라 서울인 한단邯鄲으로 쳐들어가 조나라 형편이 매우 어려웠을 때였습니다. 제齊나라 높은 선비 노중연魯仲連이 위魏나라 심부름꾼 달래어 진나라 군대를 물리치고 조나라를 건져 준 일이 있습니다. 강한찬이라는 이름은, 노중연이 제나라 사람이고 제나라는 강태공姜太公이 수봉受

封한 곳입니다. 제나라 노중연이 조나라 서울 한단邯鄲을 찬조贊助(구원)하였다는 뜻이 있으므로, 강한찬이 옳게 읽는 것이지요. 강한찬 장군은 강태공과 같은 강씨라고 하니 더구나 그렇습니다.

경복흥慶復興이라는 이가 있었습니다. 고려 공민왕 때 공신이지요. 첫 이름은 천흥千興이고 청주淸州 사람입니다. 대원제국 황제 순제의 황후가 된 누이 기황후奇皇后 빽을 믿고 온갖 나쁜짓을 저지르던 친원 모리배 기철奇轍을 죽인 공으로 공민왕정권에서 일등공신이 된 사람이지요. 여기서는 경복흥이라고 부르는 것이 맞습니다. 복(復)자를 인명에 쓸 때는 반드시 '복'으로 발음하기 때문이지요.

'복'에는 복권復權, 복귀復歸, 복명復命, 복성復性, 복수復讐, 복원復元, 복위復位, 복직復職, 복초復初, 광복光復 같은 말들이 있고, '부'에는 부생復生(소생), 부용復用, 부활復活, 부흥復興 같은 말들이 있습니다.

復=돌아올 복, 되풀이할 복, 갚을 복, 다시 부, 또 부.

사람 이름을 잘못 읽고 살붙이 부름말을 잘못 쓰는 경우만이 아닙니다. 역사적 사실 또한 잘못 쓰고 있습니다.

이홍직李弘稙 씨가 엮은 《국사대사전》을 보면 《육신전六臣傳(사육신전)》을 다룬 대문이 나옵니다.

"생육신生六臣의 한 사람인 추강秋江 남효온南孝溫이 저술, 현존하지 않는다."

그런데 남효온이 지은 《육신전》은 《추강선생문집》 권8에 올라 있습니다. 멀쩡하게 이어져 내려오는 책을 없는 책이라고 한 것이니, 추강 선생이 저뉘에서 안다면 무어라고 하실런지요.

《국사대사전》에는 또 선조 계비인 인목대비가 낳은 영창대군을 설명하고 있는데—

"영창대군은 강화부사 정항鄭沆의 손에 참혹한 죽임을 당하였으니, 그때 나이 겨우 14세였다."고 적혀 있습니다. 아니지요.《한국사대사전》에 적힌 "나이 겨우 8세였다."가 맞습니다.

얼마 전 MBC 텔레비전에서 '이산'이라는 연속극을 옹근 9개월 동안 방영한 바 있지요. 이른바 개혁군주라고 일컬어지는 조선왕조 제21대 정조대왕 일대기를 다룬 것이었는데, 깜짝 놀랄 수밖에 없었습니다. 정조 어휘御諱를 제목으로 삼은 '이산'에서 '산'이 정조 이름이 아니었기 때문이었습니다. '祘' 자에는 '산'과 '성' 두 가지 음이 있습니다. '산'으로 읽을 때는 셈하는 막대기인 '산가지'를 뜻하는 말로, '산가지 산' 자가 됩니다. '성'으로 읽을 때는 두루 살핀다는 것을 뜻하는 말로, '살필 성' 자가 되구요. 임금 이름자를 저잣거리 장삼이사張三李四들이 물건 흥정할 때 쓰는 산가지를 뜻하는 '산'으로 지었을 리는 없는 것이고, 백성들 살림살이를 두루 살핀다는 뜻에서 '성'으로 지었던 것입니다. 이것은 정조가 세손으로 있을 때 만들어진《전운옥편》을 보면 알 수 있습니다.

〔祘〕=성 省也로 되어 있는데, '祘' 자 위아래를 마구리◯로 에워싸고 있습니다. 어휘, 곧 임금 이름자임을 나타낸 것이지요. 왕조시대에는 임금 이름을 입에 담을 수도 없고 글 속에 넣을 수도 없었습니다. 태조 이성계가 임금이 되고 나서 지은 이름이 '아침

단旦’ 자입니다. 이때부터 새해를 뜻하는 ‘원단元旦’이라는 말을 쓰지 못하고 ‘원조元朝’라고 썼습니다. 그랬던 것을 200년 뒤 사람들이 멋대로 개명을 해 버렸으니, 땅속 정조대왕으로서는 기가 막힐 노릇이지요. 더구나 기가 막힌 것은 누구도 이런 잘못을 명토박지 않는다는 점입니다. 진서 4, 5만 자를 아는 ‘석학’이라는 사람은 대통령 성을 바꾸고, 텔레비전 방송국과 소설가라는 사람은 ‘조선의 이노베이터’ 《이산 정조대왕》이라는 책을 펴내며 임금 이름자를 바꿔 버리는 세상이 ‘민주주의 세상’이라고 한다면 할 말은 없습니다만. 그리고 더구나 기가 막히는 것은 ‘여무현’으로 성이 바뀌어 버린 이가 청와대 일하는 방으로 첫 ‘등청’을 하던 날 전 인민을 상대로 생중계되는 텔레비전에서 한 첫마디 말이 “굿모닝”이라는 양말이었고, 개혁군주로 기려지는 ‘이산’이 했던 것이 백성들 살림살이를 펴 주려는 농지개혁을 머리로 한 ‘제도개혁’이 아니라 제몸 ‘왕권 강화’와 이른바 ‘정통성 확보’에만 힘을 기울였다는 역사적 사실 앞에서 무슨 말을 할 수 있겠는지요.

“마음이 있지 않으면 물건을 보아도 보이지 않고, 소리를 들어도 들리지 않으며, 음식을 먹어도 그 맛을 알지 못한다.”

《대학大學》에 나오는 말입니다. 세상 사람들이 어떤 일몬에 눈길을 두지 않으면 그 참됨을 알 수 없게 된다는 말이지요.

《대학大學》은 서력 기원전 430년쯤 중국 전국시대에 완본이 나왔으나 지은이는 알 수 없는 책입니다. 공자 손자인 자사子思가 지었다고도 하나 알 수 없습니다. 송宋나라(960~1275년) 때 주희(朱熹, 1130~1200년)가 《예기禮記》라는 책에 든 구절들을 뽑아 만든 책이 《대학》이지요. 본디 이름이 《대학장구大學章句》이니, 그것을 줄인 말이 《대학》입니다.

사람들이 쓰는 말이 몹시 거칠어졌습니다. 거세어졌고 까탈스러워졌습니다. '깡패'나 '깡다귀', '쏜다', '짝퉁', '까불지 마', '싸가지', '꼴통', '맞짱' 같은 말들이 대표적이지요. '깡패'는 '갱'이라는 영어에서 나온 말일 터인데, 〈독립신보〉 1947년 10월 11일치에 이런 기사가 실려 있습니다. 「'깽'과 '闇'하는 일본의 정당들」이라는 제목입니다.

> 일본의 깽 단체가 정당과 결탁하여 은닉 물자를 암취인闇取引하고 막대한 이익을 보고 있다고 총사령부 대변인이 비난하였다. 일본에는 약 345개의 깽 단체가 있어 가격으로 약 5천억원에 달하는 막대한 은닉물자를 취인하여 이익을 보고 있다. 이들은 모든 정당과 관계하고 있으며 정당은 그 수입의 대부분을 차지하여 민주적 정신을 위협하고 있다.

기사 밑에는 책 광고가 실렸는데, 이기영李箕永의 《고향》과 조선문학가동맹에서 엮은 농민 소설집 《토지》입니다. 임시 정가가 350원과 200원씩입니다. 두 소설집을 이렇게 널리 알리고 있습니다.

《고향》

이 소설집은 일제관헌에 억압 절판되었던 조선신문학사상 최고봉을 이룬 거편이다. 저간 '소베토' 문단에까지 번역 등장되어 당당이 세계 무대를 확보하고 있다.

《토지》

진정한 의미의 농민소설이 과거에 몇 편이나 있었는가. 이 소설집은 "토
지는 농민에게로……"하고 부르짖는 해방조선의 농촌상을 여실히 볼
수 있는 5편의 걸작이 실려있다.

대하소설 《토지》를 썼던 박경리朴景利 선생이 열반하셨다는
소식 듣고 영험 없는 장엄염불이나 읊조리고 있는데, '브라운관'
에 언뜻 박 선생 얼굴이 보였습니다. 일본이라는 나라 본바탕을
발기잡아 내는 작가 목소리가 높이 떠서 흩어지고 있었습니다.

'웃는 듯한 분홍빛'이라는 말이 있었습니다. 땅을 하늘같이 모
시며 살아갔던 우리네 숫진 할아버지 할머니 농군들이 쓰시던 아
름다운 말씀이었지요. 빛깔 가운데 웃는 듯한 빛깔은 분홍빛밖에
없다는 것을 아셨던 농군들이었습니다. 우리네 할아버지 할머니
농군들은 타고나기를 시인이었습니다. 또 '놀란 흙이 눈에 들어갔
다.'는 말도 있었지요. 밭을 일구려고 호미나 곡괭이로 땅을 찍을
때 튀어 오른 흙덩이가 눈에 들어오면 쓰던 말이었습니다. 흙을
놀라게 해서는 안 되니 어린아이 다루듯 조심조심 살살 다루어야
된다고 하였습니다. 지극히 우러르는 마음으로 흙을 모셔야 된다
는 것이었으니, 우리네 할아버지 할머니 농군들은 태어날 때부터
이미 성스러운 수행자였지요. 그렇게 지극한 마음으로 받들어 모
셨던 땅이 죽어 가고 있습니다. 하늘처럼 우러러 모셔야 할 땅이
썩어 가고 있습니다. 땅이 죽어가기 비롯한 것은 말이 거세어지

면서부터일 것입니다. 훈민정음이 처음 만들어졌을 때는 이제 우리가 쓰고 있는 '꽃'을 '곳'이라고 하였습니다. '까마귀'는 '가마귀', '까치'는 '가치', '칼'은 '갈'이라고 부드럽게 말하였습니다. 그러던 것이 임병양란을 겪으면서 살아가는 일이 숨가빠지고 앞날을 내다보기 어려워지면서 사람들 마음이 거세어졌지요. 사람들 마음이 거세어짐에 따라 말이 되고 거세게 되었구요. 그래서 '곳'이 '꽃'이 되고, '갈'이 '칼'이 된 것이지요. 그런데 '끝낸다'는 말은 이제도 편지 같은 데서 '이만 끄치나이다' 하지 않고, '이만 그치나이다' 하니, 5백 년 전 자취를 간직하고 있습니다. 옛것을 따르려는 사람들 마음자취가 보이는 듯하여 눈물 납니다. '갈가마귀'라고 하지 '갈까마귀'라고 하지 않습니다. '그랬습니까', '저랬습니까' 하고 '까'로 끝나는 날카로운 말투를 쓰기 비롯한 것은 임진왜란과 함께 묻어온 '왜말' 입김 탓이구요.

　　"하룻 강아지 범 무서운 줄 모른다."

　　"하룻 망아지 서울 다녀오듯."

　　"하룻 비둘기 재를 못 넘는다."

　　여기서 강아지·망아지·비둘기는 난 지 하루밖에 안된 갓난 것을 말하는 것이 아닙니다. 많은 사람들이 그렇게 알고 있지만 '하룻 강아지'는 '하릅 강아지'가 바뀐 말입니다.

　　'한 살 된 강아지 → 하릅 강아지 → 하룻 강아지'가 된 것이지요. '하릅'은 소·말·개·도야지·염소 같은 집짐승들 '한 살'을 이르는 말입니다. 하릅, 두릅, 세습, 나릅, 다습, 여습, 이릅, 구릅, 여릅, 담불. 집짐승들 나이 셀 때 쓰던 말이지요.

"겨우 기성명이나 할 정도입니다."

공부를 얼마나 하셨느냐고 물어 올 때 쓰던 말이었습니다. 여기서 말하는 '기성명記姓名'은 제 성과 이름을 쓰는 것을 말하나, 속뜻은 이런 것이었습니다.

자기 성명, 부모 성명과 관향貫鄕, 그리고 간동한 조상 내력을 아는 것을 말합니다. 여기에 더하여 삼강오륜三綱五倫을 알고, 나날살이에서 지켜야 할 예의범절과 상식을 어느 만큼 아는 것을 뜻하였습니다. 이만큼이 못되면 세상 사람들이 '못 배운 자식'이라고 하며 그 부모를 욕하고, 손가락질을 받았지요.

기생방 출입을 할 수 있는 최소한 기본 교양과목이었던 '문사철文史哲'을 아는 것은 그만두고, 기성명이나 제대로 할 수 있는 사람이 몇이나 되는지 모르겠습니다. 제 본관을 말할 때 '무슨 김가', '무슨 이가'라고 낮추지 않고 '무슨 김씨', '무슨 이씨'라고 제 집안을 제가 높이는 세상인데, 누구도 그 잘못됨을 꾸짖어 주지 않습니다.

"성을 갈겠다."

다시는 하지 않겠다고 다짐 두거나 힘주어 잘라 말할 때 쓰는 말이지요. 성姓을 대모하게 여겼던 것은 자신이 태어난 핏줄 뿌리를 말하는 것이기 때문입니다. 관향 또는 본관이라는 것은 제 윗대 어른이 태어나서 자랐거나 오랫동안 머물러 살며 행세를 하였던 곳이지요.

일제 강점기 때 맨 처음 창씨 개명創氏改名을 한 사람은 송병준宋秉畯이었습니다. 왜국 땅 북해도에 가서 인삼장사를 할 때부터 '야전평차랑夜田平次郎'이라고 창씨개명을 하였답니다. 왜말로는 '노다 헤이지로'이지요. 고종 때 대표적 친일 주구로 '일진회一進會'라는 친일 앞잡이 동아리를 만들고 광무光武 황제 11년 (1907년) 농상공부 대신으로 있으며 한일합방을 계목지르던 사람이었습니다. 사람들이 모두 '노다 대감'이라고 불렀답니다. 어쩌다 양복을 입을 때 말고는 늘 두 겹 '하오리'에 '센다이 히라'를 입고 '게다'짝을 끌고 다녔는데, 기생들이 "노다 대감 조선옷 입은 풍채 좀 뵙고 싶사와요."하고 익살을 부리면, 이렇게 말했다지요.

　"이사람 노다 헤이지로는 촌티 나는 조선 풍속과 습관이 어울리지 않지. 대일본제국의 충용한 신민으로서 말이야."

　1946년 6월 14일치 〈독립신보〉에는 이렇게 꼬집는 기사가 보입니다.

　이씨 김씨 최주사 안서방 조선생 박군─▲이렇게 상대방을 불러오든 존칭이왜정(倭政)이 드러온후통터러 「상」이라고 불럿다▲「박상」 「최상」─그나마 「복상」 「사이상」 불르면 혹일본말이라 그시절엔 그리부름직도했건만 「박상」 「최상」엔 뜻잇는이에 한숨을지어냇고▲상이라는 말을 평생 쓰지않었드라도 남이자기를무수히 「상」이라고 부름을 드렷을 것이다▲그리다섯불리하야 「나까무라」 「아라이」 「가네무라」 상

이거리에 횡행하게되였었는데▲八·五이후 이버릇은 아직도거리에서

드를수있을뿐더러▲요새는양식까지겸하여「미쓰리」—「아라이상」하

니 이지경이면 좀심하다고하지안을수없다 식자우환이랄가▲이겨레

의이름이나 똑똑히한번불러보고 드러보고살날이언제인고?